财务管理与审计研究

王　嘉　郭　超　崔　玉◎著

中国原子能出版社

图书在版编目(CIP)数据

财务管理与审计研究/王嘉,郭超,崔玉著.
北京:中国原子能出版社,2024.9.--ISBN 978-7
-5221-3662-2

Ⅰ.F2

中国国家版本馆 CIP 数据核字第 2024GD3837 号

财务管理与审计研究

出版发行	中国原子能出版社(北京市海淀区阜成路 43 号　100048)	
责任编辑	王　蕾	
责任印制	赵　明	
印　　刷	北京九州迅驰传媒文化有限公司	
经　　销	全国新华书店	
开　　本	787mm×1092mm　1/16	
印　　张	15.25	
字　　数	265 千字	
版　　次	2024 年 9 月第 1 版	2024 年 9 月第 1 次印刷
书　　号	ISBN 978-7-5221-3662-2	定　价　78.00 元

前 言

　　财务管理是企业管理的核心。财务管理就是对公司经营过程中的财务活动进行的一种管理活动。企业财务管理贯穿了企业经营的全过程，覆盖了经营全方位，处于企业管理的核心地位。在发展经济建设、促进国民经济发展的当今社会，企业管理以财务管理为中心是当今新的经济形势的产物，是社会经济发展的客观必然结果。

　　审计是指由专设的机关依照法律对国家各级政府及金融机构、企业事业组织的重大项目和财务收支进行事前和事后的审查的独立性经济监督活动。内部审计的本质是确保受托责任履行的管理控制机制。在风险导向阶段，受托责任关系以及管理控制发生了一些变化，与风险结合起来，使风险导向内部审计成为确保受托责任有效履行的能动的管理控制机制。

　　随着我国市场经济的深入发展和国内外经济环境的变化，财政、税收、会计和审计等相关法规制度不断完善，对财务管理和审计管理工作提出了更多、更高的要求，也促成了财务管理和审计管理理论与实务在近年来的巨大进展。

　　为确保本书的准确性和严谨性，笔者在撰写本书的过程中参阅了大量文献和专著，在此向其作者表示感谢。由于笔者学识有限，书中难免存在错误和疏漏之处，恳请广大读者批评指正。

目 录

第一章　财务管理的内涵与目标

第一节　财务管理的基本内涵

一、财务管理的内涵

（一）财务管理的内涵界定

财务管理的服务对象是企业,因此本书中的企业财务管理可以简称为财务管理。财务管理的内涵界定,在理论研究上容易造成财务理论和财务管理活动混为一谈的现象。要研究财务管理,就应该首先研究财务管理的历史发展,然后阐述财务理论的演进,最后才能准确界定财务管理的内涵。[①] 传统上,企业的财务管理主要集中在投资、融资以及资产管理决策的相关问题上。财务管理不仅涵盖了对企业成长具有显著影响的财务行为和财务关系,还包括了一些与财务紧密相关但具有多重特性的企业活动的财务指导思想和原则。

尽管西方的财务管理专家很少直接定义企业财务管理的具体含义,但他们可以从一些在西方有着广泛影响的财务管理教材中,深入了解国外对企业财务管理的核心内容和功能的看法。具体来说,范霍恩的《财务管理与政策》教材提及了财务管理的多个方面,如投资决策、筹集资金的决策、流动资产的管理以及企业的合并和重组等,同时也强调了财务管理的核心职能,如财务分析、决策制定和控制等;其次,布里汉的《中级财务管理》教材也涉及财务管理的多个方面,包括但不限于投资决策、筹集资金的决策、流动资产的管理、企业的合并与重组,以及企业风险管理等。该教材还强调了财务管理的核心职责,如财务规划、预算编制和财务分析等;第三点,韦斯顿在其《管理财务学》教材中明确指出,财务管理的核心职责包括进行财务分析、制定计划、做出决策和进行控制。同时,他也强调了财务管理的各个方面,如投资管理、筹集资金的管理、运营资本的管理、企业的合并、重组以及破产等;第四点,罗斯在他的《财

[①]　鲍秀芝,王进,杜磊.财务管理与审计统计分析研究[M].长春:吉林科学技术出版社,2022.

务管理基础》教材中明确指出,财务管理的职责涵盖了财务分析和计划,而财务管理的具体内容则包括投资管理、筹资管理、流动资产管理、风险管理以及兼并与收购等多个方面。

总的来说,西方的财务管理专家在财务管理的内容和功能上持有相似的看法,但大体上是一致的。他们主要集中在筹资、投资和日常资金管理上,利用财务计划、财务分析和预测作为工具,并辅以专题管理如破产、合并、收购和重组等内容。虽然最初财务管理领域的学者们对于财务管理的核心理念和具体内容存在差异,但随着时间的推移和对其的深入了解,大家对财务管理的定义逐渐达成了共识。众多学者普遍持有这样的观点:企业财务的核心在于企业资金的流入流出以及由此产生的经济利益关联。这种资金的流入流出被视为企业的财务行为,而这种经济利益的联系则被称为财务关系。财务管理实质上是企业在组织财务活动和处理财务关系方面的一种经济管理活动。

(二)财务管理的原则

财务管理的核心原则是企业在组织财务活动和处理财务关系时应遵循的准则。这些原则是基于企业财务管理的实际操作经验总结出来的,它们反映了财务活动的规律性行为,并被视为财务管理的基础要求。财务管理遵循的核心原则主要包括以下几点。

1.合理配置资金原则

资金对于企业来说就像生命之血,它是企业持续存在和成长的关键。当资金充足时,企业不仅能够按时偿还债务和支付员工工资,还能满足其日常生产的需求并进行外部扩展。相对地说,如果资金不足,轻微的情况可能会妨碍企业的日常生产和运营,而严重的情况可能威胁到企业的持续生存和增长。企业的财务管理实际上是对公司所有资金的综合管理,而这些资金的使用最终会产生各种不同类型的企业物质资源。所有的物质资源都需要遵循一定的比例关系。所谓的资金合理配置,就是通过对资金活动的有序组织和调整,确保所有物质资源都能达到最佳的结构比例。

2.积极平衡收支原则

在进行财务管理时,我们不仅需要确保资金存量之间的和谐平衡,还需持续监测资金流动的动态调整和平衡。所指的收支积极平衡是指,资金的收支不仅要在特定的时间段内达到平衡,还要在每个特定的时间点上实现协调和平衡。资金的收支平衡在每个时刻都是资金循环能够持续不断地进行的前提条件。资金的收支平衡,最终是依赖于产销活动的均衡。在企业运营中,不仅需要精心组织和管理生产流程,同时也要重视生产资料的采购和产品的销售环节,实现采购、生产和销售三者的协同发展,以消除任何形式的偏见。只有确保生产与流通的一致性,并确保企业的采购、生产和销售三个环节之间的无缝连接和平衡,企业的资金流转才能顺利进行,并实现预期的经济回报。

3.成本效益原则

成本效益原则的核心思想是以最小的成本和开销,对经济活动中的成本和收益进行深入的分析和比较,从而评估经济行为的优劣,确保成本和收益之间达到最佳的平衡,以实现最大的利润。在进行企业的财务管理时,我们不仅要关注资金的总量和流向,更应重视资金的持续增长。企业的资金增长,也就是资金的增值,是由公司的营业盈利或投资回报所决定的。

4.均衡收益风险原则

在市场经济的激烈竞争环境下,进行财务操作不可避免地会面临各种风险。在财务活动中,风险指的是预期财务结果的不确定性。如果企业想要实现盈利,就不能忽视潜在的风险,因为风险中蕴含着收益,而在挑战中也潜藏着机会。在进行财务管理时,企业不应仅仅关注盈利,也不应忽视潜在的损失风险。根据收益与风险的平衡原则,企业在进行任何财务操作时,都需要对其盈利能力和安全性进行深入的评估,并根据这一平衡原则来选择合适的策略,从而在实际操作中追求利益、规避风险并增加收益。

5.分级分权管理原则

统一领导和分级管理的原则是处理上下级关系的一个关键原则,它要求每个职位都需要有人负责,每个人都清楚自己的直接领导是谁,下级是谁。在具有较大规模的现代企业环境中,财务活动的管理必须遵循分级和分权的原则。分级分权管理的核心思想是,在企业总部的统一指导下,合理地分配各级单位与职能部门之间的职责和权利,从而最大限度地激发各部门的工作热情。在统一的领导之下,分级和分权的管理方式是民主集中制在财务管理实践中的实际应用。

6.协调利益关系原则

资金的收支平衡最终是由产销活动的均衡来决定的。在企业的财务管理中,组织资金流动是至关重要的,这与各个经济领域的利益紧密相连。实施利益关系协调原则意味着在财务管理过程中,通过经济手段来协调国家、投资者、债权人、购销客户、经营者、劳动者以及企业内部的各个部门和单位之间的经济利益关系,以维护所有相关方的合法权益。为了确保理财目标的顺利达成,协调各方的利益关系是绝对必要的。

（三）财务管理的总体目标

财务管理的终极目标定义了企业在财务管理中应追求的方向,这些目标不仅指导着财务管理的整体进程,也是企业财务行为的起点和终点。在财务管理的学术和实践领域,学者们都在积极地研究可以实际应用的财务目标,并提出了多种不同的看法,总结下来主要分为三大类:首先,追求利润的最大化。追求最大利润的理财目标曾经是一个被广泛传播的观念,并在实际操作中产生了深远的影响。更明确地说,有以下的表示方式:总的利润金额。通常所说的利润最大化,是指在企业的"利润表"中体现的税后利润总额的最大化,而在表述上并没有特别注明"总额"这两个字。在高度集中的计划经济体制中,企业曾经实际上将"产值最大化"作为其财务管理的主要目标。随着向社会主义市场经济体制的转型,企业逐渐获得了财务管理的决策权,因此,企业对市场和利润的关注变得尤为重要;在过去,国家将利润视为评估企业运营状况的主要标准,并将员工的经济利益与企业的利润水平相挂钩,这也导致利润成为企业运营的核心目标。其次,追求股东财富的最大化。股东财富最大化意味着通过合理的财务管理,为股东创造最大的经济利益。在股份制公司里,股东的财富是由他们持有的股票数量和股票市场的价格共同决定的。当股票的数量保持不变时,股票在市场上的价格会达到顶峰,这也意味着股东的财富会达到最大值。最后,追求企业价值的最大化。简单地说,企业的价值体现在其本身的价值上。在评估企业时,我们更多地关注的不是它已经实现的利润,而是它所拥有的潜在盈利潜力。显然,所指的"企业价值"应当与企业"资产负债表"左侧的资产价值相对应。所指的"股东财富",正如其名,应当等同于企业"资产负债表"右侧的所有者权益所代表的价值。

（四）财务管理在企业管理中的作用

在企业的经营管理中,财务管理起到了至关重要的作用,它通过运用经济分析手段,实现了预测、核算控制以及提供修正建议。传统的财务管理模式主要是对采购、存货、销售和利税等方面进行简单的账务记录,这些记录反映了企业的资金流入流出情况,并且这些信息通常是在事情发生后,已经确定下来的。在企业管理体系中,财务管理的重要性主要体现在以下三个关键领域。

1. 实现企业价值最大化

在财务管理中,达到企业价值的最大化是其关键功能之一。随着社会和经济的持续增长,企业的规模也在不断地扩张,传统的财务管理方式已经不再适用。企业管理的核心目标是追求企业价值的最大化,因此,企业在不同的时间段制定的所有政策和措施,都应以这一核心目标为中心。为了实现这个目标,财务管理部门需要与其他部门进行紧密的合作和相互扶持。因此,财务管理构成了企业管理活动的核心基础。企业的常规管理活动主要集中在再生产流程的管理上,这个再生产流程是由生产、分配、交换以及消费这四个主要环节构成的。在这四个关键环节中,财务管理起到了分配的作用和地位,主要表现在三个方面:第一点,通过货币资金的再生产投入,实现生产要素的有效分配,为企业的生产和流通创造了必要的环境;第二点,对于商品在流通过程中交换所获得的货币资金进行合理分配,以弥补各类资金的消耗;第三点,对销售所得的利润部分进行首次分配,为公司预备未来的发展资金,并为国家缴纳税款。

2. 合理安排资金使用

财务管理的另一个核心功能是在公司的运营和管理中实施资金的计划性管理,确保资金的合理分配和使用。在企业中,经营和管理的各种活动在财务管理方面具有决定性和主导性的影响。生产和经营活动与财务管理活动之间的互动关系,构成了业务运营和财务管理之间的相互联系。在企业管理体系中,财务管理占据了财务管理的核心位置,这决定了经营活动中必须进行财务规划,并需要妥善平衡这二者之间的相互关系。在企业管理的众多功能子系统里,财务管理展现出了最为综合的特点。在经济活动活跃的地方,资金也会流动,这些地方都是财务管理的职责所在。资金不仅构成了财务管理的根基,同时也是企业运营活动的生命线。因此,我们可以断言,财务管理构成了企业管理的根基。企业会根据年度预算的工作量来制定年度的总体资金使用计划,并根据生产的特点和每个月的生产计划来安排每月的资金使用,这样可以有效地控制和使用资金,使有限的资金得到最大的利用。在实施资金计划管理的过程中,财务部门被要求确保银行存款的日常记账和现金日记账的日清月结工作得以及时完成。此外,他们还需要对未结清的账款进行及时的清算,并对外部单位的往来账目和应收账款进行彻底的清理,以确保应收款能够及时回收,并清晰了解公司资金的使用情况,从而成为领导的得力助手和管理者。

3.进行内部挖潜、成本控制、增产节支

财务管理的第三个核心功能是为企业挖掘内部潜能,确保企业的各种任务都能得到成本的有效控制,从而提高产量并节约开支。在市场经济的背景下,一个企业的产品是否能够成功进入市场,是否能在激烈的市场竞争中脱颖而出,以及是否拥有较高的盈利潜力,都与产品的成本有着密切的关系。因此,在从采购进货到加工生产,再到产品设计、工艺编制、质量控制和销售收入的每一个环节中,企业都需要财务管理的介入。通过运用成本核算和价值工程方法,对每一个环节甚至整个过程进行全面的经济分析,能够正确地平衡产品成本、产品功能和产品价值之间的关系,从而提高企业在整个经营过程中的投入产出比,实现企业盈利的目标。

二、公共财务管理研究

(一)公共财务管理的相关理论基础

1.公共经济学相关理论

正如其名,公共经济学研究的是公共部门的经济行为。换句话说,公共经济学主要研究的是公共部门经济行为的固有规律。

(1)市场机制的失灵概念

在经济学中,如何高效地分配社会资源是中心议题。经济学者通常采用"帕累托效率"这一概念来衡量资源分配的高效性。如果我们所处的市场是一个价格信号具有高度灵活性和可伸缩性的完全竞争环境,那么这种高度竞争的市场机制能够通过供需双方的主动调整,实现资源配置的最优化。然而,在理论层面上,完全竞争的市场机制终究只是一个理想化的状态。在实际的经济活动中,五个必要条件是不可能同时完全满足的。如果不满足其中的任何条件,那么市场机制在资源配置效率上可能会出现故障。

(2)政府的经济活动界线

这些功能失效的各个方面都与一个普遍存在的问题有关——那就是社会的公共需求。所指的社会公共需求是与个体私人需求相对照的,它是所有社会成员作为一个统一体共同提出的需求。社会的公共需求不仅是不可缺少的,而且是必须得到满足的。考虑到市场机制在满足社会公众需求方面并不起作用。因此,开展一个名为"政府的经济活动"的非市场系统,以满足社会的公共需求,这是一个自然而然的选择。当我们以社会的公共需求作为评判标准时,我们可以轻易地确定政府经济活动中"市场机制出现问题"的具体区域,也即政府部门应当发挥其作用的区域。

（3）公共选择理论

公共经济学中的一个核心观点是公共选择的理论。公共选择可以被视为一种经济学上的非市场决策研究,其核心在于将经济交易和政治决策这两大人类行为的基本要素纳入一个单一的私人利益分析模型中。通过运用经济学的理论方法,该研究旨在解释个人偏好与政府公共选择之间的内在联系,并探讨作为选民的消费者如何通过投票机制来表达他们对社会公共需求决策的意愿。

2.公共财政学的相关理论

公共财政的起源可以追溯到资本主义的市场经济体制,它是一种以市场经济为基础构建的财政形式。随着社会进步,财政理论也得到了进一步的拓展和丰富,从理论角度解释了国家干预经济的必要性,财政政策是国家干预经济的主要手段。这个理论被视为公共财政思想的基石和理论的起点。

（1）公共财政的职能范畴

公共财政的观点是,鉴于市场机制在多个方面的不完善,政府的介入和介入变得更加必要和合理。政府的主要职责是解决市场的失效问题,而公共财政则是支持政府履行这些职责的主要途径,其他途径的运作也都需要政府财政的支持。因此,在一个主要依赖市场机制进行资源分配的经济社会环境中,公共财政的职责范围是根据"市场失灵"来定义的。从纠正和克服市场失灵的角度来看,公共物品或服务的存在、外部效应和不完全竞争的状态,都决定了公共财政在资源配置方面的功能;由于收入分配存在不平等的情况,这决定了公共财政需要承担调节分配的责任;鉴于市场经济无法稳定且自动地前进,这也意味着公共财政需要承担起经济稳定和增长的责任。

（2）公共预算管理与公共财政理论

鉴于财政资源的有限性,公共预算已经转变为一种资源分配的手段。那么,公共预算到底是什么呢?公共预算实际上是政府公共部门的财务收支计划,它不仅是政府公共部门各项活动的反映工具,也是一本详尽记录和规划政府公共部门各项活动的手册。

公共财政实际上是以公共预算的方式存在的。市场经济建立在法治的基础上,这决定了公共财政的法治原则。公共财政的法治特质是通过公共预算直接展现出来的。依法制定的公共预算能够在财务层面上限制政府的行动,防止政府对市场的不适当介入,并促进政府与市场之间的和谐关系。西方国家的财政体系是基于其政府的预算体系,从而逐渐形成了自己独特的"公共"财务模式。公共预算作为国家管理社会经济活动和政府进行宏观经济调控的关键工具之一,在公共财政结构中占据了极为关键的位置。因此,为了进一步完善市场经济结构和建立健全的公共财政体系,国家需要运用法律工具来规范政府公共部门的预算行为。

3.公共管理学相关理论

公共管理是一种旨在维护和提升社会公共利益的功能性活动,具体来说,是由代表政府的公共部门按照法律对社会公共事务进行管理。公共管理活动的核心是以公众利益为基础和最终目标的公共部门。公共管理的核心目标,即公共事务,不仅反映了社会成员的集体利益,而且在日常生活的多个领域,如国防、公共安全,以及科学、教育、健康和环境保护等,都得到了广大社会成员的深度关注。另外,公共管理不仅强调经济、效率和效能(即"3E")的平衡,还强调公平、正义和民主的重要性。公共管理在倡导灵活性、自我管理和权力赋予的过程中,也强调了责任的核心地位,并坚信只有确立客观且高效的绩效评估标准,政府的职责才能得到真正的执行。

(1)新公共管理

新公共行政学已经放弃了将政治与行政视为两个独立的概念,而是开始更加关注政府管理过程中的政策问题研究;研究的焦点已从单纯关注效率转向更加深入地探讨公平、责任以及伦理等行政民主的核心价值。自20世纪70年代末开始,公共管理学在新公共行政学的框架下逐渐形成,它致力于突破传统的管理模式并进行制度上的创新,旨在在公平的基础上提高工作效率。公共管理之所以被视为一个独立的学科并与公共行政学区分开来,是因为存在一个名为"新公共管理"的思想流派及其相关的实践活动。此外,到目前为止,公共管理的学术理论大体上已经呈现为"新公共管理"的观点。

(2)新公共管理理论

"新公共管理"这一理论主要描述了自20世纪70年代末在英美等国家涌现的行政改革的各种理论和实践方法。这些理论主要源于公共选择理论、新制度经济学和政治学的观点,并对经合组织国家近年来的行政改革实践进行了理论总结。从财务管理的视角出发,新公共管理的核心理念是:融合市场的竞争策略和私营部门的成功管理经验与方法,全方位地减少管理开销,从而增强管理的效果。新的公共管理策略主要关注政府和公共组织的内部构架以及公共服务提供方式的基础性变革。其终极目标是缩小政府的规模,减少政府的活动范围,并创新服务提供方式,以便以更经济、更高效的方式实现公共目标;从另一个角度看,它的价值观、理论基石和方法与公共行政的模式截然不同。它的目标不是对公共行政模式进行补充或修复,而是要完全摒弃现有的公共行政模式,追求模式的革新,而非简单地改进。

(3)新公共管理与公共财务管理

"公共财务管理"这个术语的诞生与"新公共管理运动"之间存在着紧密的联系。新的公共管理理念强调了市场竞争机制的参与和企业成功管理的经验及技术方法的引入,而"管理"这个术语是在借鉴了私营部门之后才在公共部门中使用的。

为了更好地评估政府的绩效,新的公共管理策略要求我们对政府公共部门的财务管理体系进行必要的改革。在很大的范围内,公共管理的进步是导致财务管理变革的主要原因;在某些特定情境下,财务管理的调整实际上推动了公共管理体系的变革。公共管理与公共财务管理之间存在着互动和相互影响的关系。

总的来说,公共管理是公共行政理论和实践发展的产物,包括政府公共部门、非营利部门和其他社会组织,他们制定或实施的各种活动,目的是构建社会公共秩序、维护社会稳定、实现社会职能、保护公共利益等。这些活动包括制定公共政策、实施公共事务为社会服务等,实现上述目标的方法也非常多样,包括利用政治手段、法律手段、经济干预等。公共财务管理的主要职责是:通过公共部门的各种活动,确保政策得到有效执行,同时努力降低成本,以确保公共政策的实施并最大化资金的使用效果。然而,受到多种因素的制约,政府对这类机构和社会公共组织在财务上的援助相对有限。当这些机构或社会公共组织面临资金短缺时,它们也不能像其他单位或企业那样,随意筹措部门或机构的资金。这一方面也构成了其与普通企业或组织在财务管理活动中的一项根本性差异。

4.公共财务管理的主要特点

(1)公平性

公共组织的核心职责是接受公众的委托,最大限度地利用公共资源,为社会提供公共服务。通常,企业的盈利和各种表现都可以通过利润和效益的量化标准来进行评估。然而,在评估公共部门或社会组织的基本功能实施情况时,并没有固定的评价指标。公共组织的财务管理可以通过结合各种数据和实际情况,进行数值模拟预算,从而更好地处理各种事务,包括组织和指导公共事务及其相关活动。在公共组织的财务管理中,核心内容涵盖了预算编制、确保执行、进行监督与检查,以及绩效评估等方面。预算编制构成了所有管理活动的基石,涵盖了资产管理、收入与费用的管理以及绩效考核等方面。管理的核心目标是确保这类活动在效率上优先,同时也考虑到公平性。尽管公共部门并没有像普通的企业单位那样把经济效益作为其主要的经济目标,但公共组织所进行的各种活动都是为了实现其基础的社会功能。这些活动的经济效益要求是尽可能地降低运营成本,并提高资金使用效率;在追求社会效益的过程中,我们需要为社会提供高品质的服务,塑造正面的公众形象,并始终坚守公平的原则。

(2)丰富性

公共财务管理的一个显著特征是其管理方法的多样性。在当代社会背景下,各种类型的企业通常以提高经济效益为核心目标,以增强其整体竞争力,并确保在激烈的市场竞争环境中获得一定的市场份额,这通常是通过经济管理手段来实现的。然而,公共部门与普通企业有所不同。在财务管理目标上,公共部门不仅要致力于降低运营成本,还需要实现良好的社会效果。为了实现这些目标,可以采用多种管理策略,包括行政手段、行使公共权力、引入市场机制、对经济状况进行适当的财务管理和审计统计分析,以及进行经济干预,例如在政府采购物资时的招标等,这些策略都具有很高的灵活性和多样性。

(二)公共财务管理的对策建议

1.建章立制

制定规章制度是公共财务管理的制度性保障。常言道:"没有规矩,方圆难成。"市场经济建立在法治之上,如果没有法律和规章制度的有力约束,那么财务活动中的主观随意性就很难完全消除。因此,为了实施高效的公共财务管理,有必要建立明确的规章制度。为了确保公共财务管理工作的顺利进行,建立和完善相关的法律法规和监督机制是至关重要的制度保障。我们应当迅速构建和完善一个综合性的公共财务体系。除了需要一个以绩效为导向的完善公共预算制度外,还应确保公共收入、公共支出、政府成本、公共投资、公共财产、公共资金、公共债务管理以及绩效考核制度都是健全和科学的。此外,这些制度之间应保持紧密的联系,以防止因多种政策而产生的矛盾,进而形成一个完整的公共财务制度链条。

2.合理分配公共财权

在公共财权的合理分配上,有三个主要方面需要注意:第一,需要进一步深化部门预算、国库集中收支、政府采购以及收支两个方面的改革,同时也要改革财政管理体制,以建立一个新型的预算管理机制,并规范财权的运作。第二,我们需要明确中央与地方之间的互动关系,并根据社会主义市场经济环境下各级政府执行职责(事权)的实际需求,遵循财权与事权统一的准则,对其应当拥有的财权进行清晰的定义,以确保财权和事权能够相互匹配。国家应当根据公共产品和服务的不同层次和受益范围,合理地划分各级政府的支出责任和范围。第三,对财权进行规范,实现财力的统一。国家应当将所有的收支管理职责集中于政府的财政部门进行统一管理,并由预算部门进行统筹,而不是采取分散和多头的管理方式。

3. 引入先进的管理技术

我们可以从企业的成功模式中吸取经验,并将前沿的管理方法融入公共财务的管理实践中。鉴于政府各部门和单位的非营利性质,它们学习企业的成功模式并不是为了盈利,而是为了减少开销和提高工作效率。在规范公共财务管理时,我们应该吸取企业的成功模式,并融入现代企业的前沿管理方法。

4. 稳固财务管理基础

政府的会计与财务报告制度构成了制定政策、执行责任、强化公共财务管理以及进行财务监控的核心和关键手段。近几年,一些西方发达国家正在加强对政府会计和财务报告系统的改革,利用国库分类账系统来执行会计职责,并能够及时获取预算执行过程中的各种信息,从而加强对支出预算执行的监督;逐渐采用修订后的权责发生制(或称为完全权责发生制)来取代传统的现金收付制,从而让政府会计能够全面覆盖政府的所有收入、支出、负债和资产,为评价政府的全面成本和绩效提供了一个更为合理的参考框架。

为了更真实和全面地呈现政府的财务状况和财务活动情况,提升政府财务信息的质量,我们应该建立一套统一的、完善的政府会计和财务报告制度,以提供公共财务管理的真实和完整的信息。

5. 实施财务公开,加强财务监督

为了全方位地实施财务透明度,并主动接受社会各个层面的监管,我们必须从三个主要方面来采取行动:第一,是通过民主和公开的方式来进行。例如,建立政务网、政府会计网、政府采购网等信息平台,并通过广播、电视、各种报纸杂志和各种新闻发布会,宣传政府财政财务管理的法律法规、制度,以扩大社会公众的知情权、评价权和监督权。财务透明度和信息公开度越高,腐败的风险就越低。同时,这也能更好地激发和调动社会大众参与公共事务管理的积极性和热情,确保公民的知情权、发言权和

参与权得到真正的体现,从而避免因信息不对称导致的公务员的违规和违法行为。第二,强化审计的监管力度,并向公众透露审计部门的审计发现。我们需要加强对公职人员经济责任的审计,基于真实和合法性的审计,进一步强化效益、决策和专项的审计工作。我们需要在资金的运用、项目的执行,以及数据的核实等多个层面,强化对公共财务管理任务的监控。第三,高效的监管不仅需要强有力的监督,而且这种有力的监管还必须依赖于有力的惩罚措施。缺乏有力的惩罚手段,监管往往只是走过场。因此,我们需要按照"谁做决策,谁承担责任"的准则,确立并完善对理财失误的责任追究机制,确保理财活动中的权利和责任得到统一。同时,我们需要加大对公务员责任目标的控制力度,以及对财务违规和违法行为的处罚,通过严厉的法律制裁和高额的违规成本来约束和限制公务员的财务行为,确保财务监督真正发挥威慑和示范教育的作用,从而避免公务员在公共财务管理工作中出现违纪和违法行为。

三、财务柔性管理研究

在全球经济一体化的大环境中,企业的管理方式正在经历持续的创新与进步。人力资源现已不仅仅是物质资本,而是已经变成了企业成长的关键组成部分。员工在企业的成长中扮演着至关重要的角色,他们的主动性和热情对于企业的进步具有深远的影响。企业员工的能力和素质对企业的核心竞争优势有着直接的影响。传统的财务管理方式已经不能满足现代社会的需求,因此迫切需要一种创新的财务管理策略,以更好地激发员工的积极性和主动性。当企业实施柔性的财务管理策略时,这不仅能显著提高财务人员的工作效率,还能确保企业的经营活动能够顺利进行。对于企业的领导者来说,研究柔性和传统的刚性管理方式可以极大地提高公司的盈利能力,这对于企业的财务管理和审计统计分析,以及生产和经营活动的推进,都具有重要的价值。

(一)柔性管理与企业柔性管理相关理论的界定

1.柔性管理的概念界定

(1)柔性管理的概念

在已有的先进生产技术和规范管理的基础上,现代企业通过系统地思考,改变心智模型,提升学习能力,实现自我超越,主动适应外部环境的变化,从而实现经营管理状态的变化,这是一种灵活的管理模式,即柔性管理。柔性管理的特性包括其跳跃性和变动性、快速响应能力、灵活性和灵活性等。该理念强调企业的组织结构应当是扁平且灵活的。无论是产品的研发、制造、销售还是服务,都应以市场需求为核心,保持快速地变革。同时,企业之间的信息交流应该是流畅和方便的,以确保员工的积极性得到充分的利用,并能根据市场的快速变化做出相应的调整和响应。柔性与刚性是相对的概念,因此柔性管理是与以规章制度为核心,通过制度约束、纪律监督、奖惩规则等方式对企业员工进行管理的刚性管理相对应的。在当代企业的灵活管理模式下,领导者更倾向给予下属更多的授权,并采用扁平化的弹性管理结构;我们鼓励根据市场的需求来灵活地组织团体;高度重视与团队成员之间的人际交往,指导他们进行自我管理,强调成员在组织成长过程中的核心地位,并最大限度地激发成员的热情与创新能力;提倡团队成员具备多方面的专长和能力,这为企业提供了更大的灵活性,使其能够迅速地适应市场的各种变动。

（2）柔性管理的影响

柔性管理被视为企业应对环境变动的创新管理策略。自"科学管理思想"诞生之日起,企业始终将效率与质量视为其核心价值。规模经济的影响和学习的效益在提升工作效率和品质上发挥了至关重要的角色。在当前的"买方市场"中,面对激烈的低成本竞争和大量的高质量供应商,很多行业的管理人员都认为,仅仅实现低成本和高质量已经不能保证企业的成功。随着产品的生命周期逐渐减少,消费者的需求变得越来越多样化,这促使企业更加重视柔性的管理方式。如今,柔性的管理方式已逐渐被视为提高效率和品质的关键手段。柔性管理对企业产生的影响主要集中在三个关键领域:第一,是对企业生产系统的优化。通过运用柔性的生产方法和雇佣具备多种技能的工人,企业能够有效地生产出各种不同类型的产品。此外,采用柔性的管理方式能够让系统在经济上迅速地切换生产目标,从而缩短了产品生产前的等待周期,进一步提升了生产效率。另外,采用柔性的管理方式能够降低库存量,加快资金的流转速度,并提升设备的使用效率。第二,要满足员工的高级需求。柔性的管理方式能够满足员工的高级需求,从而在更深的层面上激发他们的工作潜力,使他们不仅主动提升自己的工作标准,而且还愿意发掘他们的潜能,以实现超常的工作成果。第三,对产品的研究和开发体系进行优化。通过实施柔性管理,我们可以进一步完善产品的研究和开发流程,从而提高产品研发的效率,满足消费者多样化的需求,并增强企业的核心竞争优势。

（3）柔性管理的特征

柔性的管理方式主要展现出四大特点:第一,它是由内部驱动的。柔性管理的独特之处在于,它并不完全依赖于权力的影响,而是基于员工的心理动态。这种管理依赖于激发员工内在的积极性、潜在能力和创新精神,确保每位员工都能为公司的持续发展而努力创造出色的业绩,从而在激烈的市场环境中获得竞争优势,这种管理方式具有显著的内部驱动力。只有当公司的规范真正变为员工的自我意识,企业的目标真正变为员工的主动行动时,柔性管理才能成为内在的驱动力,才能产生自我约束力。第二,具有长久的持续性。柔性管理意味着员工需要将外部的管理规定转化为他们内心的承诺,并最终转化为员工的主动行动,这个转变过程是需要时间的。此外,由于员工的个体差异、公司的文化传统以及外部环境的限制等多重因素,公司的目标与员工的个人目标常常难以达到和谐。但是,当这种协同工作通过柔性的管理方式达成共识时,员工的认知将变得更为独立,并对他们产生深远和持久的影响。第三,快速地适应能力。柔性管理的快速适应能力主要体现在对环境变动的及时反应和处理能力上。在现代社会中,随着劳动者的文化水平逐渐提升,他们能够根据所处环境的不断变化,展现出智慧、反应敏捷、行动迅速和规避潜在威胁的能力。在柔性管理的概念中,它涵盖了多方面的功能,这意味着它不只是能够迅速识别环境的变动,还拥有坚定和有韧性的特质,能够主动地面对环境变动带来的各种后果。此外,柔性管理的快速响应能力也表现在,在市场竞争日益加剧和市场不稳定因素难以预见的环境中,企业能够迅速而准确地重新配置其人力和技术资源,从而获得竞争上的优势并提升盈利能力。第四,其实际效果。柔性管理的核心思想是满足员工在高级职位上的需求,并激发他们对工作的热情,因此,这种管理方式具有显著的激励效果。

2.财务活动的概念界定

(1)财务活动的概念

企业的财务行为即其财务操作。企业的财务活动涵盖了在财务管理过程中各种相互影响、相互依赖和相互联系的行为,如筹资、投资、营运资本和收益分配等。企业的财务管理是通过特定的财务行为与企业的内部和外部环境建立财务联系的,但同时也会受到企业的内部和外部环境的影响和限制。

(2)财务活动的主要内容

实际上,企业的财务活动是企业资金流动的核心部分,它主要涵盖了以下四个关键领域:第一,筹集资金的活动。企业所拥有的资金主要由权益资金和负债资金组成。企业筹资的核心准则是根据国家的法律和政策规定,通过各种途径和方法,遵循经济核算原则来筹措资金,以满足其生产和经营的数量需求。在此基础上,我们还需要思考如何降低资金的成本,减轻财务上的风险,并优化筹资的效果,从而达到财务管理的既定目标。在筹资活动中,主要需要解决的难题包括筹资的途径、方式、风险以及成本等方面,这要求我们确定最合适的资本配置,挑选最适宜的筹资策略,并在风险与回报之间进行权衡。第二,是关于投资的行为。根据投资的周转周期,企业的投资可以被划分为短期和中长期两大类。中长期投资管理的核心目标是构建一个严格的投资管理流程,并深入探讨投资在技术和经济方面的可行性与合理性。当企业面临收益与风险并存的情境时,它们应当努力进行准确的预测与决策,致力于降低投资的风险,增加投资的回报,并努力选择那些收益较高但风险较低的投资策略。第三,关于营运资本的活动。营运资本代表企业对所有流动资产的投入,而净营运资本则是流动资产扣除流动负债后的剩余金额。有些人持有这样的看法,即营运资本是指企业在特定的时间段(或时间点)内的流动资产总额减去流动负债总额后的差值。营运资本具有快速周转和易于变现的特性。企业在管理营运资本时的基本原则是,既要确保根据生产和经营需求提供足够的资金,加快流动资金的流转速度,同时也要合理地分配资金,并合理地安排流动资产与流动负债之间的比例关系;我们需要确保流动资产不被闲置,同时也要确保有充足的偿还债务的能力。第四,关于收益的分配活动。收益分配管理涵盖了多个方面,包括企业销售收入的管理、成本和费用的管理,以及利润分配的管理等。在收益分配活动中,核心的管理目标是仔细进行销售预测与决策,积极拓展市场,增加销售额,并确保资金能够及时收回;我们需要积极地进行成本和费用的管理,对利润进行准确的预测和计划,确保达到预定的利润目标,并对盈利进行合理的分配,以保障各个方面的利益都得到保障。

3.财务柔性管理的概念界定

(1)财务柔性管理的含义

财务柔性管理指的是财务管理系统能够迅速且高效地适应财务环境的变化或处理由环境引发的不确定性的能力。更具体地说,它是指能够根据内外环境的变化,迅速而准确地制定财务决策,及时且经济地实现财务决策,从而系统、持续地处理财务管理活动中的不确定性。这一能力是由三个主要部分组成的:缓冲能力、适应能力以及创新能力。

财务柔性管理这一概念,主要在以下几个方面得到体现:首先,缓冲能力。缓冲能力代表了企业财务管理在面对不断变化的环境时的应对策略,它是一种能够吸纳或减轻环境变动对系统产生的不良影响的能力。企业的财务柔性管理之所以拥有缓冲作用,是因为它为各种缓冲变动储备了必要的资源。它采用了实物缓冲和能力缓冲等策略,以确保企业的财务管理能够适应不断变化的环境。实物缓冲指的是企业在财务管理中应对外部不确定因素时所做的各类实物储备,例如在营运资本管理过程中的库存。所谓的能力缓冲,是指在企业的财务管理中,为了应对外部的不确定因素,所赋予的额外能力。这种能力主要体现在技能和财务上,例如选择最佳的筹资途径、方式、投资项目和方案,它是理论与实践相结合的体现。其次,具备良好的适应性。适应性是企业财务管理在面对环境变动时能够迅速调整和适应的一种能力。在环境发生变动的情况下,企业的财务管理应在保持其核心特性不变的基础上,进行必要的调整,以更好地适应财务管理的新环境。适应性的程度是基于应变速度和范围的变化来决定的。变化的快慢是由环境的变动或不确定性信息转化为财务管理命令所需的时长以及财务管理命令的发布和执行所需的时长所决定的。资金的变动范围是由筹资、投资、营运资本和收益分配等各个环节的资金需求、资金供应量和均衡量来决定的。资金的需求量和涉及的范围,都是在资金供应过程中需要仔细考虑的因素,并努力确保这些需求得到满足,以实现资金的均衡分配。适应性的核心思想是适应变化,这不仅是企业财务管理中的关键策略,同时也是一种较为被动地应对这些变化的方式。企业在进行财务柔性管理时,不应只是被动地适应外部环境的变化和具备适应性,更关键的是,他们需要拥有创新的思维和能力。最后,关于创新的能力。创新能力指的是系统能够采纳新的行为和措施来影响其外部环境,并对其内部环境产生改变的能力。在企业的财务管理中,不仅需要迅速适应变化,还需要主动地寻求变革。一方面,需要迅速地调整自己以适应这些变化;另一方面,也需要对外部环境产生影响,以促使其朝着更有利于自身的方向发展。在企业的财务管理中,我们需要对外部环境的变动做出科学预测,最大化地利用企业的资源,充分挖掘系统的内在潜力,并坚持可持续发展的策略。这样,企业的财务管理不仅可以应对企业当前的内部和外部环境的不断变化,还能适应企业在更长时间内外部环境的演变。创新的核心思想是追求变革,它代表了一种主动应对不确定性的能力,并成为企业财务柔性管理的核心。

(2)财务柔性管理的主要内容

①财务柔性管理的分类

根据企业财务管理的各个方面,企业财务柔性管理可以被细分为筹资柔性管理、投资柔性管理、营运资本柔性管理以及收益分配柔性管理;从企业财务管理流程的角度来看,可以将其细分为财务预测的柔性管理、财务决策的柔性管理、财务计划的柔性管理、财务控制的柔性管理、财务核算的柔性管理以及财务分析的柔性管理;根据企业的生产和经营流程,我们可以将其分类为销售的柔性管理、生产的柔性管理以及供应的柔性管理;根据管理的范围划分,我们可以将其划分为局部的柔性管理与整体的柔性管理。

②财务柔性管理的内容

企业的财务柔性管理包括筹资的柔性管理、投资的柔性管理、营运资本的柔性管理以及收益分配的柔性管理等几个方面。筹资的柔性管理是由筹资途径、筹资方法、资本的成本以及资本的结构等多个方面的柔性管理元素组成的;投资的柔性管理是由投资项目和投资方案等多个方面的柔性管理元素组成的;营运资本的柔性管理是由现金持有额度、应收账款和存货等多个方面的柔性管理因素组成的;收益分配的柔性管理是由分配政策、分配金额、分配方法等柔性管理因素组成的。基于整体性的原则,企业的财务柔性管理应体现为在财务管理活动中,各种柔性管理手段的有机融合。只有当公司内部的各种活动变得更为灵活时,财务管理的整体灵活性才会增强,同时对各种不稳定因素的处理和应对能力也会得到提升。

③财务柔性管理的特征

相较于传统的财务管理方式,财务柔性管理模式展现出七个突出的特点:第一,传统财务管理更倾向集中权力或进行相对分权,而财务柔性管理则更加强调财务的灵活性;第二,在财务管理的核心策略中,传统的财务管理更倾向低成本策略,而财务的柔性管理则强调多元化策略和市场的领先地位;第三,从财务管理的角度看,传统的财务管理更注重规范和专业,而财务的柔性管理则更注重快速响应和灵活性;第四,从财务管理体制的角度看,传统的财务管理模式是按部门和各个层级进行的,各个工作环节都是有序连接的。而财务的柔性管理则采用了一体化的管理方式,每个工作环节都采用了并行的工程方法,这就强调了集成管理的重要性;第五,关于财务管理的组织架构和功能,传统的财务管理遵循"金字塔"式的分层结构,其中职能部门的界限非常明确。而采用财务柔性管理的组织结构则是"有机"的,它打破了职能部门的界限,转而采用了网络结构;第六,从财务管理的角度看,传统的财务管理方法主要是基于单一的目标制度,它强调建立有序的财务管理流程,追求效率、稳定性和连续性。而相对之下,财务柔性管理则采纳了财务管理、协调、服务和创新的多重目标,它强调持续调整学习策略,适应新的环境,改进现有环境,与时代同步,并持续创新;第七,关于财务管理人员的素质要求,传统的财务管理模式强调专业能力与管理能力的分离,而现代的财务柔性管理则侧重于柔性人才,强调智能和技能的结合,同时也注重专业素质与管理能力的融合。

(二)企业实施财务柔性管理的方法

1.企业实施财务柔性管理的必须性

在市场经济的背景下,由于企业财务活动的不确定性增加,企业的资本流动始终处于一个持续变化的状态。另外,随着外部环境和条件的持续变化,如国家的经济政策调整、通货膨胀的出现、经济发展的不同周期、企业所处的不同市场竞争环境、国家对税收、证券和财务法规的调整,以及金融市场环境的变化等,都对企业的财务活动和财务管理产生了深远的影响。因此,为了更好地适应这种不断变化的需求,企业必须适时地调整其财务管理的策略和手段,这样才能持续提升企业财务管理的整体水平和效能。

2.企业实施财务柔性管理的意义

在企业运营中,物质资本和人力资本都是需要同时考虑的因素。企业在进行财务和非财务指标的综合分析时,应从单一的财务指标转向分析性的考核,从硬性指标转向软性指标,并考虑人力资本的分配,以确保财务管理更真实地反映实际情况,使得财务分析更为客观。为了适应不断变化的外部环境,如环境的转变、财务制度的非正规化、财务决策的权力变动和组织结构的扁平化,企业必须提高其财务系统的适应性和应变能力。这样,企业才能更好地应对突发事件,确保在不断变化、竞争日益激烈和服务对象更具主导权的环境中保持竞争力。

当企业采纳财务的柔性管理策略时,这将有助于最大化企业的价值,确保组织内的各个部门和岗位能够更好地协同工作,激发员工的内在潜力,加强企业的核心竞争能力,并提高其经济回报,从而更好地实现企业价值的最大化。

3.企业实施财务柔性管理的方法

(1)改变思想观念

公司的思维模式需要从以生产为中心转向以市场为中心。传统的严格的财务管理方式与生产导向有着紧密的联系,它更加关注产品的生产和经济生产的批量,并将价格与质量视为市场竞争的核心策略。财务的柔性管理主要以市场为导向,始终关注客户的需求,并将吸引客户视为市场竞争的核心策略。因此,在企业运营中,不仅需要高度重视生产过程的管理,还应加强对"顾客关系管理"的关注。

(2)改变管理方式

管理策略需要从单纯的控制转向更多的引导和激励手段。传统的财务严格管理主要集中在财务控制上,企业的财务经理的核心职责是确保任务的完成,并加强对各个部门和员工的财务监管,但对于如何更好地优化各部门和员工的财务行为并没有给予足够的重视。经验告诉我们,财务管理已经超越了传统的财务控制方式,它更多地是起到了指导和激励的作用。在这个信息化的时代,只有当企业得到恰当的指导和激励,它们才能更有效地调整其财务行为,从而增强企业的整体价值。

（3）财务职能转变的方向和方法

财务职能转变的方向和方法,具体体现在两个方面:一方面是财务工作范围的转变。目前,传统的企业财务职能存在着种种缺陷,比如过分强调预算和会计核算职能,财务系统过于封闭,对企业面临的各种外在变化缺乏认识,这都使财务管理活动不能发挥应有的作用,不能很好地适应市场的变化,对企业风险的管理也只能停留在计划控制的简单层面。为满足公司财务柔性管理建设的要求,财务职能转变要从传统的以记账为主的财务职能转向以收集、分析、整合有效信息,用于支持决策,以服务为导向,使公司整体增值为主的新职能。财务工作范围和工作职能的转变,从手段上保证了公司财务柔性管理建设的需要。另一方面是财务管理目标的转变。财务职能转变需要适应竞争形势和市场环境的需要,以企业发展战略为促进目标。财务管理目标转变的具体工作包括使用恰当的技巧对长期战略决策进行评估、为公司寻找可采用的融资渠道、管理公司的流动现金、帮助公司选取投资项目、平衡管理者（代理人）与股东（委托人）间的利益关系等。财务管理目标的转变肯定了实施财务柔性管理的意义,也为财务柔性管理的建设提供了依据和支持。[1]

（4）调节组织结构

组织的构架需要从垂直方向转向水平方向。为了实现财务的柔性管理,企业需要增强对市场需求的敏感性,确保内部信息的高效流通,并促进各部门之间的更好合作与协同。纵向的组织架构常常不能满足财务柔性管理的需求,这是因为它在网络灵活性方面存在不足,导致信息的收集和交流速度相对较慢。国家逐渐倾向建立横向的组织结构,而非纵向的金字塔结构,这不仅有助于降低成本,还促进了部门间的合作与沟通。

（5）努力提高财务团队的管理能力

基于对公司财务管理的影响深度,我们可以将与公司财务管理有关的人员划分为三大类:第一,是外部环境的人,这包括了投资者、债权人、国家、金融及非金融机构

---

[1]　周浩,吴秋霞,祁麟.财务管理与审计学习[M].长春:吉林人民出版社,2019.

和客户等;第二,在财务管理体系中,包括财务总监和财务经理在内的各个层级的管理人员;第三,普通的财务管理工作人员,也就是那些直接参与具体的财务管理任务的人员。企业的财务管理效率会受到这些人的素质的影响,例如,外部环境中的人的素质会在不同程度上影响筹资和投资活动方案的执行。在企业财务柔性管理中,财务管理者的专业素质起到了至关重要的作用。这是因为他们需要直接思考如何与各种外部参与者建立良好的关系,并全方位地分析对方的心理状态以及影响其行为的各种因素。例如,他们需要仔细研究资金供应者的偏好,这样才能确保资金的高质量和大量筹集。在企业财务管理中,高层管理人员应具备创新思维、勇于变革和积极进取的特质。企业需要构建合适的高级财务管理人才的引进和培养机制,以及经理人的选拔机制。例如,可以通过定期或不定期的员工考核来解雇一些不合格的财务管理人员,同时也应吸纳社会上的优秀人才,以确保这些高级财务人才能够长期有效地为企业做出贡献。

总结来说,企业财务管理的目标是培养所有员工持续学习新知识和获取新信息的能力。为此,我们需要创建一个学习型的组织,通过营造一个充满学习氛围的环境,并充分激发员工的创新思维,从而构建一个有机、高度灵活、扁平化和可持续发展的组织结构。

第二节　财务管理的目标

一、财务管理的基本内容

在财务管理的讨论中,企业在确定的总体目标下,如何有效地募集、运用和管理其运营和发展所需的资金成了一个核心议题。从企业的外部视角来看,财务管理的核心内容包括:在各种市场中如何运用各种金融工具来筹集企业发展所需的资金,以及如何评估并避免与企业筹资和投资相关的潜在风险;从公司的内部结构来看,财务管理的核心内容包括:如何确保筹集到的资金能够发挥其最大价值、如何挑选并监督投资项目、如何高效地使用资金、防止资金闲置并确保公司运营的平稳进行。

财务管理的各个环节,包括供应、生产和销售,以及人力、财力和物力,都直接影响着企业的运营。这种影响不仅局限于企业短期内的资金周转和流动性,还延伸到企业长期发展的各个方面。例如,在某些特定情境中,某些投资项目的收益可能需要数年时间来显现。与此相匹配的资金筹集和投资决策会在一个较长的时间段内对企业的生产和运营产生持续的影响。因此,财务管理需要能够提供一个评估项目盈利的指标,并结合各种风险来对项目进行全面的评估。除此之外,企业的财务管理还包括一些不常见的金融交易,例如并购、破产、资产重组,以及资产和企业的估价问题,这些财务决策无疑将从根本上改变企业的运营模式。

(一)财务管理决策

总体而言,财务管理的决策过程主要可以划分为四个主要类别。

1. 投资决策

在众多企业的决策中,投资决策无疑是最为关键的一项。在进行投资决策时,涉及的核心内容有:确定投资所需的总资产,或者更确切地说,首先要确定资产负债表左侧的大型和小型公司的大小,然后再确定资产的具体构成,如企业应持有的现金、存货和设备数量,以及如何维持这些资产之间的合理比例。除了决策要做的事情,投资决策的另一个关键环节是确定是否要做其他事情。"不做什么"这个词可以有三种不同的解释,首先,它指的是对那些已被证实缺乏经济效益、不满足企业发展战略需求的投资,或者是取消投资,或者用其他方法替代;其次,对于那些虽具有盈利潜力,但并不满足公司长远战略愿景的投资方案而言;同样需要放手;最后,对于像现金这样既不能增值又是不可替代的资金使用(同时也是一种投资方式),我们需要思考如何在确保生产和经营流程顺畅的基础上,最大限度地减少其使用。

2. 融资决策

从研究企业资产负债表的视角出发,投资决策主要影响资产负债表左侧资产的规模和比例,而融资决策则更多地关注资产负债表右侧资产的组成元素。

一旦确定了企业的最优资本结构,财务经理还需在多个潜在的融资选项之间做出选择。因此,对于财务经理而言,除了掌握基础的财务理论知识外,他们还需要对货币市场和资本市场的业务有深入地了解,分析所使用的各种金融工具的特性和区别,并知道如何利用投资银行和其他专业中介机构提供的专业服务,以及如何签署长期租赁合同和进行债券与股票发行的谈判。

鉴于公司的资金不仅可以用于分发股利,还可以用于投资,因此,股利的决策经常被认为是融资决策过程中的一个重要环节。简而言之,股利的分配比例直接影响到企业作为资金来源的留存利润的数量。

3. 资产管理决策

在完成资产的购买之后,我们还需要思考如何更好地管理资产以及如何增强资产的使用效益,这也构成了财务管理中的核心议题之一。然而,在实际的资产管理实践中,众多具体的资产管理领域已经发展成了独立的学科,并发展出了各自特有的管理策略,如物流管理等。

针对各种不同的资产项目,财务经理需要承担各自不同的管理任务。一般来说,财务经理更多地集中在资产价值的管理上,而对资产的实际管理关注较少;人们更多地关心流动资产的管理,而对固定资产的管理关注较少,实际上,固定资产的管理主要是由那些使用这些资产的生产经理来承担的。

4.其他决策

在最近的几年里,资本市场逐渐受到了广泛的关注,与企业财务紧密相连的新术语和新观念,如资本运作、资产整合、并购等,频繁地出现在各大媒体报道中。对于财务经理而言,他们不仅需要利用各种金融工具进入各种市场,还需要从不同的渠道获取社会资源,以实现非常规的成长和发展;从 1980 年开始,股票市场的交易范围已经超越了简单的股票交易,大型或小型的企业也被纳入交易范围。因此,财务经理需要时刻保持警惕,因为在当前金融市场的压力之下,任何企业都可能成为交易的牺牲品。

(二)企业组织结构中的财务管理

仅仅依赖财务策略是无法使一个社会财富持续增长的。对于企业而言,其财务活动主要针对资金,而管理的核心目标是确保企业的生产和经营活动能够高效进行,因此,财务管理必须与企业的其他各项活动紧密结合。无论是财务经理还是其他的经理,都必须深刻理解,许多企业的决策过程都与财务息息相关。比如说,当企业做出营销策略时,它的投资需求会发生变化,这就意味着需要考虑到资金可用性、库存政策以及工厂的运营效率等多个方面的影响。

鉴于财务在决策过程中所占据的中心位置,财务主管在公司的组织结构中被视为更高的级别。财务总监(CFO)作为财务部门的核心领导,直接向首席执行官(CEO)汇报工作。他的主要职责是制定公司的关键财务策略,并与其他高层管理人员合作,深入研究其他领域的财务决策问题,同时对财务主任和主计长的各项活动承担责任。

标准的财务功能通常是在两位主要负责人——财务主任与主计长之间进行划分的。主计长的主要职责是进行账务记录、撰写报告以及进行控制,这与会计核算有着直接的关联。对制造业的公司来说,与公司的内部开销相关的成本计算、成本控制和财务预期也是主计长的核心职责之一；财务主任的主要职责是筹集和保管资金，这包括前文提到的投资、融资、资产管理，以及其他重要的金融交易。鉴于这些决策有可能对公司产生长远甚至是基础性的影响，财务主任通常还需要负责贷款管理、保险和退休金的管理工作。

部分大型公司仍然选择以财务委员会的方式来做出关键的财务决策。财务委员会汇聚了来自各种不同背景和能力的专家，他们在资本管理和经营预算制定上都肩负着至关重要的职责。

总体而言，财务管理的职责始终与公司的最高组织结构紧密相连。在公司的每一个重大事件背后，都隐藏着深远的财务意义。这些决策对于公司的长期盈利潜力有着深远的影响，因此，高层管理人员必须给予这些决策足够的重视。

二、企业经营目标与财务管理目标

随着契约理论在经济学领域的广泛接受，人们越来越倾向将企业看作是一个契约网络。从契约理论的角度来看，企业本质上是企业组织内各成员之间一系列具体和潜在的契约行为的具体体现，这些契约明确了他们各自的权益、责任以及在不同环境下应获得的报酬。在契约网络里，绝大多数的成员都在追求有限的风险和稳定的收益，而所有者则负责承担剩余的风险，并据此获得企业的盈余。

尽管实际和潜在的契约有助于减少企业内部的矛盾和冲突，但这些契约并不能全面地解决企业各个方面的问题（特别是那些由于未来不确定性而可能出现的问题），也无法彻底消除由于所有权和控制权分离而在组织内部引发的冲突。尤其在当今的企业环境中，所有权是广泛分布的。尽管经理人在名义上是所有者的代表，但他们实际上已经掌握了企业的控制权，这导致了所有者和经理之间可能存在的利益矛盾。所有者期望经理人能够代表他们的利益来行动，而经理人本身也有自己的利益，这就导致了"代理问题"的出现。从现代经济学的视角来看，如果一个经理没有完全持有企业的普通股，那么代理问题便会随之出现。在某种程度上，这种权力的分离可能会使经理在工作中不能全身心投入，并需要更多的额外补偿或花费，例如豪华的办公空间、不必要的出访或专用飞机等。当经理完全持有公司的股份时，他们将不得不承担由此产生的所有成本；然而，在他们并未完全持有股份的情况下，他们仅仅承担了部分成本，从而享受到了100％的在职消费优势，这也是他们更倾向要求增加在职消费的原因。

在当前的企业结构中，我们仍需重视企业作为股东的角色。企业的核心经营目标始终是追求股东的利益。换言之,企业的生产和经营活动应以提升经济回报、确保投资者投资的保值和增值,以及避免在激烈的市场竞争中被淘汰为首要任务。企业财务管理的核心目的在于集中和总结企业的经营目标在财务方面,这也是所有财务活动的起点和终点。换句话说,企业在进行财务管理活动时,应以实现财务管理目标为核心,并以推动和服务企业财务管理目标的达成为主旨。

在企业的运营和财务管理目标中,社会责任也是一个不可忽视的关键因素。从一个角度看,作为社会上的关键经济实体,企业必须高度重视社会的需求,并肩负起技术创新和创造就业机会的社会职责,这样才能从中获得更多的经济利益;再者,近些年来,经济活动的外部性变得日益关键。企业在决策时,必须深入思考其政策和行为对外部环境和社会的潜在影响。员工、消费者以及各种利益团体的预期都是衡量企业价值的外部标准。只有当企业充分考虑到他们的利益,才能实现价值和利益的最大化,并确保其持续健康发展。因此,为了实现企业财务管理的目标,企业必须在外界的限制和约束下进行努力

三、财务管理目标的具体化

(一)利润最大化

追求利润的最大化经常被视为公司财务管理的核心目标。实现盈利是公司生产与成长的关键前提。如果一个企业长时间处于亏损状态,这将不可避免地引发资不抵债的问题,最终可能导致破产或倒闭。然而,追求利润最大化的目标往往是片面的。虽然通过发行股票并将筹集到的资金重新投资于国库券可以提高企业利润,但这种策略对大多数公司来说可能会导致每股收益的减少。因此,每股收益的最大化经常被作为对利润最大化的一种调整而被提及。

(二)财富最大化

1.企业总价值最大化、股东价值最大化或普通股每股市价最大化

经过对利润最大化目标的局限性进行深入分析后,大家普遍达成共识,认为公司财务管理的核心目标应当是实现价值或财富的最大化。更具体地说,财富最大化的目标可以进一步细分为企业的整体价值最大化、股东财富的最大化,或者是普通股的每股价格的最大化。

然而,关于公司应该追求股东财富的最大化还是追求公司财富的最大化,目前还存在不同的观点和看法。除了股东,公司还涵盖了债权人、优先股股东和其他权益持

有者。无论公司盈利有多高,债权人和优先股股东都只能获得固定的收益。由于杠杆效应的存在,如果企业运营非常成功,普通股的价值将会显著增加;反之,如果公司的表现不佳。当企业的价值降低时,债权(优先股)的价值不会受到太大的冲击,而普通股的价值则会显著减少。在那些主张股东财富最大化的学者群体中,关于股东财富最大化与普通股每股价格最大化是否相等的问题仍然存在争议。

在上述关于财富最大化的三种观点中,普通股的每股价格最大化被认为是最具限制性和最严格定义的。通常情况下,现代企业在财务管理中更倾向将普通股的每股价格最大化作为具体的财务管理目标。

(1)在所有的股票价格指标中,普通股市价是最容易被观察到的。相较于定期发布的公司盈利和销售数据,普通股的价格会随着相关信息的更新而持续波动。因此,经理人能够根据市场上众多投资者的反馈,及时获得市场对其决策的反馈信息。

(2)在一个理智且高效的市场环境中,普通股的价格更多地揭示了公司长远决策的影响。这个观点与收入、利润等短期经济指标有所区别。虽然后者对目前的收入进行了精确的度量,但其对长期价值的模糊评估明显优于对当前收入的精确评估。

(3)设定普通股市价最大化的目标能够为投资策略和融资选择提供清晰的价值评估准则。

2.强调股东财富最大化目标的难点

在企业的财务管理实践中,追求股东财富的最大化(或普通股的每股市场价值的最大化)遭遇了许多挑战。

首先,在企业运营过程中,经理人与股东之间存在利益矛盾和代理问题。当经理人出于个人利益考虑问题时,他们的决策可能会对实现财富最大化的目标构成威胁。对于公司的普通员工来说,他们可能对股东的财富状况并不太关心,他们更关心的是自己的薪资、福利和工作稳定性。

其次,无论一个企业的经营状况如何,其债权人只能得到固定比例的报酬,而所有者则只能获得全部的剩余收益,因此,在某些情况下,他们的利益可能会产生冲突。因此,将股东财富最大化作为企业财务管理的核心目标,可能暗示着有可能通过削减企业债权人和其他利益相关者的权益来提升股东的财富水平。近几年逐渐受到公众关注的公司法中的人格否定问题,实际上是这个议题的进一步发展。

然后,金融市场充斥着海量的信息,股东们需要对这些信息做出响应,但有时这些信息可能是混乱的,甚至是错误的,同时也不能保证所有股东都能对同一信息做出正确的反应。

最后,当公司致力于实现股东财富最大化的目标时,它们的决策可能会产生大量的社会成本,但这些成本并不能直接反映在企业的收益中。

3. 私人公司或非营利组织的财务管理目标

当普通股的每股市价最大化仅适用于上市公司时,私人公司应如何遵循财务管理的基本原则呢? 对这些企业来说,追求企业总价值的最大化可能是一个较为理想的决策方向,但考虑到之前提到的企业价值最大化是难以量化的,这一目标有时可能会引发不必要的讨论和争议。上市公司之所以在某些方面优于非上市公司,是因为上市公司的决策通常能迅速获得信息反馈,而非上市公司所缺少的正是这样的反馈机制。

对非营利组织来说,实施财务管理原则变得更为困难,因为社会对它们的期望更多地是以最高效的方式提供服务,而不是创造利润。

四、财富最大化目标

如前面所说财富最大化目标在三个方面比利润最大化具有更深刻的内涵:财富最大化目标考虑了货币的时间价值、考虑了收入流量的风险、考虑了资金流量的质量差异(利润由于会计方法的差异而差异,财富最大化目标通过强调现金与资金的流量,而不是靠会计方法的选择,从而避免了这些问题。有大量的研究表明,金融市场会帮助解决会计程序的差异,并使之趋于正确和基本的价值)。

为了实现财富的最大化,我们可以从以下两个维度来理解这一目标的重要性。

1. 企业的运营受到资本市场的直接影响,而由于普通股市价是可以随时观察到的,股票市场持续地决定着企业普通股的价值,从而为企业的业绩提供了一个衡量标准。经过资本市场的持续评价,普通股票的市场价格发生了变化。因此,资本市场的持续评估不仅提高了工作效率,还激发了管理者去优化公司的业绩表现。

2. 通过对企业现金流的大小和潜在风险的影响,财务决策能够改变企业普通股的市场价值。如下图所示,企业在做决策时会受到各种内部和外部因素的限制,这些因素不仅会影响企业的盈利潜力,还会对企业的风险产生影响,这两大因素共同塑造了企业的整体价值。

五、有效市场假说

(一)市场有效性假说

1953年,英国统计学家莫里斯·肯德尔发表了一篇颇受争议的研究论文,名为《时间序列分析,第一部分:价格》。这篇文章揭示了肯德尔的一个重要研究发现:他原本计划利用新近出现的电子计算机来探索股票价格的波动模式,但他的研究成果并没有达到肯德尔的预期。股票的价格走势似乎没有固定的模式,正如一个醉汉所做的那样,也就是说,股价好像是按照某种随机的趋势移动的。

这个新的发现让金融专家们感到迷惑,他们可能会误以为股票市场是受到一种不稳定心理的驱使,而没有任何内在的逻辑联系。在肯德尔的研究论文发布的那一年,英国皇家统计学会在伦敦聚集,对此议题进行了深入的探讨。最终,他们达成了一个共识:价格的随机变动更多地反映了一个高效且功能齐全的市场,而非市场的非理性行为。

更深入的研究结果揭示,传统经济学视价格为商品(包括证券)在市场上的价值体现。更深入地研究揭示,价格实质上是由信息所决定的。购买者对产品的需求是基于他们对产品的预期,这些预期涵盖了产品的使用寿命、安全性、品质,以及证券市场的涨跌趋势。需求的行为是由预期所驱动的,而这些需求又是基于购买者对商品的认知,即他们对信息的掌握程度。

价格已经反映了所有可以得到的信息,这就是市场有效性假说(Efficient Market Hypothesis,简称EMH)。该假说实质上是亚当·斯密"看不见的手"在金融市场的延伸,现已经成为金融经济学的一个重要基础。

(二)金融市场有效性成因

尽管有效性假设在整个证券市场中都有其存在,但由于各种条件的限制,现在大多数讨论都集中在证券市场的有效性上。相较于普通的商品市场,金融市场具有两个显著的特性,这使得金融市场在效率上超过了其他市场。

首先,金融市场拥有极高的资金流动性。由于受到外界因素的作用,一般的产业资本使得公司有可能在一个相对长的时间段内进行亏损的经营活动,这意味着它们有可能长期处于盈亏状态。不同于产业资本,金融市场上的投资者只需拨打一个买入或卖出的电话,就能进入或退出特定的行业。

其次,金融市场的操作能力直接影响了金融市场的运作效率。在金融市场中,投资者主要可以被划分为两大种类:一是个体投资者,二是机构投资者,其中机构投资者涵盖了投资银行、证券投资基金、保险基金等多个领域。

与个人投资者相比,机构投资者的数量明显较少,但他们都掌握着大量的资金。市场上有大量的机构投资者,他们利用最前沿的设备、技术和顶尖的人才来挖掘所有有价值的信息。机构投资者之间的竞争导致了所有可以挖掘的信息被完全挖掘出来,最终的结果是市场价格反映了所有开放出来的信息。从某种程度上讲,机构投资者的存在确实提高了金融市场的运作效率。

(三)市场有效性的三种形式

1967 年 5 月,哈里·罗怕茨基于价格所涵盖的数据,提出了三种不同的市场有效性形态。

所谓的弱式有效市场理论,指的是市场运作的最低效率水平。在那些效率相对较低的市场环境中,市场价格已经充分地反映了所有历史记录中的信息。换句话说,市场行为的历史数据已经被充分利用,并被市场上的投资者完全吸收和理解。因此,仅通过简单地分析这些历史数据是无法实现超额收益的。

中强式的有效市场理论,其有效性明显高于弱式的效率水平。在遵循中强式有效性假设的市场环境下,市场价格不仅揭示了以往的市场行为模式,同时也全面地展示了所有公开的信息,这些信息不仅涵盖了过去的情况,还包括了未来可能发生的情况。换种方式表达,关于证券的历史和未来的公开信息对其价格并无太大影响,或者说,没有人能够通过对这些公开信息的深入分析来获得超出正常范围的利润。

所谓的强式有效市场理论,代表了市场的最高效率。在这样一个预设的市场环境中,市场能够迅速且全面地呈现所有相关的信息。这里提到的信息不仅涵盖了弱式和中强式假设中的历史和公开信息,还包括了所有内部的数据和信息。换句话说,在一个高效的市场环境中,信息已经实现了等量和同质的分布,没有任何信息成本,也没有所谓的"小道消息",任何消息只需一个人知晓,瞬间就能为所有人所知;没有人能够独占任何信息,也没有人能基于这些信息获得超出正常范围的收益。

显然,EMH 有三种不同的表现形式,它们是基于市场价格所反映的信息量来进行区分的。在这三种形态中,存在一种特定的联系:那些满足中强式有效性标准的市场往往与弱式有效性相吻合,而那些满足强式有效性标准的市场则必然与中强式有效性和弱式有效性相匹配。可以断言,那些涉及内幕交易的市场往往缺乏高效的运作机制。

(四)EMH 的检验与挑战

实际上,在莫里斯·肯德尔之前,法国的巴切雷学者和英国的考莱斯学者已经对

EMH 有了初步的认识和理解,但这一切都是在莫里斯·肯德尔的指导下进行的;特别是在 1960 年代,经济学巨匠萨缪尔森将他的一部分精力投入这个领域,这极大地促进了该领域的理论进展,并逐渐成为经济学的一个重要分支。

　　EMH 这一理论本身并没有明确的验证意义,它的核心思想是指出市场上没有人能够获得超出正常范围的利润。为了验证这一假设的准确性,金融专家们主要采取了两种方法:首先是确定在均衡状态下的证券价格是什么,然后进一步检查实际证券价格的波动是否符合均衡状态所规定的路径;如果存在偏差,那么这种偏差是否足够大,以至于人们能够赚取超出正常范围的利润;其次,我们需要从统计学的角度来探讨"价格已经反映了所有可以获得的信息"这一说法的真正含义。根据上述两种方法,学者们开展了大量的实证研究和规范性研究。经过实证分析,结果显示,即便是像纽约和伦敦这样具有悠久历史和规范运营的证券市场,也未能达到强式效率的标准,最多只能满足中强式效率的需求。

第二章 财务报表

第一节 财务报表及其作用

在公司企业里,年度的、季度的或月度的财务报表主要有四种:损益表、资产负债表、留存盈余表和现金流量表(或财务状况变动表)。这四种报表可用来计算各种财务比率,可用来分析公司企业的财务状况。因此,用好这四种财务报表十分重要。

一、损益表及其作用

损益表是反映公司企业某一时期的销售收入和有关开支的财务报表。它主要报告公司企业的经营结果,并为公司企业盈利或亏损的原因提供数据。[①] 损益表可按年度、季度或月度编制。季度和月度损益表主要供公司企业内部管理使用。例如,可利用它来分析、监督公司企业内部目标销售额和目标利润的完成情况,可利用它来分析、监督公司企业内部有关开支情况等。

编制损益表的会计方法会直接影响损益表中净收益的大小。例如,不同的折旧、不同的库存和不同的养老金负债等会在很大程度上影响净收益的计算。因此,财务分析人员或有关投资者要了解损益表是按哪种会计方法编制的。

在损益表中,每股收益和每股股息对财务分析十分重要。因为,它们能较好地反映公司的盈利能力。

每股收益＝税后净收益/未收回股票数

每股股息＝股息额/未收回股票数

二、资产负债表及其作用

资产负债表是用来表示公司企业一定时期内财务状况的报表。它可分为年度(财政年度)的、季度的或月度的资产负债表。资产负债表用会计等式"资产总额＝负

---

① 周彩节,洪小萍.财务管理[M].北京:北京理工大学出版社,2023.

债总额十普通股权益总额"编制。其主要作用是:可反映公司企业投资决策和筹资决策等情况。例如,可反映投资效益的好坏,反映公司企业负债的高低,乃至反映公司股票风险的大小和股票价格的涨落。资产负债表是公司企业重要的财务报表之一。

三、留存盈余表及其作用

留存盈余表是反映股东权益变化情况下的财务报表。留存盈余是指公司可留作再投资的那部分盈余,它的多少主要取决于资产净收益和股息支付量。

留存盈余是一种股东权益,其留存量对公司的发展至关重要。例如,在投资机会较多的情况下,公司利用留存盈余从事投资,可大大节省筹资成本。

第二节　资产负债表

资产负债表是反映企业某一特定日期财务状况的财务报表,它是根据资产、负债和所有者权益之间的相互关系,按照一定的分类标准和一定的顺序,把企业在一定日期的资产、负债、所有者权益各项目予以适当排列并对日常工作中形成的大量数据进行高度浓缩整理后编制而成的。它能够提供资产、负债和所有者权益的全貌,表明企业在某一特定日期所拥有或控制的经济资源,所承担的负债义务和所有者对净资产的要求权。

一、资产负债表的性质和作用

资产负债表是一张静态报表,它反映的是企业在会计期末当天终了时的财务状况。所谓财务状况,即企业的资产、负债、所有者权益及其结构。因此,资产负债表表达了企业某特定日期(如月末,季末,年末)有关资产、负债、所有者权益及其结构或相互关系的信息。

资产负债表依据"资产""负债""所有者权益"之间的平衡关系(资产=负债+所有者权益)而编制,从两个方面反映企业财务状况的时点指标。一方面它反映企业某一日期所拥有的总资产,即企业所拥有或控制的,能为企业带来未来经济利益的经济资源;另一方面又反映企业这一日期的资金来源,即负债和所有者权益。根据资产负债表所反映的这两个方面,利用该表不仅可以了解企业的资产分布及其来源渠道,还可以了解企业的短期偿债能力、财务结构和长期偿债能力。

企业的短期偿债能力主要反映在变现能力上。变现能力一般是指资产转换为现金所需要的时间。对此,企业的债权人和投资人是极为关心的。对企业的短期债权人来讲,企业是否有足够的可及时转换为现金的资产,直接关系到能否收回即将到期的借款和应得的利息。同时,向投资人分配利润和向长期债权人支付利息,亦受企业现金充裕程度的制约。利用资产负债表的流动资产和流动负债部分,可以了解企业的短期偿债能力。[①] 企业的长期偿债能力既取决于它的获利能力,又取决于它的财务结构。所谓财务结构,是指企业负债与所有者权益的比例、负债中流动负债与长期负债的比例、所有者权益中实收资本与留存收益的比例等比例关系。其中,负债与所有者权益的比例最为基础,会影响债权人和所有者的相对风险和企业的长期偿债能力。就一般情况而言,负债比重越大,债权人的风险也越大,企业长期偿债能力就越差;否则反之。

企业的经营绩效主要表现为获利能力的大小,利润表是直接表达企业获利能力的报表;但资产负债表也能为衡量获利能力的一些重要指标,如资产报酬率、资本收益率等,提供数据资料。

可见,作为"第一报表"的资产负债表的重要性就在于:它表明一定时点企业在资产、负债和所有者权益各方面的状况,反映企业经营活动的基础,同时又反映了企业的规模和发展潜力,其提供的信息是评价企业偿债能力和筹资能力的重要依据,也为预测将来的财务状况提供了起点资料。

二、资产负债表的格式和编制方法

资产负债表的整体框架由三部分组成,即表首、正表和附注。表首应注明报表的名称、编制日期以及表中所用的货币单位等内容;正表是资产负债表的主体内容;附注则是对正表内容中未能说明的事项或明细项目提供辅助补充说明。

资产负债表的格式,差别主要就在于正表部分,目前国际上流行的一般有左右结构的账户式和上下结构的报告式两种。

账户式的资产负债表,是将资产项目列在报表的左方,负债和所有者权益项目列在报表的右方,从而使资产负债表左右两方平衡。

会计报表的编制,主要是通过对日常会计核算记录的数据加以归集、整理,使之成为可以对外披露的有用的财务信息。我国资产负债表上各项目的数据,主要来源于以下几种方式:①直接根据总账科目的余额编制,如"短期借款""长期投资"等;

---

① 陈玲,晏斌. 新编财务管理实务[M].北京:北京理工大学出版社,2023.

②根据明细科目的余额分析编制,如"应收账款""应付账款"等;③根据几个总账科目的期末余额合计数编制,如"货币资金""存货"等;④根据有关科目的期末余额分析计算填列,如"一年内到期的长期负债"等;⑤通过反映资产账户与其有关备抵账户的抵销过程来反映资产净额,如"固定资产"与"累计折旧""应收账款"与"坏账准备"等;⑥反映或有负债的情况,如报表附注中的"已贴现的商业承兑汇票"等。

报表中各有关项目的填列方法如下:报表中的"年初数"栏内各项数字,应根据上年末资产负债表的"期末数"栏内所列数字填列。为使报表具有可比性,如果本年度资产负债表规定的各个项目的名称和内容与上年度不相一致,应对上年年末资产负债表各项目的名称和数额按照本年度的规定进行调整后,才能将其填入本年度报表。

三、资产负债表的内容与项目排列

根据资产负债表的性质,该表应列示所有资产、负债、所有者权益(合称资产负债表要素)的重要项目。

(一)资产

所谓资产,是企业拥有或控制的、能以货币计量的、能够给企业带来经济效益的经济资源,包括企业的各种财产、债权和其他权利。资产按其流动性状况,一般分为流动资产、长期投资、固定资产、无形资产、递延资产和其他资产。各类资产的特点和组成项目是不同的,在企业生产经营中的作用也是不同的。

1.流动资产是指可以在一年内或超过一年的一个营业周期内变现或者耗用的资产;其特点是流动性较强,参加生产经营时,其价值一次性转移到产品成本或费用中去。在表中,它的主要项目通常按如下顺序计列:货币资金——包括库存现金、银行结算户存款、外埠存款、银行本(汇)票存款和在途资金等;短期投资及其跌价准备;应收及预付款项——包括应收票据、应收股利(利息)、应收账款及其坏账准备,预付账款和其他应收款等;存货——包括材料,商品,在产品,半成品和产成品以及待摊费用。

2.长期投资是指企业不准备随时变现,持有时间在一年以上的投资。主要包括长期股权投资和长期债权投资。

3.固定资产是指使用期限在一年以上,单位价值在规定标准以上,并在使用过程中保持原来物质形态的资产,包括房屋及建筑物、机器设备、运输设备、工具器具等。由于其自身的特殊性,表中既要列示固定资产的原值,又要列示逐年提取的累计折旧,二者相抵后的净值才能反映企业实际占用在固定资产上的资金数额。

4.无形资产是指企业长期使用而不具有实物形态的非货币性资产,如专利权、商标权、著作权、土地使用权、非专利技术和商誉等。

5.递延资产是指不能全部计入当年损益,应当在以后年度内分期摊销的各项费用,包括开办费、租入固定资产的改良及大修理支出等。

6.其他资产是指除以上各项目之外的长期资产,主要包括经国家批准储备的特种物资、银行冻结存款以及临时设施和涉及诉讼的财产等。

(二)负债

所谓负债,是企业所承担的、能以货币计量、在未来将以资产或者劳务偿付的债务。它是由过去和目前的经济活动所形成的当前的经济责任,是企业资金来源的重要组成部分。资产负债表中的负债项目是按到期日的远近顺序排列的,即流动负债在前,长期负债在后。

1.流动负债是指将在一年或者超过一年的一个营业周期内偿还的债务,包括短期借款、应付票据、应付账款、预收货款、应付工资、应交税金、应付利润、其他应付款、预提费用等。其基本特点是金额相对较小,偿还期限较短,要求企业应有与之适应的变现能力较强的流动资产做保证。

2.长期负债是指偿还期限在一年或者超过一年的一个营业周期的债务,包括长期借款、应付债券、长期应付款、住房周转金等。其特点是金额较大,期限较长,可以分期偿还,经常以企业的非流动资产作为偿还保证。

(三)所有者权益

所有者权益亦称产权、资本,是企业投资者对企业净资产的所有权,它等于企业的资产总额在抵偿了一切负债义务后的差额部分,包括企业所有者的投资及其增加的权益。资产负债表中的权益项目是按照资本形成顺序的先后排列的。

1.实收资本(股本)是指投资者作为资本投入企业中的各种资产的价值(股份有限公司适用"股本"进行核算反映)。我国目前实行的是注册资本制度,要求企业的实收资本(股本)与注册资本相一致。

2.资本公积是企业资本的一种储备形式,包括资本(或股票)溢价、资本性汇率折算差额、法定资产重估增值以及接收捐赠的资产价值等。

3.留存收益是指企业从历年实现利润中提取或形成的留存于企业内部的积累,包括盈余公积和未分配利润。前者是企业按规定从净利润中提取的各种积累资金,可用于弥补亏损、转增资本以及职工福利设施的支出;后者是企业留于以后年度分配的利润或待分配利润。

第三节 利润表

利润表又称损益表或收益表,是反映企业一定期间生产经营成果的财务报表。在此,根据会计制度,将其统一称为利润表。它是根据企业一定会计期间发生的各项收入与各项费用经过配比计算得出的净收益编制而成的,说明企业某一时期的净收益数额及其形成情况,可据以分析企业的经济效益及盈利能力,评价企业的经营管理绩效。

一、利润表的性质与作用

与资产负债表相比,利润表现属于动态报表,它表现的是企业在经过一定会计期间(如月份、季度、年度)的生产经营之后所取得的成果及其分配情况。根据基本会计等式"收入－费用＝利润",利润表是把同一时期的营业收入与其相关的营业费用进行配比,以计算出企业一定时期的净利润(即经营成果),并通过其附表"利润分配表"来反映对净利润的分配情况。由于利润是企业经营业绩的综合体现,又是进行利润分配的主要依据,因此,利润表是会计报表中第二张主要的报表。

通过利润表,企业的所有者可以了解和考核管理人员的经营业绩,分析和预测企业的获利能力,从而把企业的经营管理导向正确的发展道路;债权人和投资者则可以分析测定企业损益的发展变化趋势,做出对其有利的信贷和投资决策。而运用利润表提供的构成企业利润或亏损的各项明细资料,还可以分析出企业损益的形成原因,从而有助于管理人员做出合理的经营决策。总之,在财务报表分析中,利润表提供了评价企业经营管理效率、判定所有者投入资本的保全以及预测未来利润和现金流量的主要信息。[①]

二、利润表的内容和格式

国际会计准则委员会发布的《财务报表应提供的资料》中,要求利润表应反映的主要内容包括:销售收入或其他营业收入、折旧、利息费用(收益)、投资净收益、非常支出(收益)、所得税、净收益等。各国企业的利润表大都含有以上内容,但具体项目的分类归属多少不一。

① 陈素兰.基于互联网＋的财务管理创新研究[M].长春:吉林人民出版社,2022.

在利润表中反映的净利润应包括哪些内容,通常有两种观点:一种称为"本期经营成果观念",一种称为"总括观念"。"本期经营成果观念"认为,为了便于本期与前期之间的比较,净利润只能包括本期正常经营所得,而不包括其他所得,也即只将本期正常活动取得的利润列入利润表,而忽略本期影响股东权益的其他项目,因此会导致财务报表阅读者对企业盈利情况了解的片面性;"总括观念"则认为,除股利和企业与股东间其他经济业务外,在利润表中列入所有报告期影响股东权益增减净额的经营业务,能为财务报表阅读者提供更为有用的资料,使之能对这些项目的重要性及其对经营成果的影响做出更好的评价,因此,即便一些非经常性项目(包括本期发生的非常项目、前期项目或与会计政策变更有关的调整等),也应分别列入净利润。

目前一般采用"总括观念"在利润表中反映净利润的情况,但与一般"总括观念"也不完全一致,股份有限公司利润表就包括了四部分内容:一是主营业务利润,指通过企业主要经营活动所获得的收入、成本、税金及利润;二是营业利润,由主营业务利润加减主营业务以外的其他经营活动所获得的利润(其他业务利润)和相关费用(主要指存货跌价损失、营业费用、管理费用和财务费用);三是利润总额,即营业利润加减投资收益、营业外收支后的利润;四是净利润,即所得税后利润。

由于不同国家和企业对会计报表信息的要求不同,利润表具体项目的排列也不完全一致,从而形成了目前比较普遍的两种利润表格式多步式利润表和单步式利润表。这二者的差异主要在于得出净利润的过程不同。

多步式利润表把利润划分为不同层次,通过多步计算得出净利润,其步骤通常分为如下几步。

第一步,营业收入-营业成本=营业毛利

第二步,营业毛利-营业费用=营业利润

第三步,营业利润+(-)投资收益(损失)+(-)营业外收入(支出)+(-)特别收入(支出)=税前利润(也称利润总额)

第四步,税前利润-所得税=净利润

单步式利润表则不区分费用和支出与收入配比的先后层次,对营业收入和一切费用支出一视同仁。其具体做法是将当期所有的收入(包括营业收入、营业外收入和特别收入等)加在一起,然后将所有的费用(包括销货成本、工资支出、折旧费用、利息支出等)也加总在一起,通过一次计算求出当期损益,即"营业收入和利得-营业费用和损失=净利润"。

比较而言,分层次的多步式利润表更便于对企业生产经营情况进行分析预测,更有利于不同企业之间进行比较研究,因此适用范围较广。从以上对我国股份有限公司利润表内容的介绍,可知其基本格式也属于多步式。

按照股份有限公司利润表的格式内容,其编制方法大致如下:报表中的"本月数"栏目,反映各项目的本月实际发生数额;在编报中期和年度会计报表时,需将"本月数"栏改成"上年数"栏,并分别填列上年同期和上年全年的累计实际发生数;如果上年度利润表的项目名称与内容和本年度不相一致,则应按本年度的规定对其进行调整后再填入本年度利润表的"上年数"栏;报表中的"本年累计数"栏,反映各项自年初起至报告期末止的累计实际发生数。而报表各项目的具体数据来源,则应根据各有关会计科目的发生额分析填列。

三、利润分配表

利润分配表是反映企业在一定期间对实现利润的分配或亏损弥补的会计报表,是利润表的附表。编制该表,是为了说明利润表上反映的净利润的分配去向以及期末未分配利润的形成过程,所以,可以把利润分配表看作是资产负债表与利润表之间的连接桥梁。

利润分配表基本上按照"利润分配"科目的各有关明细科目来编制。即报表中的"本年实际"栏,根据当年"本年利润"和"利润分配"科目及其所属明细科目的记录分析填列;"上年实际"栏,根据上年利润分配表填列。如果上年度与本年度的利润分配表的项目名称和内容不相一致,也需根据本年度的规定对上年度的报表进行调整,然后才能将有关数据填入本年度报表。

阅读利润分配表,应着重关注企业可供分配利润的来源情况,对企业利润分配的合理性、合规性和有效性做出基本评价;同时还应了解利润的实现对企业资本的补充情况及额度,从而掌握企业的发展后劲。

第四节　现金流量表

现金流量表是以现金为基础编制的反映企业财务状况变动的财务报表。企业的生存发展离不开"现金"的正常流转,而高额的账面资产和利润并不能代表企业实际可运作支配的货币资金。正基于此,现金流量表的重要性日益突出,逐渐取代了以营运资本(流动资产与流动负债的差额)为编制基础的财务状况变动表,成为第三张主要报表。

一、现金流量表的有关概念

(一)现金概念

现金流量表实际上是以现金为编制基础的财务状况变动表,在此首先应明确"现金"的含义。

现金流量表中的"现金"是指现金以及现金等价物,具体包括。

1.企业库存现金和随时可用于支付的银行存款、其他货币资金。

2.现金等价物是企业持有的期限短、流动性强、易于转换为已知金额的现金、价值变动风险很小的投资,通常指购买在 3 个月或更短时间内即到期或即可转换为现金的投资。企业应根据经营特点等具体情况确定本单位现金等价物的范围。

(二)现金流量概念

现金流量是指某一会计期间内企业现金流入和流出的数量。企业一定时期内的现金流量是由各种因素产生的,现金流量表通常按照企业经营业务发生的性质将其归纳为经营活动产生的现金流量、投资活动产生的现金流量和筹资活动产生的现金流量三类加以表现。

1.经营活动产生的现金流量

经营活动是指企业投资活动、筹资活动(对于企业而言,此二者比较容易确切定义)以外的所有交易事项,包括销售商品或提供劳务、经营性租赁、购买商品或接受劳务、制造产品、广告宣传、推销产品、交纳税款等。经营活动产生的现金流量是企业通过运用所拥有的资产自身创造的现金流量,是企业净利润的主要来源。通过现金流量表中反映的经营活动产生的现金流入和流出,可以说明经营活动对企业现金净流量的影响程度及其对企业净利的贡献质量;可以判明在不再动用外部筹资的情况下,企业经营活动产生的现金流量是否以偿付贷款、维持经营、支付股利以及对外投资等;同时还可以预测未来同类现金流量的变化趋势。

2.投资活动产生的现金流量

投资活动是指企业长期资产以及不包括在现金等价物范围内的投资的构建和处置,包括取得或收回权益性证券的投资、购买或收回债券投资、购建或处置固定资产、无形资产和其他长期资产等;作为现金等价物的投资属于现金内部各项目的转换,不会影响现金流量净额的变动,故不包含在内。投资活动形成的现金流量,代表着企业为了获得未来收益而导致的当期的现金变动,通过它可以分析企业投资获取现金的能力及其对现金流量净额的影响程度,了解为获得未来收益和现金流量而导致资源转出的程度,以及以前资源转出带来的现金流入的信息。

3. 筹资活动产生的现金流量

筹资活动是指导致企业所有者权益及借款规模和构成发生变化的活动,包括吸收权益性资本、发行债券、借入资金、支付股利、偿还债务等。揭示筹资活动产生的现金流量,可以帮助企业资本的投入者预计从企业未来现金流量中索偿其权益的信息,也有助于分析企业筹资能力以及筹资活动对企业现金流量净额的影响程度。

(三)直接法与间接法

表达企业某一期间现金的收入与支出对现金流动的影响,当然只能以现金实物交付与收回行为的实际发生,即收付实现制作为主要的确认标准。然而,企业的会计计量是以权责发生制为原则的。因此,从一定意义上说,编制现金流量表的过程,实际上是将权责发生制下的记录与报告调整为收付实现制下的收入与支出的报告的过程。在前述三类现金流量中,经营活动所产生的现金流量是最主要内容,根据对此类现金流量的不同反映方式,现金流量表的编制方法分为直接法和间接法两种。

1. 直接法

直接法,是指通过对现金收入和现金支出的总括分类来反映企业经营活动的现金流量的方法。采用该法编表时,有关的现金收入和支出的信息既可以从企业会计记录中直接获得,也可以在利润表中营业收入、营业成本等数据的基础上,通过调整存货和经营性应收应付项目的变动,以及固定资产折旧、无形资产摊销等项目后获得。[①]

2. 间接法

间接法,是指通过将企业的非现金交易、过去和未来经营活动产生的现金收入或支出的递延或应计项目,以及与投资或筹资现金流量相关的收益或费用项目对净损益的影响进行调整,来反映经营活动所产生的现金流量的方法;也就是要以利润表上的净利润为起点,经过某些相关项目的调整后得出经营活动产生的现金流量净额。

采用直接法或间接法编制的现金流量表,其对投资和筹资活动所形成的现金流

---

① 寇改红,于新茹.现代企业财务管理与创新发展研究[M].长春:吉林人民出版社,2022.

量的揭示基本一致。但直接法提供的信息更有助于评价、估计企业未来现金流量,因为直接法下的经营活动部分更加清楚地表现了各个项目收入或支出现金的数额,也因而更有利于进行各种决策。而间接法的优点则在于该法下的经营活动现金收支情况直接与利润挂钩,从而使报表使用者容易评价企业盈利能力的质量。综合来看,目前世界上大多数国家鼓励采用直接法;在我国,现金流量表也要求采用直接法编制,同时又要求在附注中揭示间接法把净利润调节为经营活动现金流量的过程。

二、现金流量表的格式和作用

现金流量表以现金的流入和流出反映企业在一定期间内的经营活动、投资活动和筹资活动的动态情况,其主要作用可概括如下。

1. 现金流量表将现金流量划分为经营活动、投资活动和筹资活动所产生的现金流量,并按照流入现金和流出现金项目分别反映,因此,通过现金流量表能够说明企业一定期间内现金流入和流出的原因,即现金从哪里来,又流到哪里去了。这些信息是资产负债表和利润表所不能提供的。

2. 现金流量表完全以现金的收支为编制基础,消除了会计核算采用的权责发生制、配比原则等所含估计因素对企业获利能力和支付能力的影响,能够说明企业实际的偿债能力和支付股利的能力,从而增强投资者和债权人的信心,促进社会资源的有效配置。

3. 现金流量表中经营活动、投资活动和筹资活动产生的现金流量,分别代表企业运用其经济资源、资金以及其筹资活动创造或获得现金流量的能力。通过现金流量表及其他财务信息,可以分析企业未来获取或支付现金的能力。

4. 现金流量表能够分析企业投资和理财活动对经营成果和财务状况的影响。因其表内信息反映了企业现金流入和流出的全貌,而附注则提供了不涉及现金的投资和筹资方面的信息,故能够说明资产、负债、净资产的变动原因,对资产负债表和利润表起到补充说明的作用,同时也可将其看作是连接两张最主要报表的桥梁。

三、使用现金流量表的注意要点

要使现金流量表能充分发挥其应有的作用,使用者必须恰当地进行阅读和理解。相对于资产负债表和利润表而言,现金流量表发展成熟得比较晚,结构与内容也较为复杂,使用起来有一定难度。有关的注意要点如下。

1. 要正确理解现金流量表,必须跳出传统会计的概念基础,事先明确一个概念,转换一个原则。这里的概念就是指"现金",它包括企业所拥有的货币资金以及现金等价物。对于现金等价物,企业有权根据准则规定,结合本企业实际情况确定其具体内容,而为了保证会计政策的一贯性和各期报表的可比性,一经确立,不得随意更改,因此在阅读报表时,应搞清楚报表中所谓现金等价物的具体含义。另外,传统的记账基础是不管有无现金收付,都要归于发生期的应收应付(应计)制,也就是权责发生制,它对会计实务影响巨大。权责发生制原则的优越性主要表现在合理性方面,但合理未必有用,现金流量表在编制时将收入、费用计入实际收付期,即将权责发生制转换为收付实现制,或称现收现付制,因而更具实际意义。

2.虽然现金流量表是我国吸收国外成功经验后制定的会计准则,有吸收和采纳的一面,一些熟悉国外财务制度的企业管理人员、财务人员以及投资分析人员可能会误以为国内的现金流量表与国外的相同,而在实际使用中,二者存在着很大的区别。按新会计准则,国内的现金流量表必须以直接法编制,而国际会计准则在鼓励用直接法的同时,也允许采用间接法编制。间接法编制的现金流量表以利润表上的净利润为起点,通过调整某些相关项目后得出经营活动产生的现金流量。而直接法编制时,有关的信息需要从企业的会计记录中获得,例如增值税账目、各个资产负债表主要项目的增减变动情况等,因此,对于习惯国外报表的使用者更应了解国内现金流量表的特性,注重使用直接法提供的有关销售、采购、职工薪金、增值税等项目的现金收支资料。通常情况下,采用间接法编制时,与净利润有关的经营活动产生的现金流量的过程在表内反映;采用直接法时,与净利润有关的经营活动产生的现金流量的过程,作为附注在表外反映。因此,在对国内现金流量表进行具体分析时,还必须重视对附表的分析,这是国内外会计制度差别所带来的实情。

3.一般认为,企业现金流入越多,流出越少,对企业越有利,然而实际上这种理解存在着很大的偏差。企业在投资活动中发生的各项现金支出,实际上反映了其为拓展经营业务所做的努力。企业从经营活动、筹资活动中获得的现金再投出去,是为了今后更大的发展;现金不流出,是不能为企业带来经济效益的,尤其对于正处于迅速成长期的企业,大量的现金流出是十分必要的,尤其对于正处于迅速成长期的企业,大量的现金流出是十分必要的,有时由于大量的现金流出甚至会导致企业投资活动乃至某一时期企业整体现金流量净额出现负数的情况,这也是正常的。从企业长远发展的利益出发,短期的大量现金流出,是为以后较高的盈利回报和稳定增长的现金流入打下基础。因此,对于现金流量净流出的企业,在分析时需要深入了解、具体对待,否则容易导致错误地判断。

4.分析时需要注意到,有些成本费用能够减少利润,但未必伴随现金的流出,如固定资产折旧、无形资产摊销等,按会计制度规定,在运输工具、厂房和设备上的资本性支出要在后续若干年内提取折旧,折旧要作为费用支出从每年的应税收入中减去,才能得出会计的账面利润。但从现金流角度看,运输工具、厂房和设备的资本性支出在期初已经形成,因此本期并未发生现金流出,不会减少本期的现金流量。也就是说,折旧和摊销本身不是现金流,即既不是现金流入,也不是现金流出,而是非现金费用。但是,由于税法允许其冲减应税收入,因此,在公司有盈利的条件下,可以减少应纳税额,也即折旧和摊销会以减少纳税的方式间接带来现金流入。

5.最后,现金流量表虽然在帮助判断企业的支付能力、偿债能力和变现能力等方面发挥着非常重要的作用,但并不能将其作为推测未来现金流量的唯一依据,而应该结合资产负债表和利润表的资料共同分析。

第三章 税收分析的指标和方法

第一节 税收分析的基本概念

一、税收分析的定义

在解释什么是税收分析前,我们首先要弄清什么是"分析"。

从哲学的角度上讲,"分析"是指对客观存在的某种事物或现象,辩证地剖析其各方面相互联系、相互影响、相互作用的矛盾关系,从中揭示出其本质属性和最普遍、最一般的规律。分析方法作为一种科学方法是由法国学者笛卡尔最早引入研究领域的。要进行分析,首先应将分析对象分散成不同部分,这是相关研究开展的必要步骤。进而我们可以认为,分析的前提是承认任何一个研究对象都是由不同的部分组成的一个有机整体。[①] 按照目前学术界的通常理解,学术研究中的分析,就是将研究对象的整体按照不同的部分、方面、因素和层次加以区分,将事物、现象、概念分门别类,进而离析出研究对象的本质及其内在联系,并分别加以考察的认识活动。分析的最终目的在于通过细致地研究寻找能够解决问题的方法,并以此解决问题。现代科学体系中几乎所有的学科领域都要进行分析研究,不同学科都有自身特殊的分析方式,但其中又存在诸多共性,概括起来,各学科的分析都包括以下几方面内容。

（一）定性分析

此类分析是为了确定研究对象是否具有某种性质,主要解决"有没有"和"是不是"的问题。我们要认识某个客观对象,首先就要认识这个对象所具有的性质,进而把它与其他的对象区别开来。所以,定性分析是最基本和最重要的分析。

（二）定量分析

这种分析是为了确定客观对象各种成分或因素数量的分析,主要解决"有多少"的问题。客观对象的成分不仅具有质的区别,而且具有量的区别,有些客观对象因其

[①] 肖首荣,张亚丽,王晗.财务管理与会计研究[M].长春:吉林科学技术出版社,2023.

各种成分在量上不同而具有不同性质。

(三)因果分析

这种分析是为了确定引起某一现象变化原因的分析,主要解决"为什么"的问题。因果分析就是在研究某一对象的先行情况时,把作为它原因的现象与其他非原因现象区别开来,或者是在研究某一对象的后行情况时,把作为它结果的现象与其他现象区别开来。因果性是自然界现象之间普遍的和基本的联系。

(四)可逆分析

在科学研究领域中,假定某两种结果存在因果作用关系,原本作为结果的某一现象在特定条件下,有可能反过来作为原因,作用于原本作为原因存在的现象。可逆分析正是针对此类问题的一种分析方法。

(五)系统分析

此种分析是一种动态分析,它将客观对象看成一个发展变化的系统。系统分析又是一种多层次的分析,它把对象看作是一个复杂的多层次的系统。比如,认识大气对流层系统、人体生理系统、工程技术系统、环境控制系统、交通运输系统、军事系统等等,都要采用动态的、多层次的系统分析法。

税收分析,即以税收为对象开展的分析工作。税收分析是运用科学的理论和方法,对一定时期内税收与经济税源、税收政策、税收征管等相关影响因素及其相互关系进行分析、评价,查找税收管理中存在的问题,进而提出完善税收政策、加强税收征管的措施建议的一项综合性管理活动。它是税收管理的重要内容和环节,是促进税收科学化精细化管理、充分发挥税收职能的重要手段。其中,"科学的理论和方法"是手段,"一定时期内税收与经济税源、税收政策、税收征管等相关影响因素及其相互关系"是分析对象,"查找税收管理中存在的问题,进而提出完善税收政策、加强税收征管的措施建议"是分析的目的。税收分析是税务机关从税收经济的整体出发,以一定的经济和税收理论为基础,以准确的税收核算数据为依据,以一定的税收工作实践为出发点,运用特有的分析方法,研究反映税收与经济、税收收入与税收征管以及税收与相关的社会现象之间的内在联系等问题的一种工作。科学准确地把握税收分析的定义,是搞好税收分析工作的前提和基础,也有助于我们在分析工作开展过程中做到有的放矢、少走弯路,切实提高分析水平,相应的分析成果也更具有针对性、实用性和准确性,使分析成果的作用得到充分有效地发挥。

二、税收分析的意义

税收分析是人们认识客观税收活动的重要形式,是税收管理的重要内容。税收活动不仅涉及社会再生产的各个环节,而且涉及与税收相关的各种自然人和法人。由于税收活动具有涉及范围广、与社会政治经济多方面均存在内在联系的特性,因此只有从多方面、多角度开展分析工作,才能准确认识和把握税收活动的发展规律。从一定意义上说,通过日常的税收管理活动,即可取得大量的有关信息,但是,这些在日常工作中反映出来的数据和情况,仅从表象上反映了税收活动的实际情况和已经取得的成果,而不能直接揭示各类税收实际情况产生的原因及其内在特点,也不能提供进一步改进工作的途径和方向,同样也无法对未来情况进行预测。要达到上述目的,只有先充分掌握这些信息,并对已取得的信息资料加工整理,结合有目的的调查研究,进行分析判断,方可实现。因此,税收分析不仅是税收管理工作的重要组成部分,是对税收问题的认识由表象到内在的必然手段和途径,是深化对税收问题和规律认识的客观要求,而且对改善税收管理,提高税收工作质效等,都有重要作用。其重要意义具体讲有以下几个方面。

(一)综合反映经济税收相关信息,助推经济社会发展全局,为宏观调控服务

税收是国家调控经济运行、调节收入分配的重要政策工具,涉及国民经济所有部门,作用于社会再生产过程的各个环节。因此,通过对税收收入相关情况的深入分析,可以从税收角度及时准确反映出宏观经济的发展速度及整体质效等基本情况和特点,以帮助各级领导和党政部门准确把握经济和税收发展态势,为科学合理调控经济运行提供准确依据和有效建议,是国家实施各项宏观经济政策,促进经济社会平稳健康发展的重要参考和保障。做好税收分析,不仅是促进税收事业科学合理发展的需要,也是有效实施宏观调控、保证经济社会平稳健康发展的客观要求。

(二)准确反映税收政策实施效应,有效地发挥参谋作用,为税制改革服务

税收是国家有效调控经济运行的重要手段。要及时了解和掌握税制改革的成果和政策实施过程中遇到的问题,就必须通过科学合理的税收分析,及时获取有关政策实施效应的数据与信息。因此,全面科学的税收分析也可以客观反映税制改革各项措施规定对税收收入和宏观经济产生的影响及其具体程度,从而使决策部门及时准确掌握各项政策规定的落实程度,了解政策作用是否得到充分有效发挥,作用发挥是否与制度设计初衷相吻合,进而为政策调整细化或下一步出台新政策提供依据和参考,真正实现税收分析为税制改革服务的作用。此外,有效的政策效应分析也是充分展示税制改革成果,有效宣传税制

改革内容和意义的重要手段,能够使社会各界和广大纳税人充分认识税制改革的作用,有利于各界共享改革成果,也进一步促进了政策调整的落实,发挥了税收的职能和作用。

(三)切实加强税源监控,进一步推进依法治税,为强化税收征管服务

通过对税负、税收弹性等经济税收相关指标和入库率、清欠率等税收会计指标进行分析,可以有效了解和掌握税收征管工作中存在的问题,查找征管过程中的薄弱环节或违规行为,从而进一步提升税收征管工作水平。一方面,通过科学合理的分析方法,利用经济税收相关指标和税收会计指标等不同类型的指标,可以更有针对性地把握征管工作是否存在漏洞,纳税人是否存在违法违规行为,从而及时发现和加强税收征管工作的薄弱环节,减少税收流失,为研究改进征收管理办法、健全税制、堵塞漏洞和提高纳税人依法纳税的自觉性提供有效途径。另一方面,还可以利用科学有效的分析成果,及时掌握税源企业经营发展情况,为更加科学合理地培植涵养税源、更好地贯彻中央依法治税的工作方针提供坚强保障,更好地促进税收征管和组织收入工作的科学长效健康发展;同时,深入合理的分析成果也可有效帮助税源企业挖掘内部潜力,提高企业效益,进一步提升纳税服务工作水平,促进税收征管与企业经营和谐发展。科学有效的税收分析不仅可以更加直观地反映日常征收管理工作的成效,也可以真正实现加强税收征管和组织收入工作的有机结合,进一步提升税收征管工作的质量和效率,为推进税源专业化管理和信息管税工作提供坚强保障。

(四)有效提升组织收入工作水平,全面反映税收状况,为组织收入服务

首先,通过对税收收入完成情况的总量分析和对产业结构、税收政策、征管状况等因素的专题分析,可以把税收收入放在经济发展的大环境中更好地展示组织收入工作成果。

其次,通过分析科学估算税收能力,深入研究经济税收发展的关系及税收本身的内在性质和特点,科学合理地预测税收收入,可以更好地增强组织收入工作的系统性和预见性,更好地掌握组织收入工作的主动权。

最后,"坚持依法征税,应收尽收,坚决不收过头税,禁止和制止越权减免税"是组织收入工作的基本原则,通过深入分析可有效反映税务部门在征税过程中的政策执行程度,进一步提升税收收入质量,预防和制止各类违规行为,更好地发挥组织收入工作的反映、监督、调控、参谋作用,保证组织收入工作的顺利进行,进一步淡化税收收入计划观念,真正实现依计划征税到依法征税的转变,提升组织收入工作水平,服务税收发展大局。

三、税收分析的基本原则

各级税务机关在开展税收分析工作时,应始终坚持实事求是、经济与税收相互作用、

定性与定量相结合、宏观与微观相结合的原则。具体来说。

(一)实事求是的原则

税收收入分析必须客观地反映实际发生的情况,实事求是地分析某一阶段税收的实际情况、存在问题和发展趋势,这是税收分析所应遵循的最基本原则。它贯穿税收分析的全过程,如果违背客观性原则,不仅不能为各级领导做出正确决策提供科学依据,反而会起误导作用,甚至会给税收征管和组织收入工作造成不必要的损失。[①]

(二)经济与税收相互作用的原则

一方面,税收来源于经济,经济决定税收,税收的发展受经济影响,随经济形势的变化而变化;另一方面,作为有机统一的整体,税收又反作用于经济,各项税收政策的调整与实施都会对经济运行产生影响。国民经济是一个由众多要素构成的复杂整体,其中每一个要素的发展变化都受其他要素的影响,并且反过来又影响其他要素。因此,在对作为其中一部分的税收进行分析时,必须把它放在整体中加以考察,深入研究税收与经济之间整体与整体、整体与部分、部分与部分之间的相互关系和内在联系,揭示其本质规律,保证税收分析的准确性和科学性。同时,对经济税收相互作用进行深入分析也是税收服务职能的集中体现,税收分析的职能是"四个服务",即:为做好组织收入工作服务、为强化税收征管服务、为实施税制改革服务、为宏观调控服务。要实现上述服务职能,必须在分析工作中坚持经济与税收相互作用这一原则。

(三)定性与定量相结合的原则

定性分析是对事物发展的性质所做的分析;定量分析是对事物的发展程度和数量关系所做的分析。从定性的角度看,经济与税收相互影响,国民经济发展规模最终决定税收收入规模,生产的规模、速度、水平、经济效益及与之相关的经济结构、产业结构、行业结构决定税收收入规模、增长速度和税收构成。可以说定性分析是税收分析的基础。同时,经济发展与税收收入增长还存在一定的数量关系,只有揭示出经济与税收之间的数量关系,才能准确了解税收的规模、发展速度、分布特点及未来发展情况,缺少定量分析,税收分析也无法真正达到预期目的。所以,税收分析必须遵循定性分析和定量分析相结合的原则。

(四)宏观与微观相结合的原则

从宏观层面来看,税收是国内生产总值的重要组成部分,是由宏观经济形势、税收政策规定等宏观因素决定的;从微观层面看,税收又是由千千万万的纳税人各自缴纳的税款

---

① 许东,张颖,李爱武.财务管理与风险控制[M].哈尔滨:东北林业大学出版社,2023.

组成,取决于广大纳税人自身的经营状况、税收遵从度及征管力度等因素。从不同层面看,自然会得出不同的结论。在进行税收分析时,我们既要从宏观层面准确把握经济发展大局和宏观税收特点,使分析结果为宏观决策服务,为确保经济平稳运行服务;又要从微观层面及时掌握各类税源企业的经营发展状况,牢牢掌握税收征管工作和组织收入工作的主动权。只有微观和宏观相结合,才能避免税收分析的片面性和狭隘性。

除此之外,税收分析工作中还需注意以下几个问题。

1.连续性

税务部门组织税收收入是一个连续的动态过程,它与国民经济的动态发展过程是相吻合的。税收收入分析必须遵循连续性原则,基期税收收入必然会对报告期税收收入有影响,报告期税收收入也必然受基期相关联的因素影响,要对影响当期税收收入的诸因素进行动态、连续分析,逐步深化对税收收入发展变化的不同特点、原因趋势的认识,而不能局限于某点上的孤立、片面地分析。

2.重要性

影响税收计划,作用于税收收入的因素很多,一一罗列、逐条逐个分析既抓不住主要矛盾,又事倍功半。因此,税收分析必须突出重点,要抓住重点税种、重点税源、重点因素和重点地区进行开展,才能收到理想效果。

3.及时性

税收收入分析是为各级税务机关领导决策税收收入工作服务的,对各级政府进行经济决策也有一定的参考作用,因此不仅具有很强的实用性,时间要求也非常严格。所以,在开展税收分析工作时必须注意坚持及时性原则。

综上所述,税收分析对于税收的日常征管、收入形势的把握具有特殊作用,只有在分析过程坚持这些原则,才能确保分析结果科学准确,确保分析的作用得到充分发挥。

四、税收分析的基本分类

由于税收分析涵盖的内容、对象非常广泛,涉及经济税收的方方面面,每一篇分析报告又有其各自的侧重点,因此区分的标准不同,税收分析的具体分类也各不相同。本章将从不同角度对税收分析逐一进行分类,以使读者对税收分析的类型有一个初步认识。具体来说,有以下几种分类方法。

(一)按工作职责分类

目前,收入规划核算部门按工作职责,共分为三类岗位:组织收入、税收会计统计、重点税源监控。税收分析是三类岗位的共同职责,但具体分析内容和特点又因其岗位职责的不同而各有区别,具体来说。

1. 收入分析

收入分析主要是描述税收收入在某个时期内的完成情况,从地区、产业、行业、企业类型、企业规模等角度分析税收收入的结构特征,剖析影响税收收入变化的经济因素、政策因素和征管因素,提出加强组织收入工作的意见或建议。其分析的角度包括税种、入库级次、行业、区域、企业注册类型、企业规模等方面。该类分析主要侧重于服务组织收入工作,目的是及时准确地了解税收收入的变化情况及其产生原因,把握组织收入工作主动权,并对未来影响组织收入工作的因素及其可能产生的结果进行预测与判断。

2. 税收会统分析

税收会统分析是以税收会计统计核算资料为主要依据,运用科学的分析方法,对税收资金运动过程及其结果与构成特点进行综合、全面的研究和评价,揭示税收工作的成绩、问题及其原因,并提出改进措施,以保证税收资金的安全,确保税收收入的及时足额入库,是税收会计核算工作的延续。该类分析主要侧重于关注税收资金在不同形态间的变化及其存在的问题,目的在于充分发挥税收会计的反映和监督职能,确保税收资金的安全运行,增强组织收入工作的基础和保障。

3. 重点税源监控分析

重点税源监控分析是依据重点税源监控报表数据,对所辖各类重点税源企业的经营运转和税收征纳状况进行及时掌握和科学分析。管好所辖的各类重点税源企业是做好税收征管和组织收入工作的重要方面,了解和掌握了重点税源企业的经营和税收情况,也就大体了解掌握了其所在地区和行业的经济税收状况。相对而言,重点税源企业分析更侧重从微观层面揭示税源企业的相关情况和问题,从而见微知著,了解和掌握经济税收的总体情况。

(二)按时间环节分类

在税收管理和组织收入工作的不同环节,开展税收分析都是一项必不可少的工作内容,但在不同的时点和环节,分析的内容和要求又有所不同,具体来说。

1. 事前的预测判断分析

对税收收入预测与判断是组织收入工作的一项重要内容,是现行国家预算体制的客观要求,也是科学把握组织收入工作主动权的重要手段。预测可分为两种类型:一是常规预测,二是政策效应测算。

常规预测,即对当前或下一时期的税收收入完成情况进行预测,主要依据的是对经济税源的运行情况和政策调整变化情况的充分掌握,预测结果是各级党政机关和财政部门制定预算,合理安排各类支出的依据,对经济社会的平稳运行有至关重要的作用。常规预测按照预测期间划分,有年度预测、季度预测、月份预测等;按照预测内容划分,有当期完成情况预测和未来期完成情况预测。

政策效应测算,即在某项经济税收政策调整实施前,就此项调整对税收可能产生的影响及其程度进行预测判断。其方法主要是通过详细研究税制模式及其调整内容,使用已有经济税收数据或其预测值,按照科学方法测算各类政策实施后可能产生的经济效应和税收效应,包括税收增减变化情况、税收影响经济继而引起的税源变化情况等。这既是科学预测税收收入的方法手段,也是政策管理部门制定实施各项政策的依据,对科学调控宏观经济运行有重要作用。

2.事中的运行情况分析

事中分析是了解掌握经济税收运行情况的主要手段,是最常见的分析类型,也是各类税收分析的基础。其主要方法是在税收日常征管和收入组织过程中,及时掌握各类经济税收信息和数据,深入分析税收的增减变化及其构成与分布特点,把握收入完成进度。通过事中分析,不仅可以及时掌握当前经济税收的运行情况,还可以及时掌握各项政策的执行落实情况。通过科学合理的事中分析,也可以及时发现和解决税收征管和组织收入工作中存在的问题,并提出有针对性的意见和建议。此外,科学合理的事中分析,是对下一步经济税收走势进行准确判断与把握的基础。可见,事中分析既是基础,也是最直观最有效的分析形式。

3.事后的评价建议分析

事后分析,是在某一时期的税收征管或组织收入工作完成后,或在税收政策调整实施一定时期后,对前一时期工作所进行的总结与分析。它既包括对收入完成情况的通报,也包括对政策实施效应的分析计算,还可以包括对过去一定时期经济税收发展情况的描述和评价。其主要意义在于通过整理分析过去的相关情况,总结经验,吸取教训,为未来工作提供借鉴和建议。这种分析,既是对既有成果的总结和展示,也是对未来走势的预测和判断。

（三）按分析对象内容分类

根据税收分析所针对的不同对象和具体内容,税收分析又可以分为以下几大类。

1. 经济税源分析

经济决定税收,税收来源于经济。要真正把握组织收入工作的主动权,就必须关注经济、了解经济,密切跟踪税源的发展变化。因此,通过经济税源分析准确把握税源的特点和变化趋势,也是日常税收工作的客观要求。

经济税源分析要从宏观和微观两个层面开展。必须坚持宏观分析与微观分析相结合,力求全面地反映经济税源状况及其发展趋势。常用的有税负分析、税收弹性分析和税源分析三种,有时也涉及税收关联分析。

2. 政策效应分析

税收既是宏观调控的重要手段,又是经济发展的晴雨表。加强宏观经济政策和税收政策的效应分析,反映宏观调控效果,把握税收收入影响,及时发现经济运行和税收中的问题,是税收分析的一项重要任务。

政策效应分析又可分为经济政策效应分析和税收政策效应分析。政策效应分析对于经济和税收政策的制定、了解掌握政策落实情况、及时调整改革相关措施等具有最直接最有效的作用。

3. 管理风险分析

以提高征管质量与效率为主要目标,牢固树立风险管理意识,着力开展税收管理风险分析,最大限度地减少税收流失,是税收分析工作的重要内容,是收入规划核算部门加强征管服务的集中体现。

目前,已开展的税收管理风险分析主要包括:税收与经济指标对比分析、税收征管质量分析、税收征收率分析等。

4. 预测预警分析

税收分析不仅要分析过去和现在,而且要预测未来,把握经济与税收发展的趋势,税收预测预警分析正是基于这一要求开展的。

税收预测分析,主要针对税收收入预测,是通过既有的税收收入信息与数据,对未来税收收入的规模及变化趋势做出科学合理预测的分析工作。税收经济预警分析,是通过对税收指标与经济指标的对比,找出税收管理工作的疑点,并提醒相关管理人员,及时排查,解决问题。

(四)按分析层面分类

按分析内容的具体层面来区分,税收分析可以分为宏观税收分析和微观税收分析。

1.宏观税收分析

宏观税收分析是以宏观国民经济核算为基础、以说明税收经济关系为核心而展开的分析。宏观税收分析与微观税收分析相比,分析的基本内容和核心事项是一致的,都是对税收经济内在基本关系的分析,其区别主要在于分析的切入点和数据源不同。从切入点看,宏观税收分析是从国民经济核算账户入手,数据源是反映宏观经济内容的数据指标。宏观税收分析通过了解和掌握宏观经济指标的内涵,建立税收与经济关系模型,说明税收经济的内在关系,评价税收经济关系运行情况和发展态势,为在宏观上把握税收经济形势提供决策依据和数据支持。宏观分析的基本任务是:说明税制是否优劣、监测征管体系是否完善、评价税收职能实现的程度,核心是说明税收经济关系。宏观分析可从两个方面五项内容展开,两个方面是指数量分析和质量分析,五项内容包括:税收总量分析、静态税负分析、动态弹性分析、税源质量分析和税收征管状态考核分析。

2.微观税收分析

微观税收分析是对具体纳税人的生产经营情况、财务状况及税收缴纳情况的系列分析。与宏观税收分析相比,微观税收分析就是针对具体纳税人而展开的税收经济关系分析,其核心内容是针对具体纳税人的税收负担分析和税收弹性分析,此二者分别从静态和动态上描述了税收经济关系。按照指标推进关系,可将此类分析分为总量分析、征收关系分析和影响因素分析,其基本内容主要包括:税源预警分析、税负预警分析、影响因素分析、征收力度分析和征收效能分析等。

第二节 税收分析的常用指标

一、宏观税收分析的常用指标

(一)经济指标

经济指标是指描述宏观国民经济情况的各项数据指标,反映涉税经济活动的资源状况、运行状况和资金流量状况。这些指标往往是由从众多国民经济统计指标中抽取的、可以作为计税依据的经济量化指标组成,也可以是反映经济活动总量的指标。主要包括以下几点。

1.国内(地区)生产总值指一个国家(或地区)所有常住单位在一定时期内生产活动的最终成果。国内生产总值有三种表现形态,即价值形态、收入形态和产品形态。在实际核算中,国内生产总值有三种计算方法,即生产法、收入法和支出法,三种方法分别从不同的方面反映国内生产总值及其构成。

(1)生产法:从生产过程中生产的货物和服务总产品价值入手,剔除生产过程中投入的中间产品的价值,得到增加价值的一种方法。计算公式为:

$$增加值=总产出-中间投入$$

(2)收入法,也称分配法,按收入法计算国内生产总值是从生产过程创造收入的角度,对常住单位的生产活动成果进行核算。依照这种计算方法,增加值由劳动者报酬、生产税净额、固定资产折旧和营业盈余四个部分组成。计算公式为:增加值=劳动者报酬+生产税净额+固定资产折旧+营业盈余国民经济各部门的增加值之和等于国内生产总值。

(3)支出法:从最终使用角度来反映国内生产总值最终去向的一种方法。计算公式为:

$$增加值=最终消费支出+资本形成总额+货物和服务净出口$$

2.产业增加值指第一,第二或者第三产业常住单位生产过程创造的新增价值和固定资产的转移价值。它可以按生产法计算,也可以按收入法计算。各产业部门增加值求和即为国内(地区)生产总值。[1]

3.工业增加值指工业企业在报告期内以货币表现的工业生产活动的最终成果。工业增加值有两种计算方法:一是生产法,二是收入法。生产法是工业总产出减去工业中间投入加上应交增值税,当前统计年鉴中的工业增加值一般用生产法计算。收入法是从收入的角度出发,依据生产要素在生产过程中应得到的收入份额计算,这种方法也称要素分配法,计算公式为:

$$工业增加值=固定资产折旧+劳动者报酬+生产税净额+营业盈余$$

规模以上工业企业的工业增加值可按行业大类、登记注册类型、企业规模等细分,由此可得到各行业(工业)增加值、各登记注册类型(工业)增加值等经济指标。

4.工业总产值是指以货币表现的工业企业在一定时期内生产的已出售或可供出售工业产品总量,它反映一定时间内工业生产的总规模和总水平。工业产值包括:在本企业内

---

① 杨丽明,刘梦珂.企业财务管理与运营研究[M].长春:吉林出版集团股份有限公司,2023.

不再进行加工,经检验、包装入库(规定不需包装的产品除外)的成品价值;对外加工费收入;自制半成品、在产品期末期初差额价值。工业总产值采用"工厂法"计算,即以工业企业作为一个整体,按照企业工业生产活动的最终成果来计算、企业内部不允许重复计算,不可把企业内部各个车间(分厂)生产的成果相加。但在企业之间、行业之间、地区之间存在着重复计算。

5.总产出指一定时期一个国家(或地区)常住单位生产的所有货物和服务的价值,既包括新增价值,也包含被消耗的货物和服务价值以及固定资产货物和服务的价值。总产出按生产者价格计算,它反映常住单位生产活动的总规模。

6.中间投入指常住单位在生产或提供货物与服务过程中,消耗和使用的所有非固定资产和服务的价值。中间投入也称为中间消耗,一般按购买者价格计算。

7.最终消费指常住单位在一定时期内对货物和服务的全部最终消费支出,也就是常住单位为满足物质、文化和精神生活的需要,从本国经济领土和国外购买的货物和服务的支出;不包含非常住单位在本国经济领土内的消费。最终消费分为居民消费和政府消费。

8.资本形成总额指常住单位在一定时期内获得减去处置的固定资产和存货的净额包括固定资本形成总额和存货增加两部分。

9.固定资产形成总额指常住单位购置、转入和自产自用的固定资产价值,扣除销售和转出的价值,包含有形固定资产形成总额和无形固定资产形成总额。有形固定资产形成总额包括一定时期内完成的建筑工程、安装工程和设备工器具购置(减处置)价值,商品房销售增值,土地改良形成的固定资产,新增役、种、奶、毛、娱乐用牲畜和新增经济林木价值。无形固定资产形成总额包括矿藏勘探、计算机软件、娱乐和文学艺术品原件等获得(减处置)的价值。

10.存货增加指常住单位存货实物量变动的市场价值,即期末价值减期初价值的差额。存货增加可以是正值,也可以是负值;正值表示存货上升,负值表示存货下降。它包含生产单位购进的原材料、燃料和储备物资等存货,以及生产单位生产的产成品、在制品等存货。

11.货物和服务净出口指货物和服务出口减货物和服务进口的差额。出口包括常住单位向非常住单位出售或无偿转让的各种货物和服务的价值。进口包括常住单位从非常住单位购买或无偿得到的各种货物和服务的价值。因为服务活动的提供与使用同时发生,因而服务的进出口业务并不发生出入境现象,一般把常住单位从国外得到的服务作为进口,非常住单位从本国得到的服务作为出口。货物的出口和进口都按离岸价格计算。

12.劳动者报酬指劳动者因从事生产活动所获得的全部报酬。它包括劳动者获得的各种形式的工资、奖金和津贴,既包括货币形式的,也包括实物形式的,还包括劳动者所享受的公费医疗和医疗卫生费、上下班交通补贴和单位直接支付的社会保险费等。对个体经济来说,其所有者所获得的劳动报酬和经营利润不易区分,这两部分统一作为劳动者报酬处理。

13.生产税净额指生产税减生产补贴后的差额。生产税指政府对生产单位生产、销售和从事经营活动以及因从事生产活动使用某些生产要素,如固定资产、土地、劳动力所征收的各种税、附加费和规费。具体包括销售税金及附加、增值税、管理费中开支的各种税、应交纳的养路费、排污费和水电费附加、烟酒专卖上缴政府的专项收入等。生产补贴与生产税相反,是政府对生产单位的单方面收入转移,因而视为负生产税处理,包括政策亏损补贴、粮食系统价格补贴、外贸企业出口退税收入等。

14.固定资产折旧指一定时期内为弥补固定资产损耗,依照核定的固定资产折旧率提取的固定资产折旧,或按国民经济核算统一规定的折旧率虚拟计算的固定资产折旧。它反映了固定资产在当期生产中的转移价值。各种类型的企业和企业化管理的事业单位的固定资产折旧指实际计提并计入成本费用中的折旧费;不计提折旧的单位,如政府机关、非企业化管理的事业单位和居民住房的固定资产折旧则是依照统一规定的折旧率和固定资产原值计算的虚拟折旧。

15.营业盈余是指常住单位创造的增加值扣除劳动者报酬、生产税净额和固定资产折旧后的余额。它相当于企业的营业利润加上生产补贴,但要扣除从利润中开支的工资和福利等。

16.资产指企业拥有或控制的能以货币计量的经济资源,包括各种财产、债权和其他权利。资产按流动性分为流动资产、长期投资、固定资产、无形资产、递延资产和其他资产。

17.负债指企业所承担的能以货币计量,将以资产或劳务偿付的债务,偿还形式包括货币、资产或提供劳务。负债一般按偿还期长短分为流动负债和长期负债。

18.主营业务收入指企业生产经营产品和提供劳务等主要经营业务取得的业务收入总和。

19.主营业务成本指企业生产经营产品和提供劳务等主要经营业务发生的实际成本。

20.主营业务税金及附加指企业生产经营产品和提供劳务等主要经营业务应负担的生产性税金及附加。

21.主营业务利润指企业生产经营产品和提供劳务等主要经营业务收入扣除其成本、费用、税金后的利润。

22.利润总额指企业生产经营活动的最终成果,是企业在一定时期内实现的盈亏相抵后的利润总额(亏损以"一"号表示)。计算公式为:

利润总额=营业利润+补贴收入+投资收益+营业外净收入+以前年度损益调整

23.社会消费品零售总额指国民经济各行业直接销售给城乡居民和社会集团的消费品总额。它响应各行业通过多种商品流通渠道向居民和社会集团供应的生活消费品总量,是研究国内零售市场变动情况、反映经济景气程度的重要指标。该指标按行业划分可得到批发和零售业、住宿和餐饮业等行业指标。

24.商品销售总额指对本企业(单位)以外的单位和个人出售(包括对境外直接出口)的商品总额。它反映批发和零售业在国内市场上销售商品以及出口商品的总量,主要包含:①售给城乡居民和社会集团消费用的商品;②售给工业、农业、建筑业、运输邮电业、批发和零售业、餐饮业、服务业等作为生产、经营使用的商品;③售给批发和零售业作为转卖或加工后转卖的商品;④对国(境)外直接出口的商品。不包括出售本企业(单位)自用的废旧包装用品,未通过买卖行为付出的商品,经本单位介绍、由买卖双方直接结算、本单位只收取手续费的业务,购货退出的商品以及商品损耗和损失等。

25.商品购进总额指从本企业(单位)以外的单位和个人购进(包括从境外直接进口)作为转卖或加工后的商品总额。它反映批发和零售业从国内、国外市场上购进商品的总量。主要包含:①从工农业生产者购进的商品;②从出版社、报社的出版发行部门购进的图书、杂志和报纸;③从各种登记注册类型的批发和零售企业(单位)购进的商品;④从其他单位购进的商品,如从机关、团体、企业等单位购进的剩余物资,从餐饮业、服务业购进的商品,从海关、市场管理部门购进的缉私和没收的商品,从居民手中收购的废旧商品等;⑤从国(境)外直接进口的商品。不包含企业(单位)为自身经营使用和未通过买卖行为而收入的商品以及销售退回、商品升溢等。

26.进出口总额指实际进出我国国境的货物总金额。它包含对外贸易实际进出口货物,来料加工装配进出口货物,国家间、联合国及国际组织无偿援助物资和赠送品,华侨、港澳台同胞和外籍华人捐赠品,租赁期满归承租人所有的租赁货物,进料加工进出口货物,边境地方贸易及边境地区小额贸易进出口货物(边民互市贸易除外),中外合资企业、中外合作经营企业、外商独资经营企业进出口货物和公用物品,到、离岸价格在规定限额以上的进出口货样和广告品(无商业价值、无使用价值和免费提供出口的除外),从保税仓库提取在中国境内销售的进口货物,以及其他进出口货物。该指标可以观察一个国家在对外贸易方面的总规模。我国规定出口货物按离岸价格统计,进口货物按到岸价格统计。

27.国内(地区)生产总值指数指一个国家(或地区)的国内(地区)生产总值的增长速

度。具体计算可用上一年或指定一年数据为基数。同理可计算各地区工业总产值指数。统计年鉴指数一般按可比价格计算。

28.价格指数＝生产价格指数＋消费价格指数。生产价格指数主要是从生产者的角度进行的统计,比如工业品出厂价格指数,原材料、燃料、动力购进价格指数等;消费价格指数主要是从消费者角度进行的统计,比如居民消费价格指数、商品零售价格指数等。一般来说,生产者价格的变化要先于消费价格变动,换句话说,生产者价格变动往往会引起消费价格的变动。

29.居民消费价格指数是反映一定时期内城乡居民所购买的生活消费品和服务项目价格变动趋势和程度的相对数,是对城市居民消费价格指数和农村居民消费价格指数进行综合汇总计算的结果。该指数可以观察和分析消费品的零售价格和服务项目价格变动对城乡居民实际生活费支出的影响程度。

30.工业品出厂价格指数是从生产角度反映当月国内市场的工业品价格与上年同月的价格相比的价格变动。当前,我国以工业品出厂价格替代生产者价格。与居民消费价格指数相比,工业品出厂价格指数只反映了工业品出厂价格的变动情况,没有包括服务价格的变动;它的变动要比居民消费价格剧烈一些。

31.商品零售价格指数是反映一定时期内城乡商品零售价格变动趋势和程度的相对数。商品零售价格的变动直接影响到城乡居民的生活支出和国家的财政收入,影响居民购买力和市场供需的平衡,影响到消费与积累的比例关系。因而,该指数可以从一个侧面对上述经济活动进行观察和分析。[①]

32.基尼系数是反映收入分配平等程度的指标。基尼系数为0表示收入分配绝对平等,为1表示收入分配绝对不平等。基尼系数介于0~1之间变动,越大就表明不均等程度越大,越小就表明收入分配越平均。基尼系数在0.2以下表示高度平均;0.2~0.3之间表示相对平均;0.3~0.4之间表示分配相对合理;0.4~0.5之间表示差距偏大;0.5以上表示差距悬殊。0.4被作为一般的警戒线。

33.景气指标(预测宏观经济走势的重要指标)主要分为以下两类。

第一类指标是通过对现有宏观经济指标的分析,挑选出最能反映宏观经济运行特点的指标,依照各自的权重,统一加总为一个总指数,判断并预测经济形势。

(1)国经指数,由国家统计局负责编制。选择先行指标4个,包含全国钢产量、基本建设新开工项目数、广义货币M2、10种有色金属产量;同步指标4个,包括狭义货币M1、消

① 张兰花.高校财务管理与实践[M].长春:吉林人民出版社,2023.

费品零售额、工业生产增长率、海关出口总额等。以此基础上用合成指数分别计算先行指数和同步指数,两个指数合起来称"国经指数"。

(2)中经指数,由国家信息中心负责编制。选择同步指标 12 个,包含现价工业增加值、工业产品销售率、基础农资产品指数(各种化肥产量、农药产量、合成氨产量、农膜产量的复合指数)、社会消费品零售总额、固定资产投资完成额、商品房销售额、货运量、财政支出、海关进出口总额、狭义货币 M1、金融机构各项贷款、社会需求指数(复合指数)等,编制不同合成指数,称为中经指数。

(3)卡斯特指数,由卡斯特评价中心负责编制。选择先行指标 7 个,包括钢产量、银行各项贷款总额、出口总额等;同步指标 6 个,包括工业生产总值、社会消费品零售额、狭义货币 M1、银行工资和其他个人支出、汽车产量、基建投资总额等;滞后指标 5 个,包含零售价格指数、国家财政支出、预算内工业企业销售收入、铁路货运量和城镇居民储蓄存款余额等。在此基础上,计算先行和同步指数,统称为卡斯特指数。

第二类指标是通过调查问卷设置问题对特定的调查对象如企业家、消费者等进行的景气或信心调查,通过对统计汇总的结果进行相应的处理,得出相应的指数。如国家统计局企业调查总队的企业景气指数、企业家信心指数,国家统计局中国经济景气监测中心的消费者信心指数等

(1)企业景气指数和企业家信心指数通过对部分企业家定期进行问卷调查,并依据企业家对宏观经济状况及企业生产经营状况的判断和预期来编制景气指数,从而准确、及时地反映宏观经济运行和企业生产经营状况,预测经济发展的变动趋势。以企业景气指数为例,景气指数的数值介于 0 和 200 之间,100 为景气指数的临界值,当景气指数大于 100 时,表明经济状况趋于上升或改善,处于景气状态;当景气指数小于 100 时,表明经济状况趋于下降或恶化,处于不景气状态。

(2)消费者信心指数通过对消费者定期进行问卷调查,依据消费者对未来消费的判断和预期来编制。消费者信心指数由消费者预期指数和满意指数组成。其中,预期指数反映消费者对家庭经济状况和总体经济走向的预期,满意指数反映消费者对目前经济状况和耐用消费品购买时机的评价,而信心指数则综合描述消费者对当前经济状况的满意程度和未来经济走向的信心。

34.可比价格指计算各种总量指标所采用的扣除了价格变动因素的价格,可进行不同时期总量指标的对比。按可比价格计算总量指标有两种方法。

(1)直接用产品产量乘某一年的不变价格计算。

(2)用价格指数进行缩减。

35.不变价格指以同类产品某年的平均价格作为固定价格,用于计算各年的产品价值。按不变价格计算的产品价值消除了价格变动因素,不同时期对比可以反映生产的发展速度。统计年鉴中的增长速度一般采用不变价格计算。

36.平均增长速度。计算平均增长速度有两种方法:一是习惯上经常使用的"水平法",也称几何平均法,是以间隔期最后一年的水平同基期水平对比来计算平均每年增长(或下降)速度。二是"累计法",也称代数平均法或方程法,是以间隔期内各年水平的总和同基期水平对比来计算平均每年增长(或下降)速度。在一般正常情况下,两种方法计算的平均每年增长速度比较接近;但在经济发展不平衡、出现大起大落时,两种方法计算的结果差别较大。除固定资产投资用"累计法"计算外,其余均用"水平法"计算。从某年到某年平均增长速度的年份,均不包括基期年在内。

平均增长速度也叫平均递增速度,它和平均发展速度统称为平均速度。平均速度是各个时期环比速度(即报告期水平与前一期水平对比计算的速度)的平均数,说明社会经济现象在较长时期内速度变化的平均程度。平均发展速度表示现象逐期发展的平均速度,平均增长速度则是反映现象逐年递增的平均速度。

(二)税收指标

税收指标是指描述税收收入组织和入库情况的相关指标,可以反映税收估算、预算和实际征收入库情况。这些指标主要来源于各级税务局的收入规划核算部门的税收月快报、会计统计报表、综合征管软件系统、出口退税管理系统、重点税源企业监控、金税工程系统等。税收指标体系往往分为税收会计指标、税收统计指标和其他类别三大类。

1.税收会计指标

税收会计指标主要包括待征类指标、应征类指标、减免类指标、入库类指标、查补类指标、代征代扣类指标等。

(1)待征类指标

待征类指标主要有"代征税收"和"代征其他收入"。待征类指标一般按照税种、分来源设置。

(2)应征类指标

应征类指标反映纳税人向税务机关申报或由税务机关直接核定的,由海关代征的以及通过税务稽查、日常检查或财政、审计、司法等其他部门查处的,影响国家缴纳的各项税收和其他收入,主要包括"应征税收"和"应征其他收入"。应征类指标按税种和企业注册类型详细反映当年应征税收发生的情况。数据来源于各类纳税人填报的各税种纳税申报表、代扣代缴税款报告、预缴税款通知书、企业纳税定额申请核定表或应纳税款核定书、年(季度)纳税营业额申报核定表或定税清册、纳税定额税款通知书、核准停业通知书、申报(缴款)错误更正通知书、税务处理决定书或税务行政处罚决定书、税收行政复议决定书、审计决定书或财政监督检查处理决定书、法院判决书以及各种临时征收凭证等。

(3)减免类指标

减免类指标反映纳税义务发生后对纳税人减征、免征的税收及其他收入。一般按照税种和减免性质详细反映减免税收发生的情况。减免包含两部分内容：一是随申报和欠税抵顶减免而形成的征前减免；二是通过国库办理退税而形成的退库减免。数据来源于记载有减免税额的纳税申报表、抵顶欠税的减免税批准文件、办理减免退库的税收收入退还书或载有减免税退税的提退清单等。

(4)入库类指标

入库类指标反映国库已经收纳入库的税收和其他收入，一般依照政府预算收入科目有关款项和预算级次进行列示。数据来源于各种税收缴款书回执联(目前为电子信息)、预算收入日报表、更正通知书、免抵调库通知书以及收入退还书付账通知联等。该类指标中主要包含如下指标口径。

①税收收入反映税务部门征收入库的各项税收之和，不包含契税和耕地占用税，包含海关代征的增值税和消费税，未扣除产品出口退增值税和消费税。我们往往将税收收入中扣除"海关代征增值税和消费税"的税收口径，称之为国内税收收入。国内税收收入再扣除"免、抵调增增值税"的税收口径，称之为直接税收收入。通俗地讲，由税务局征收的税收，我们称之为国内税收，由海关部门征收的税收，我们称之为海关代征税收。如：国内增值税反映国家税务总局征收的一般增值税和按"先征后退"政策审批退库的国内增值税，以及按照"免、抵、退"有关政策规定办理的"免、抵调增增值税"。进口货物增值税，反映由海关部门代征的一般进口货物增值税、特定区域进口自用物资增值税和进口货物增值税税款滞纳金、罚款收入。我们将国内增值税和进口货物增值税之和，称之为增值税收入；将国内增值税剔除"免、抵增增值税"的增值税，称之为增值税直接收入。

消费税收入包括国内消费税和进口消费品消费税。国内消费税是反映国家税务总局征收的国内消费税。进口消费品消费税是反映由海关部门代征的进口消费品消费税以及进口消费品消费税税款滞纳金、罚款收入。我们将国内消费税和进口消费品消费税之和，称之为消费税收入。

②出口退税反映由税务部门审批退库的出口退增值税和消费税，以及免抵调减增增值税之和。

③其他收入反映由税务部门征收入库的,除上述税收收入以外的其他各项财政收入之和。

(5)查补类指标

查补类指标按税种反映查补税金应征和入库及税款滞纳金、罚款收入入库的情况。数据来源于税务处理决定书或税务行政处罚决定书。

(6)代征代扣类指标

代征代扣类指标按税种和项目反映扣缴义务人根据税收法律法规代扣、代收代缴入库的税款,以及代征单位根据委托代征协议结报入库的代征税款。

2.税收统计指标

税收统计指标集中反映报告期末入库税款在各种经济类型、各种行业、各税目中的分布情况。主要按照税种、税目、项目、经济类型、行业指标等分类标准设置,包含税收总体指标、涉外税收指标、欠税呆账指标、增值税税源指标、减免税分项目指标等。

(1)税收总体指标

税收总体指标从总体上反映全部已入库税收资金在各经济类型、各行业、各项目中的分布情况,主要按税种、税目、项目、经济类型、行业等分类标准设置。比如:税收收入分行业分税种统计、税收收入分企业类型统计、各主要税种税收收入分行业分税种统计等。

(2)涉外税收指标

涉外税收指标综合反映港澳台投资企业、外商投资企业和外国企业以及外籍人员(包括华侨、港澳台同胞)缴纳各项税收入库的情况。涉外税收主要按税种、分行业、分企业性质设置。

(3)欠税呆账指标

欠税呆账指标按税种、行业、企业类型反映报告期内实际欠税余额的情况。

(4)增值税税源指标

增值税税源指标按主要品目反映全部增值税纳税人增值税税源的情况。主要指标包括销售额和应纳税额。销售额中又分为按适用税率征税货物及劳务销售额、按简易征收办法征税货物销售额、免抵退办法出口货物销售额、免税货物及劳务销售额。应纳税额指标主要包括销项税额、进项税额(上期留抵税额、进项税额转出、免抵退货物应退税额、按适用税率计算的纳税检查应补缴税额)、应抵扣税额、实际抵扣税额、期末留抵税额、按简易征收办法计算的应纳税额、应纳税额减征额。

(5)减免税分项目指标

减免税分项目指标按照税种、注册类型、减免类型及项目,反映报告期末减免税的情况。如减免税分税种分项目统计。

3.其他类指标

其他类指标包含纳税户数统计和由税务部门负责征收的非税财政收入。纳税户数统计指标分行业、分经济类型设置,反映纳税人在国民经济各行业、各经济类型之间的分布情况。数据来源于税务登记证及其他征管资料等。非税财政收入统计反映教育费附加等财政资金的入库情况,这类指标分企业类型、分项目、按隶属关系分级次核算,数据来源于各种非税财政收入的征税凭证。

二、微观税收分析的常用指标

微观税收指标体系是指一组互相联系、用以系统概括说明纳税人税收经济关系、税收缴纳情况和税收征收管理工作状况的数据指标的集合。应用微观税收分析指标,微观上可以表明纳税人的税收缴纳情况,宏观上可以反映整体税收形势,考核评价税收征管工作。

(一)税源类指标

税源指标是指描述税收源泉的经济指标,这些指标反映涉税经济活动的收入状况和所得状况,通常由作为计税依据的经济量化指标组成,也可以是反映经济活动总量的指标。

1.产品产量指企业在会计核算期间主要生产产品的生产量。

2.产品销量指企业在会计核算期间主要生产产品的销售量。

3.出口产品销量指企业在会计核算期间主要生产产品的出口销售量。

4.营业收入指企业在从事销售商品、提供劳务和让渡资产使用权等日常经营业务过程中所形成的经济利益的总流入,分为主营业务收入和其他业务收入。

5.主营业务收入是指企业经营按照营业执照上规定的主营业务内容所发生的营业收入,如制造业的销售产品、非成品和提供工业性劳务作业的收入;商品流通企业的销售商品收入;旅游服务业的门票收入、客户收入、餐饮收入等。

6.其他业务收入是指企业主营业务收入以外的所有通过销售商品、提供劳务及让渡资产使用权等日常活动中所形成的经济利益的流入。如材料物资及包装物销售、无形资产转让、固定资产出租、包装物出租、运输、废旧物资出售收入等。

7.营业成本指企业所销售商品或者提供劳务的成本。营业成本应该与所销售商品或者所提供劳务而取得的收入进行配比。营业成本又分为主营业务成本和其他业务成本。

8.营业税金及附加反映企业经营主要业务应负担的营业税、消费税、城市维护建设税、资源税、土地增值税和教育费附加等。

9.销售费用指企业在销售产品、自制半成品和提供劳务等过程中发生的费用,包括由企业负担的包装费、运输费、广告费、装卸费、保险费、委托代销手续费、展览费、租赁费(不含融资租赁费)和销售服务费、销售部门人员工资、职工福利费、差旅费、办公费、折旧费、修理费、物料消耗、低值易耗品摊销以及其他经费等。

10.管理费用指企业为组织和管理企业生产经营所发生的各种费用。管理费用属于期间费用,在发生的当期就计入当期的损益。

11.财务费用是指企业在生产经营过程中为筹集资金而发生的各项费用,包含企业生产经营期间发生的利息支出(减利息收入)、汇兑净损失(有的企业如商品流通企业、保险企业进行单独核算,不包括在财务费用内)、金融机构手续费,以及筹资发生的其他财务费用如债券印刷费、国外借款担保费等。

12.利润总额是指企业在生产经营过程中各种收入扣除各种耗费后的盈余,反映企业在报告期内实现的盈亏总额。利润总额是衡量企业经营业绩的一项十分重要的经济指标。利润总额＝营业利润＋营业外收入－营业外支出。

13.工业总产值是指以货币形式表现的工业企业在报告期内生产的工业最终产品或提供的工业性劳务活动的总价值量,它反映一定时间内工业生产的总规模和总水平。工业总产值＝成品价值＋对外加工费收入＋自制半成品、在产品期末期初差额价值。

14.期初存货是指企业本期期初持有的以备出售,或仍然处在生产过程,或者在生产或提供劳务过程中将消耗的各类材料或物品的总称,包含各类材料、商品、在产品、半成品、产成品等。

15.期末存货是指企业本期期末持有的以备出售,或者仍然处在生产过程,或者在生产或提供劳务过程中将消耗的各类材料或物品的总称,包含各类材料、商品、在产品、半成品、产成品等。

16.劳动者报酬指劳动者因从事生产活动所获得的全部报酬。它包含劳动者获得的各种形式的工资、奖金和津贴,既包括货币形式的,也包括实物形式的,还包含劳动者所享受的公费医疗和医药卫生费、上下班交通补贴和单位支付的社会保险费等。

17.全部从业人员平均人数指报告期内在企业内从事一定社会劳动并取得劳动报酬或经营收入的全部劳动力。

18.职工工资总额是指各企业在一定时期内直接支付给本单位全部职工的劳动报酬总额。它包括计时工资、计件工资、奖金、津贴和补贴、加班加点工资、特殊情况下支付的工资,不包括劳工保险和职工福利方面的各项费用、离退休人员各项支出、误餐补助、计划生育、独生子女补贴等。数据来源于企业明细账。

19.主要能源消费量是指各企业在生产过程中对能源类物资的消费数量或者金额,包括电力、煤炭、焦炭、天然气、原油等。

20.资产指过去的交易、事项形成并由企业拥有或者控制的资源,该资源预期会给企业带来经济利益,是企业、自然人、国家拥有或者控制的能以货币来计量的经济资源,包括各种收入、债权和其他资产。

21.所有者权益指所有者在企业资产中享有的经济利益,其金额为资产减去负债后的余额。所有者权益包括实收资本(或股本)、资本公积、盈余公积和未分配利润等。

22.主营业务利润指主营业务收入减去主营业务成本和营业税金及附加后的金额。通常情况下,企业的主营业务利润应是其利润总额的最主要的组成部分。

23.负债指过去的交易、事项形成的现时义务,履行该义务预期会导致经济利益流出企业,是企业所承担的能以货币计量、需以资产或劳务偿还的债务。

24.应收及预付款项指企业在日常生产经营过程中发生的各项债权,包括应收款项和预付账款等。

25.期末企业资产总额指通过过去的交易、事项形成并被企业拥有或者控制的资源,该资源预期会给企业带来经济利益。

26.应收账款指除应收票据、预付账款以外的应收或者预付给其他单位和个人的款项,包括各种赔款、罚款、存款保证金、备用金、应向职工收取的各种垫付款项等。

27.流动资产指可以在1年或者超过1年的一个营业周期内变现或者耗用的资产,包括现金、各种存款、应收及预付款项、存货等。流动资产大于流动负债,一般表明短期偿债能力强,流动比率越高,企业资产的流动性越大,表示企业有足够变现的资产用于偿债。

28.流动负债指可以在1年或者超过1年的一个营业周期内偿还的债务,包括短期借款、应付票据、应付账款、应付工资、预收账款、应交税金、应付利润、其他应付款、预提费用等。

29.期末企业负债总额指通过过去的交易、事项形成的能以货币计量,需以资产或劳务偿付的义务。

30.营业利润是企业最基本经营活动的成果,也是企业一定时期获得利润中最主要、最稳定的来源。

营业利润＝营业收入－营业成本－营业税金及附加－销售费用－管理费用－财务费用－资产减值损失＋公允价值变动净收益＋投资净收益。

31.营业利润率表明企业通过生产经营获得利润的能力,该比率越高表明企业的盈利能力越强。计算公式为:

$$营业利润率＝营业利润/营业收入×100\%$$

32.待摊费用指企业已经支出但应由本期和以后各期分别负担的分摊在1年以内的各项费用,如低值易耗品摊销、出租出借包装物摊销、预付保险费、应由销售产品分摊的中间产品税金、固定资产修理费用,以及一次购买印花票据和一次缴纳印花税税额孰大需要分摊的数额等。

33.原材料费用、燃料费用、电力费用、劳务支出费用指企业在生产过程中对能源、原材料、动力、劳务等的消费数额。

34.按适用税率征税货物及劳务销售额指纳税人本期按适用税率缴纳增值税的应税货物和应税劳务的销售额(销货退回的销售额用负数表示),包括在财务上不作销售但按税法规定应缴纳增值税的视同销售货物和价外费用销售额,外贸企业作价销售进料加工复出口的货物以及税务、财政、审计部门检查按适用税率计算调整的销售额。

35.应税货物销售额指纳税人本期按适用税率缴纳增值税的应税货物的销售额(销货退回的销售额用负数表示),包括在财务上不作销售但按税法规定应缴纳增值税的视同销售货物和价外费用销售额,以及外贸企业作价销售进料加工和出口的货物。

36.应税劳务销售额指纳税人本期按适用税率缴纳增值税的应税劳务的销售额。

37.纳税检查调整的销售额指纳税人本期因税务、财政、审计部门检查,并按适用税率计算调整的应税货物和应税劳务的销售额。

38.按简易办法征收增值税货物的销售额(销货退回的销售额用负数表示)包括税务、财政、审计部门检查,并按简易征收办法计算调整的销售额。

39.免、抵、退办法出口货物销售额指纳税人本期执行免、抵、退办法出口货物的销售额。实行"免、抵、退"税管理办法的"免"税,是指对生产企业出口的自产货物,免征本企业生产销售环节的增值税;"抵"税,是指生产企业出口的自产货物所耗用原材料、零部件等应予退还的进项税额,抵扣内销货物的应纳税款;"退"税,是指生产企业出口的自产货物在当期内因应抵扣的进项税额大于应纳税额而未抵扣完的税额,经主管退税机关批准后,予以退税。

40.流动资产余额指可以在1年以内或者超过1年的一个营业周期内变现或被耗用的资产,主要包括各种现金、银行存款、短期投资、应收及预付款项、待摊费用、存货等。

41.长期投资指除短期投资以外的投资,包括持有时间超过1年(不含1年)的各种股权性质的投资、不能变现或不准备随时变现的债券、其他债权投资和其他长期投资等。

42.短期投资指能够随时变现并且持有时间不会超过1年(含1年)的投资,包括股票、债券、基金等。短期投资所包含的条件:一是能够在公开市场交易并且有明确的市价;二是剩余资金的存放形式,且保持其流动性和获利性。

43.固定资产原值指企业为生产商品、提供劳务、出租或经营管理而持有,使用期限超过1年,单位价值在2000元以上的有形资产。

44.预收账款指买卖双方根据协议商定,由购货方预先支付一部分货款给供应方而发生的一项负债。

45.流动负债余额指将在1年(含1年)或者超过1年的一个营业周期内偿还的债务。包括短期借款、应付票据、应付账款、预收账款、代销商品款、应付职工薪酬、应付福利费、应付股利、应交税金、其他应交款、其他应付款、预提费用、一年内到期的长期借款、代转资产价值等。

46.手续费收入、手续费支出指适用于执行《金融企业会计制度》的证券公司,核算证券公司向客户提供服务收取的手续费,以及向证券交易所等机构支付的手续费。

47.利息收入指纳税人购买各种债券等有价证券的利息、外单位欠款付给的利息以及其他利息收入。利息收入包括:购买各种债券等有价证券的利息(如购买国库券、重点企业建设债券、国家保值公债以及政府部门和企业发放的各类有价证券)、企业各项存款所取得的利息、外单位欠本企业贷款而取得的利息、其他利息收入等。

48.贷款余额适用于执行《金融企业会计制度》的银行,用以核算银行贷款规模。

49.应收利息是指企业因债权投资而应收取的一年内到期收回的利息。

50.支付给职工以及为职工支付的现金反映企业实际支付给职工的现金以及为职工支付的现金,包括本期实际支付给职工的工资、奖金、各种津贴和补贴等。

51.预计负债的含义包括该义务是承担的现实义务、该义务的履行很可能导致经济利益流出企业、该义务的金额能够可靠地计量。在税法中,预计负债一般不予确认,即不能抵扣应纳所得税。

52.未分配利润是企业未分配的利润,分为年初未分配利润和年末未分配利润。它在以后年度可继续进行分配,在未进行分配之前,属于所有者权益的组成部分。从数量上来看,未分配利润是期初未分配利润加上本期实现的净利润,减去提取的各种盈余公积和分出的利润后的余额。

53.长期借款指企业向银行或其他金融机构借入的期限在1年以上(不含1年)或超

过 1 年的一个营业周期的各项借款。

54.短期借款指企业为维持正常的生产经营所需的资金或为偿还某项债务而向银行或其他金融机构等外单位借入的、还款期限在 1 年以下(含 1 年)的各种借款。短期借款主要有经营周转借款、临时借款、结算借款、票据贴现借款、卖方信贷、预购定金借款和专项储备借款等。

55.预提费用核算企业在日常经营活动中发生的某些不需要当时支付的、但按照权责发生制原则属当期的费用。

56.营业费用指企业在销售商品过程中发生的费用,包括企业销售商品过程中发生的运输费、装卸费、包装费、保险费、展览费和广告费,以及为销售本企业商品而专设的销售机构(含销售网点,售后服务网点等)的职工工资及福利费、类似工资性质的费用、业务费等经营费用。商品流通企业在购买商品过程中所发生的进货费用,也包括在内。

57.本年投资所支付的现金指企业本年对外短期投资和长期投资所支付的货币资金。

(二)税收类指标

税收类指标是指描述纳税人税收特征的相关指标,可以反映纳税人的税金缴纳状况。这些指标通常来源于纳税人的纳税申报表。

1.销项税额指增值税纳税人销售货物和应税劳务,按照销售额和适用税率计算并向购买方收取的增值税税额。当期销项税额=当期销售额×适用税率。

2.适用 17%税率的销项税额指纳税人本期按 17%的税率计征的销项税额。

3.适用 13%税率的销项税额指纳税人本期按 13%的税率计征的销项税额。

4.进项税额指纳税人购进货物或应税劳务所支付或者承担的增值税税额。购进货物或应税劳务包括外购(含进口)货物或应税劳务、以物易物换入货物、抵偿债务收入货物、接受投资转入的货物、接受捐赠转入的货物以及在购销货物过程当中支付的费用。

5.上期留抵税额指纳税人前期尚未抵扣完,留待后期继续抵扣的进项税额。

6.进项税额转出指企业购进的货物发生非常损失(非经营性损失),以及将购进货物改变用途(如用于非应税项目、集体福利或个人消费等),其抵扣的进项税额应通过"应交税费——应交增值税(进项税额转出)"科目转入有关科目,不予以抵扣。

7.免抵退货物应退税额指纳税人按照出口货物免、抵、退办法审批的应退税额。

8.按适用税率计算的纳税检查应补缴税额指纳税人本期因税务、财政、审计部门检查按适用税率和征收率计算的纳税检查应补缴税额。

9.应抵扣税额指纳税人本期应抵扣进项税额的合计数。

应抵扣税额=进项税额+上期留抵税额-进项税额转出-免抵退货物应退税额+按

适用税率计算的纳税检查应补缴税额。

10.实际抵扣税额指纳税人本期实际抵扣的进项税额。如本期应抵扣税额小于销项税额,则实际抵扣税额等于本期应抵扣税额;如本期应抵扣税额大于销项税额,则实际抵扣税额等于销项税额。

11.应纳税额指企业的应税收入乘以适用税率,减去依照税法关于税收优惠的规定减免和抵免的税额后的余额,应纳税额=销项税额一实际抵扣税额。

12.适用4%、6%征收率的应纳税额指纳税人本期按简易征收办法计算并应缴纳的增值税税额,但不包括按简易征收办法计算的纳税检查应补缴税额。

13.期末留抵税额指纳税人在本期进项税额中尚未抵扣完,留待下期继续抵扣的进项税额。期末留抵税额=应抵扣税额一实际抵扣税额。

14.简易征收办法计算的应纳税额指增值税一般纳税人,因行业的特殊性,无法取得原材料或货物的增值税进项发票,按照进销项的方法核算增值税应纳税额后税负过高,因此对特殊的行业按照简易征收率征收增值税计算的应纳税额。

15.按简易征收办法计算的纳税检查应补缴税额指纳税人本期因税务、财政、审计部门检查并按简易征收办法计算的纳税检查应补缴税额。

16.应纳税额减征额指纳税人本期按照税法规定减征的应纳税额。

17.期初未缴税额指纳税人上期期末应缴未缴的税额,为纳税人前一申报期的"期末未缴税额(多缴为负数)"减去本期发生的留抵税额抵减欠税后的余额。

18.本期已缴税额指纳税人本期实际缴纳的税额,但不包括本期入库的查补税款。

19.欠缴税额指纳税人、扣缴义务人超过征收法律,法规规定或税务机关依照税收法律、法规规定的纳税期限,未缴或少缴税款形成欠税的税额。

20.期末未缴税额指纳税人本期期末应缴未缴的税额,但不包括纳税检查应缴未缴的税额。

21.纳税检查本期应补缴税额指纳税人本期因税务、财政、审计部门检查按适用税率和征收率计算的纳税检查应补缴税额。

22.即征即退实际退税额指纳税人本期因符合增值税即征即退优惠政策规定,而实际收到的税务机关返还的税额。即征即退是指按税法规定缴纳的税款,由税务机关在征税时部分或全部退还纳税人的一种税收优惠。与出口退税先征后退、投资退税一并属于退税的范畴,其实质是一种特殊形式的免税和减税。

23.本期入库查补税额指纳税人本期因税务、财政、审计部门检查而实际入库的税额,包括"按适用税率计算的纳税检查应补缴税额"和"按简易征收办法计算的纳税检查应补缴税额"两部分。

24.内销货物计征消费税产品销售额指内销货物纳税人本期销售应税消费品取得的销售额及价外费用(不含增值税)。

25.内销货物免征消费税产品销售额指内销货物纳税人按照相关法律法规规定应免征消费税的应税消费品销售额。

26.出口货物免征消费税产品销售额指出口货物纳税人按照、相关法律法规规定应免征消费税的应税消费品销售额。

27.期初未缴消费税指纳税人上期期末应缴未缴的消费税额。

28.消费税从价计征适用税率指《消费税税目税率(税额)表》及相关法规规定的比例税率或定额税率。

29.消费税从量计征适用单位税额指相关法规规定的单位税额。

30.按政策规定减征的消费税税额指按照相关法规规定应减征消费税的应税消费品按规定税率与减征率计算的减征税额。

31.本期应纳消费税税额指纳税人本期应缴纳的消费税税额。

32.本期已缴消费税税额指纳税人本期已缴纳的消费税税额。

33.期末未缴消费税指纳税人按照税法规定已欠缴消费税税额。

34.应纳税所得指企业每一纳税年度的收入总额,减去不征税收入、免税收入、各项扣除以及允许弥补的以前年度亏损后的余额。应纳税所得额＝纳税调整后所得－弥补以前年度亏损金额－免税所得额＋应补税投资收益已缴所得税额－允许扣除的公益救济性捐赠额－加计扣除额。

35.纳税调整减少额指纳税人已计入利润总额,但按税法规定可以暂不确认为应税收入的项目金额,以及在以前年度进行了纳税调增,根据税收规定从以前年度结转过来在本期扣除的项目金额。包括不征税收入、免税收入、减征收入以及房地产开发企业已转销售收入的预售收入按规定计算的预计利润等。

36.免税所得指纳税人已并入利润总额中核算的符合税收规定免税条件的收入或收益,包括国债利息收入,符合条件的居民企业之间的股息、红利等权益性投资收益,在中国境内设立机构、场所的非居民企业从居民企业取得与该机构、场所有实际联系的股息、红利等权益性投资收益,符合条件的非营利组织的收入。

37.营业税应税收入指纳税人本期因提供营业税应税劳务、转让无形资产或者销售不动产所取得的全部价款和价外费用(包括免税收入)。

38.营业税应税减除项目金额指纳税人本期提供营业税应税劳务、转让无形资产或者销售不动产所取得的应税收入中按规定可扣除的项目金额。

39.营业税免税收入指纳税人本期提供营业税应税劳务、转让无形资产或者销售不动产所取得的应税收入中不需税务机关审批可直接免缴税款的应税收入或已经税务机关审批的免税项目应税收入。

(三)税收经济关系分析指标

税收经济关系分析指标是指建立税收与经济联系的关系指标,可以反映纳税人申报税收数据与其税源数据相关关系,是对纳税人开展纳税评估的重要参考数据。

1.产品销售率指一定时期内销售产值与同期全部工业总产值之比,反映工业产品生产已实现销售的程度。通过分析企业产品销售率,可以弥补对企业产品产量进行分析所带来的税源分析误差。

2.销售利润率指企业利润总额与产品销售净收入的比值,反映企业每百元销售净收入中有多少利润。销售利润率越高,说明销售获利水平越高。在产品销售价格不变的条件下,利润的多少受产品成本和产品结构等的影响。

3.主营业务利润率指主营业务利润与主营业务收入的百分比,是评价企业核心竞争力的指标,可以用分析销售利润率的方法来分析企业主要业务的税源质量。

4.资产收益率指企业净利润与平均资产总额的百分比。该指标反映企业一定时期的净利润与企业的资产利用的综合效果。指标值越高,表明资产的利用效率越高,说明企业在增加收入和节约成本等方面取得了良好的效果,反之亦然。

5.资本保值增值率指企业期末所有者权益总额与期初所有者权益总额的比值,用以反映投资者投入企业资本的完整性和安全性。当该指标≥100%时,表明投资人的所有者权益在企业经营过程中受到充分保障。

6.存货周转率和存货周转天数是衡量和评价企业购入存货、投入生产、销售收回等各环节管理状况的综合性指标。用时间表示的存货周转率就是存货周转天数。存货周转次数越多,周转天数越少,存货周转速度越快,存货的占用越低,流动性就越强。

7.总资产周转率指销售收入与平均资产总额的比值。用以反映资产总额的周转速度。周转越快,反映资产利用效果越好,销售能力越强,进而反映出企业的偿债能力和盈利能力较强。

8.主营业务收入增长率指报告期主营业务收入与基期主营业务收入之差和基期主营业务收入的比值,用以衡量企业的产品生命周期,判断公司发展所处的阶段。

9.应税销售额变动率指纳税人当期销售额与基期销售额的差额同基期销售额的比值。销售额变动比率有正常范围,该范围是指纳税人在正常经营的前提下,期内销售额与上年同期或上季度比较,其变动比率(±)所能达到的最大值。

10.应税销售额变动率与应纳增值税额变动率弹性分析可以反映企业纳税方面存在的问题。一般来讲企业销售额的增长与应纳增值税的增长应当同步。

11.主营业务成本变动率指报告期主营业务成本与基期主营业务成本差额对基期主营业务成本的比值。该指标综合反映企业主营业务成本的变化情况,主要提供与企业进项税金、产销率进行对比分析的依据。

12.主营业务成本变动率与应税销售额变动率弹性分析反映:主营业务成本变动和销售额变动理论上是一致的,通过分析二者变化的弹性系数可以发现企业在增值税申报方面可能存在的问题。

13.主营业务成本变动率与应纳增值税额变动率弹性分析反映:正常情况下二者应基本同步增长,比值应接近于1,该指标同样可以发现企业在增值税申报方面可能存在的问题。

14.电量消耗率指企业电力消耗量与计税销售收入的比值。企业的电力消耗通常情况是较为稳定的,因此可以通过一个企业的电力消耗情况侧面了解企业的生产经营情况和申报计税收入的合理性。

15.燃料消耗率指企业燃料费用与计税销售收入的比值。通过一个企业的燃料消耗情况,了解企业的生产经营情况和申报计税收入的合理性。

16.增值税应缴税负率指一定时期(通常指一年)内企业应缴增值税额与计征增值税销售收入的比率。该指标主要用于测算一个企业增值税应缴税金与应税销售收入的比例关系,衡量企业增值税负担水平的高低。

17.增值税实缴税负率指一定时期(通常指一年)内企业实缴增值税额所占计征增值税销售收入的比重。该指标主要用于测算一个企业实缴增值税与应税销售收入的比例关系,反映企业在一定时期内增值税实际负担水平。

18.销售收入的销项税额负担率指销项税额与计征增值税销售收入的比值,主要用于测算一个企业"单位应税销售收入"与销项税额比例关系,通过具体分析税收优惠、税率变化等方面来量化说明不同时期指标的变动情况。

19.销售收入的进项税额负担率指进项税额与计征增值税销售收入的比值,主要用于测算一个企业"单位应税销售收入"与进项税额的比例关系。

20.销售收入的抵扣税额负担率指进项抵扣税额与计征增值税销售收入的比值,主要用于确定一个企业"单位应税销售收入"中进项抵扣税额比重的大小。

21.销售收入的增值税贡献率指增值税(含免抵调库)与企业计征增值税销售收入的

比值,主要用于反映企业"单位应税销售收入"中增值税收入方面对中央和地方财政的贡献情况。

22.流动资产收入变动比率。收入变动比率是指本年收入减去上年收入后与上年收入的百分比。流动资产收入变动比率是指本年平均流动资产减去上年平均流动资产后与上年平均流动资产的百分比。该指标反映流动资产投入与收入是否匹配,进而判断收入是否真实。

23.计税收入率指各项计税收入合计与各项收入总和的百分比。该指标综合反映企业一定会计期间实现的总收入中排除非计税收入后所含净税源的比重,可以从计税收入和非计税收入关系上分析税源质量。

24.产量原材料配比率指本期耗用原材料同比增加率与本期产品产量同比增加率之差,同一行业在原材料耗用上基本是一致的,耗用多少原材料就会生产出多少产品。如果配比率过高,就要考虑企业是否隐瞒产品产量。

25.所有者权益比率指企业所有者权益与资产总额的比值。所有者权益比率与资产负债率之和按同口径计算应等于1。所有者权益比率越大,负债比率就越小,企业的财务风险也就越小。该指标从侧面来反映企业长期财务状况和长期偿债能力。

26.所有者权益与固定资产比率指所有者权益除以固定资产总额的比值。该指标是衡量公司财务结构稳定性的一个指标,反映购买固定资产所需要的资金有多大比例是来自所有者权益。

27.固定资产比率指固定资产与资产总额的比值。该指标用来观察企业固定资产有无资金闲置现象,从资金营运能力来看,固定资产比率越低企业营运能力越强。

第三节 税收分析的分类方法

一、税收数据的处理方法

税收分析以国家的经济政策和税收政策为理论基础,以统计分析方法为分析工具,对调查、搜集的税源和税收收入数据等统计资料,进行加工整理,系统、定量地分析研究,从而认识税收收入的本质和规律性,并对税收未来的发展趋势做出科学的预测,为加强税收征收管理工作提供决策信息。税收数据处理方法是各类税收分析方法的基础。

(一)税收数据的基本类型

1.概念

税收数据是反映税收经济现象总体单位或总体综合数量特征的信息,具体包括反映总体单位特征的名称及具体表现,即标志及其标志表现。反映总体综合数量特征的概念和具体数值,即税收统计指标(税收统计数据)。

2.标志的基本分类

(1)标志按其性质可以分为品质标志和数量标志

品质标志表示事物品质的特性,其具体表现是不能用数值表示的,如纳税人的经济类型、纳税人所属行业等。数量标志表示事物数量的特性,其标志表现可以用数值表示,如某个纳税人的纳税额、利润额等。品质标志主要用于分组,将性质不相同的总体单位划分开来,便于计算各组的总体单位数,计算结构和比例指标。数量标志既可用于分组,也可用于计算各种税收统计指标。

(2)标志按变异情况可以分为不变标志和可变标志

标志如果在总体各单位之间的具体表现完全相同,该标志就称为不变标志。如果某些标志在总体各单位的具体表现不完全相同,这些标志就称为变异标志或可变标志。

可变的数量标志又称变量。变量按变量值是否连续可分为离散变量与连续变量两种。离散变量的数值只能用自然数或整数单位计算,例如企业个数、职工人数、设备台数等。反之,在一定区间内可以任意取值的变量叫连续变量,其数值是连续不断的,相邻两个数值可作无限分割,即可取无限个数值。例如,纳税数额、工资薪金所得等为连续变量,其数值只能用测量或计量的方法取得。

3.税收统计数据的构成及基本分类

(1)税收统计数据的构成

税收统计数据一般包括以下五项内容。

①数据名称。说明所反映现象数量特征的性质和内容,如"税收收入""GDP"等。

②数据值。是数据名称的结果体现,如100。

③计量单位。分为名数和无名数两类:名数是指计量单位有具体名称,如实物计量单位(吨、千克等)、货币计量单位(万元、元等)、劳动计量单位(工时、工日等);无名数只有抽象的名称或无名称,通常有系数、倍数、成数、百分数等。

④时间范围。说明数据是时期数据还是时点数据。

⑤空间范围。给数据必要的空间限制,如2022年税收收入3000亿元,没有说明空间范围,就基本没有意义。

(2)税收统计数据的基本分类

税收统计数据一般可以分为截面数据、时间序列数据和面板数据。截面数据又称静态数据,它是指在同一时间对不同总体的数量表现进行观察而获得的数据。截面数据,即在一个时间点处切开,观察各个税种的不同数值。时间序列数据又称为动态数据,它是指在不同时间对同一总体的数量表现进行观察而获得的数据。时间序列数据,即观察不同时间点的具体数值。面板数据是截面数据与时间序列数据综合起来的一种数据类型,具有时间序列和截面两个维度,当这类数据按两个维度排列时,是排在一个平面上,与只按一个维度排列在一条线上的数据有着明显的不同,整个表格像是一个面板,因此称为面板数据。

(二)税收数据的加工整理

1. 税收数据的采集

税收分析工作是从收集税收数据开始的,我们要从数量上认识税收客观现象,必须先获取有用的税收数据。税收数据的采集是根据税收分析研究的目的与要求,运用科学的收集方法,有计划、有组织地搜集税收统计数据资料的过程。税收统计数据收集方式一般可分为两种:一种是直接向纳税人收集反映调查单位的税收统计数据,即原始资料,也称初始资料;另一种是根据税收研究的目的,收集已经加工、整理过的说明总体现象的数据,一般称为次级资料或第二手资料。原始资料可以直接从纳税人的申报资料或征管信息管理系统中收集,或者采用科学的调查方法直接向纳税人进行调查收集;间接税收资料可以从新闻、网络、统计年检及社会其他相关部门收集取得。

2. 税收数据加工处理的意义

税收数据的加工处理,是根据税收分析研究的目的和任务,对采集所得的原始资料进行科学的分类和汇总,对已初步加工的次级资料进行再加工,使其系统化、条理化、科学化,以反映所研究的税收现象总体特征的工作过程。

一方面,通过对搜集的资料进行加工处理,使其成为系统化、条理化的综合资料,对总体内部规律性、内在联系和结构关系做出概括的说明。税收数据的加工处理是实现由对个别现象的认识过渡到对总体现象的认识,由对事物表象的认识过渡到对其本质与内在联系的全面认识,由感性认识上升到理性认识的过程,是达到税收统计分析研究目的的重要环节。

另一方面,税收数据加工处理的正确与否、质量好坏,将直接影响税收分析及预测结果的准确性和真实性。不恰当的加工整理往往使收集得来的丰富、准确、全面的资料失去应有的价值,从而歪曲事情的真相,使人们得出错误的结论。因此,采用科学的方法进行税收数据的加工处理是顺利完成税收统计分析任务的前提。

总之,税收数据的加工处理在整个税收统计分析中起着承前启后的作用,它既是税收数据收集的继续和深化,又是税收统计分析的基础和前提,也是税收数据收集和税收统计分析的连接点。

3. 税收数据加工处理的步骤

从完整的工作程序来看,税收数据加工处理的基本步骤如下。

(1)设计和编制税收数据加工处理方案

税收数据加工处理方案是根据税收统计分析研究的目的和要求,事先对整个工作做出全面的计划和安排,是通过一套综合表式和编制说明来反映的。其主要内容包括确定汇总指标与综合统计表,进行统计分组,选择资料汇总形式,确定资料审查的内容与方法等。统计分组是统计资料整理的基础,统计汇总是统计资料整理的中心内容,统计图表则是统计资料整理的表现形式。

(2)对收集的税收数据进行审核

在对收集的税收数据进行加工处理前,首先需要对其进行严格的审核,以保证数据质量,为进一步的整理和分析打下基础。审核的内容主要包括税收数据的准确性、及时性和完整性等。

(3)对收集的税收数据进行分组、汇总和计算

在税收数据加工处理过程中,对大量的原始资料进行分组、汇总和计算是一项重要的工作,其中统计分组是最基本的,是保证分类、汇总科学合理的基础。根据税收数据加工处理方案的要求,按已确定的汇总组织形式和具体方法,按照一定标志,对收集的税收数据进行分组。按分组的要求,对各项数字进行汇总,计算分组单位数、总体单位数、分组标志总量和总体标志总量。

①统计资料的分组。其工作内容是将全部调查资料按照一定的标志加以区分,使反映相同性质的税收活动的资料归集在同一组内,以便于对比分析。

②税收统计资料的汇总。统计资料经过科学分组后,按一定要求对统计资料进行综合归类。汇总的形式主要有集中汇总和逐级汇总两种。集中汇总是指由组织领导完成统计资料整理工作的工作机构,集中全部统计资料进行汇总;逐级汇总是指在汇总过程中,充分发挥各级税务部门的作用,将已经汇总好的资料逐级上报。[①]

(4)对汇总后的调查资料进行审核

对加工处理好的资料再一次进行审核,更正汇总过程中所发生的各种差错。汇总后

---

① 赵刚太,赵学哲,王泽泳.财务管理与创新研究[M].北京:中国纺织出版社,2023.

审核可以从以下几方面进行。

①复计审核,即对每个指标数值进行复核计算。

②表表审核,即审核不同统计表上重复出现的同一指标数值是否一致,对统计表中相互联系的各个指标数值,则审核它们之间是否衔接和是否符合逻辑性。

③表实审核,即对汇总得到的指标数值,与了解的实际情况联系起来进行审核。

④对照审核,即对各税种相关数据进行相互对照审核,看数字是否一致或比较接近,以便从中发现可能出现的错误。在审核过程中发现错误时,应查明原因,及时更正。

(5)编制统计表、绘制统计图

把整理好的税收统计资料用统计表或统计图的形式表现出来,简明扼要地表现税收现象在数量方面的具体特征和相互关系。

(三)税收分析的常用工具

税收分析常用的软件有 SAS、SPSS、Excel 等,其中 Excel 的使用最为普遍。Excel 是通过电子表格方式来进行数据录入、管理与分析的,最基本的操作对象是单元格,Excel 常用的操作方式有快捷菜单方式,工具按钮方式和宏命令方式。另外,Excel 还有大量的函数,为计算和分析带来了极大的方便。

二、总量分析法

总量分析法是指运用总量指标进行分析的一种方法。总量分析主要适用于经济税源、税收收入的总体规模及增减变化量分析。

(一)总量指标的概念及作用

税收总量指标是反映一定时间、地点和条件下的税收总规模、总水平的统计指标。其表现形式为具有计量单位的绝对数,所以也称为绝对量指标。它可以揭示总体数量的绝对规模和水平,其数值大小受总体范围及单位数多少的制约。总量指标也可以表现为某现象总体在一定时空条件下数量增减变化的绝对数。在税收统计分析中计算税收总量指标具有十分重要的意义。

1.税收总量指标是对整个分析研究对象总体认识的一个起点。它是对所研究对象总体的客观反映,可以反映其基本状况。

2.税收总量指标是税务工作中下达计划任务,检查监督税收计划执行进度、执行结果,加强税收征收管理的重要依据。

3.税收总量指标是计算税收相对指标、平均指标、进行税收相对水平分析和平均水平分析的基础。税收相对指标和平均指标都是以两个或两个以上有联系的税收总量指标为基础计算出来的,是税收总量指标的派生指标。税收总量指标的核算是否科学合理会直接影响到税收相对指标和平均指标的准确性。

对总量指标的分析描述应简洁、明了,突出其主要数量特征,给人以深刻的印象。

(二)总量指标的种类

1. 按其反映的内容分类,可分为税收总体单位总量和税收总体标志总量

税收总体单位总量是总体单位数的总和,它说明总体本身规模的大小。

2. 按其反应的时间分类,可分为时期指标和时点指标

时期指标反映总体在某一段时间内累计规模的总量。时点指标是反映总体在某一时刻状态上规模的总量指标。

3. 按其计量单位不同分类,可分为实物量指标、价值量指标和劳动量指标

(1)实物量指标是以实物单位计量的总量指标,能够直观地反映产品使用价值的总量,它是计算价值量指标的基础。实物单位有自然单位、度量衡单位和标准实物单位等。比如,电脑以"台"、小汽车以"辆"等自然单位计量。度量衡单位是以统一的度量衡制度规定的单位计量,如钢材、粮食以"吨"等计量。标准实物单位用于汇总不同规格或含量的同类事物的实物数量,可以更加准确地反映产品的实用价值总量。

(2)价值量指标是以货币单位计量的总量指标,反映现象总体的价值总量。

(3)劳动量指标是用劳动时间为单位计算的产品产量或完成的工作量,通常用于工业企业内部的核算。如"工时""工日""台时"等。

三、对比分析法

(一)对比分析法的概念及分类

对比分析是指运用对比指标进行分析的一种方法。对比分析法的核心是将两个有联系的统计指标进行对比,用一个抽象化的比值(即对比之后的数值)反映社会经济现象之间的对比关系。通常使用事物的相对水平、发展过程、差异程度、内部结构与比例关系等来比较和分析事物之间的联系。

税收对比分析按时间和空间范围可划分为纵向和横向对比分析。纵向对比分析是指在一定时间范围内,以同一事物的各个发展阶段的不同数量指标进行对比分析,反映事物在不同阶段的发展变化情况。横向对比分析,则是指同一指标在不同空间范围内进行对比分析,用以反映经济现象在不同地区之间的差距。如某省宏观税负与相关省份同期宏

观税负之比,就可以反映省间宏观税负水平差距。这种方法用在省内各地区之间的比较同样有效。

对比分析主要适用于经济税源、税收收入的结构分析,发展速度分析及经济税收关系分析(宏观税负、弹性分析),适用于经济税源、税收收入总量、结构、发展速度及税负弹性等指标的纵向和横向对比分析,以发现和了解不同现象之间的结构现状、差异程度及发展趋势。

(二)相对指标的概念及作用

相对指标是指将两个有联系的指标对比所得到的比值,反映事物的数量特征和数量关系,其具体数值表现为相对数,因此也称为相对数指标。相对指标可以反映现象之间的固有联系及联系程度,如现象的发展程度、结构、强度、普遍程度或比例关系等。借助于相对指标对现象进行对比分析,是统计分析的基本方法。

相对指标的表现形式有两种:一种是有名数,另一种是无名数。有名数是指对比的分子、分母有不同的计量单位,将分子和分母两个指标的计量单位结合使用,如人口密度用"人/平方公里",人均 GDP、人均税收负担用"元/人",劳动强度用"件/人"等。无名数是一种抽象化数值,常以倍数、系数、成数、翻番数、百分数、千分数等表示。

在统计分析研究中,相对指标的作用主要表现在以下方面。

1. 相对指标能具体表现社会经济现象之间的对比关系,有助于人们深入了解事物发展的质量与状况。社会经济现象之间是相互联系、相互制约的,总量指标只能反映现象的总规模、总水平,而运用相对指标把有关指标联系起来进行对比分析,就能把事物发展的规模大小、计划执行的好坏、变化速度的快慢、各种比例协调与否等情况反映出来。

2. 相对指标可以使不能直接对比的现象找到相互比较的基础。例如,考察不同类型企业的经济效益,由于生产规模不同、资金多少不同,一般不能用净利润直接对比,可以通过销售利润率、资本收益率等相对指标抽象掉个体的差异,再进行对比分析。

(三)相对指标的分类

根据研究的目的和任务不同,相对指标计算时选择的对比基础也不同,对比所起的作用也有所不同,从而形成不同的相对指标。归纳起来主要有两类:一是同一总体内部对比的相对指标,如结构相对指标、比例相对指标、动态相对指标和计划完成程度相对指标;二是两个总体之间对比的相对指标,如比较相对指标和强度相对指标。

1. 结构相对指标

结构相对指标就是利用分组方法,将总体划分为性质不同的各个组成部分,以部分数

值与总体数值对比而得出的比重或比率,来反映总体内部组成状况的相对指标。其计算公式为:

结构相对指标＝总体部分数值/总体全部数值×100％

结构相对指标一般用百分数或成数表示,各组比重之和等于100％或1。其分子和分母既可以同是总体单位总量,也可以同是总体标志总量,而且分子数值属于分母数值的一部分,即分子、分母是一种从属关系,位置不能互换。

结构相对数是统计分析中常用的综合指标,主要有以下两方面作用。

(1)可以反映总体内部的结构特征。

(2)不同时期结构相对数的变动状况,可以反映事物的变化过程及发展趋势。

2. 比例相对指标

比例相对指标是同一总体内不同组成部分之间数量对比的相对指标,用以反映总体中各组成部分之间的数量联系程度和比例关系。它的分子与分母可以互换。其计算公式为:

比例相对指标＝总体中某一部分数值/总体中另一部分数值×100％

比例相对指标一般用百分数、几比几或连比的形式表示。比例相对指标以对分析总体的统计分组为前提,没有分组就没有比例,并且该指标是由结构决定的。根据对比的目的不同,分子、分母可以相互交换位置。

在实际工作中,常将比例相对数和结构相对数结合起来使用,既可以研究总体的结构是否合理,也可以判断现象发展过程中的比例关系是否正常。

3. 动态相对指标

动态相对指标又称为发展速度,是将某一指标不同时间上的数值进行对比的相对指标,表明同类事物在不同时间状态下的对比关系,反映社会经济现象在时间上的运动、发展和变化。其计算公式为:

动态相对指标(发展速度)＝报告期指标数值/基期指标数值×100％

公式中报告期是所要研究或说明的时期,又称为计算期;基期是用来作为比较标准的时期。动态相对指标的分子、分母相对固定,不能互换位置。

动态相对指标对于分析社会经济现象的发展变化具有非常重要的意义。

4. 计划完成程度及计划执行进度指标

(1)计划完成程度相对指标

计划完成程度相对指标,简称为计划完成百分比,它是以现象在某一时期内的实际完成数与计划任务数进行对比的相对指标。在计算时,要求分子、分母在指标的内容、范围、计算方法及时间长度等方面完全一样,通常用百分数表示。其基本计算公式为:

$$计划完成程度相对指标＝实际完成数/计划任务数×100\%$$

通过计划完成程度相对指标,可以准确地反映计划完成情况,定期监督检查国民经济计划以及地区、部门或基层单位计划的执行情况,随时掌握计划执行进度及执行过程中存在的问题,找出薄弱环节,挖掘潜力,并可以根据实际情况对计划进行适当的修改,作为编制下期计划的参考。

(2)计划执行进度指标

计划完成程度相对指标只反映计划执行的结果,在分析计划执行情况时,还要检查计划执行的进度和均衡程度,需要运用计划执行进度指标。

计划执行进度指标是计划期中某一段时期的实际累计完成数与计划期全期计划数对比得到的指标。其计算公式为:

$$计划执行进度＝期初至检查之日止累计实际完成数/全期计划任务数×100\%$$

计划执行进度指标用于检查计划执行与时间进度的要求适应与否,可以在计划期内,逐日、逐旬、逐月、逐季观察计划的进展情况,检查计划执行是否均衡,预计计划的可能完成情况,以便于及时发现问题、采取措施,保证完成或超额完成计划任务。一般来说,检查完成计划进度要与时间的进程相统一,即第一季度完成年计划的 25%,第二季度累计完成年计划的 50%,即时间过半,任务完成数也要过半。

5.比较相对指标

比较相对指标是将两个性质相同的指标在同一时间、不同空间条件下作静态对比得出的相对指标,可以反映国家之间、地区之间、行业之间、单位之间同类现象的对比关系。其计算公式为:

$$比较相对指标＝某条件下的某项指标数值/另一条件下的同项指标数×100\%$$

比较相对指标一般用百分数或倍数表示。其分子、分母根据分析目的不同可以相互交换位置。

计算比较相对指标时,用来对比的指标既可以是总量指标,也可以是相对指标或平均指标。由于总量指标易受总体规模和条件不同的影响,计算比较相对指标时更多采用相对数或平均数进行对比。如税收弹性系数指标:

$$税收弹性系数＝税收增长率/经济增长率$$

税收弹性系数作为税收对经济增长的反映程度,其数值大于 1,说明税收增长快于经济增长。其数值越大,对宏观税负的提升作用越明显。

比较相对指标常用于不同国家、地区、单位的比较,用于先进与落后水平的比较,还用于标准水平或平均水平的比较,用以寻找差距,挖掘潜力,为制订发展计划提供依据。

比例相对指标和比较相对指标的区别是:①分子与分母的内容不同,比例相对指标是同一总体内不同组成部分之间数量对比的相对指标;比较相对指标是同类指标在同一时间、不同空间条件下对比得出的相对指标。②说明问题不同,比例相对指标反映总体内部的比例关系;比较相对指标是不同单位的同类指标对比而确定的相对数,用以反映同类现象在同一时期内各单位发展的不平衡程度。

6.强度相对指标

强度相对指标是两个性质不同(不同类现象)而有一定联系的总量指标进行对比的结果,用以表明现象的强度、密度和普遍程度。这里所指的不同类现象一般分别属于不同的总体。其计算公式为:

强度相对指标＝某一总量指标数值/另一性质不同而相联系的总量指标数值×100％

有些强度相对指标的分子、分母位置可以互换,所以存在正指标和逆指标两种形式。强度相对指标的数值大小与现象的发展程度或密度成正比时,称为正指标;与现象的发展程度或密度成反比时,称为逆指标。一般来说,正指标数值越大越好,逆指标数值越小越好。

(四)对比分析时应注意的问题

1.两个对比指标的可比性

由于相对指标是两个有联系的指标数值进行对比计算的结果,因此,两个对比指标的可比性是计算相对指标的重要条件。所谓可比性,是指对比的两个指标在经济内容上要具有内在联系,并且在总体范围、时间、计算方法和计量单位上要求一致或相适应。

2.相对指标和总量指标结合使用

相对指标把现象的绝对水平抽象化,来反映社会经济现象的联系和差异程度,但是,它也掩盖了现象绝对水平的差别。因此,在利用相对指标进行分析时,必须与计算相对指标所依据的绝对水平联系起来,才能获得对客观事物正确的认识。

3.多种相对指标结合运用

运用相对指标进行统计分析时,可以将从不同方面、不同角度表明问题的各种相对指标结合起来使用,全面地说明客观事物的情况及发展的规律性。只有多种相对指标综合运用,才能全面地、深入地说明要研究的问题。

四、分组分析法

社会经济现象的多样性和错综复杂性,要求在进行税收分析时,将错综复杂的社会经济现象区分为不同的类型,使税收分析进一步深化,这就需要借助分组分析方法。

(一)统计分组的概念及作用

统计分组是根据税收分析研究的目的和分析对象的特点,将所研究的税收统计总体按照一定的标志划分为性质不同的若干个组成部分,使反映相同性质的税收活动的资料归集在同一组内,以便于对比分析的一种统计方法。总体中的这些组成部分称为"组",也就是大总体中的小总体。能够对统计总体进行分组,是由统计总体中各单位所具有的差异性的特点决定的。

统计分组是开展税收分析、研究社会经济结构变化、产业结构变化、产品结构变化等对税收收入影响的基础和前提,只有按一定的标志进行科学的分组,才有可能取得总体内部各部分在总体中所占比重和各部分之间比例关系的资料;才有可能利用这些资料去研究和分析各种现象之间的依存关系;才有可能利用这种分析方法去进行客观正确的分析,以揭示客观事物发展的一般规律。

(二)统计分组的原则

一是系统原则。即各分组内容之间要符合逻辑,界限明确,层次分明,既自成体系,又相互联系。

二是可比原则。即分组内容要与历史资料保持连续,分组口径要前后一致,以便进行前后对比。

三是实用原则。进行各种分组要有利于税收统计资料的使用,满足当前税收工作的需要,并便于各级领导审阅。

确定分组内容时,必须综合考虑上述各项原则,尤其要兼顾统计资料的可比性和实用性。如果出现与前期资料分组口径不同,则必须在整理的统计资料中逐项加以说明,以免在使用资料时发生差错。

(三)分组标志

统计分组中关键的问题在于选择分组标志和各组界限的划分,而选择分组标志则是税收统计分组的核心问题。

1.分组标志的概念及其分类

分组标志就是将税收统计总体区分为各个性质不同的组的标准或根据。根据分组标志的不同特征,税收统计总体可以按品质标志分组,也可以按数量标志分组。

(1)按品质标志分组

按品质标志分组就是选择反映事物属性差异的品质标志为分组标志,并在品质标志的变化范围内划定各组界限,将总体划分为若干性质不同的组成部分。按经济类型、按产业结构分组。将纳税人按所属的经济类型分组,可以分为国有企业、集体企业、股份合作企业、联营企业、股份公司、私营企业及其他企业等。

(2)按数量标志分组

按数量标志分组就是根据统计研究的目的,选择反映事物数量特征和差异的数量标志作为分组标志,在数量标志值的变异范围内划定各组数量界限,将总体划分为性质不同的若干组成部分。在实际进行税收分析时,按数量标志进行分组常用来分析某种指标的变动情况,这时被研究的指标就成为分组的标志。例如,将纳税人按缴纳税收额、利润额分组等。

2.选择分组标志

任何社会现象客观上都有许多不同的标志。对同一总体的资料根据不同的标志进行分组,会产生不同的结论。为确保分组后的各组能够正确反映事物内部的规律性,选择分组标志时,应遵循以下原则:

(1)根据税收分析研究的目的与任务选择分组标志

在对税收数据进行分析研究时,可以根据不同的研究目的或任务从不同的角度进行研究,相应地要选择不同的分组标志进行分组。如以××省纳税人为总体进行研究时,这个研究对象就有很多标志,如经济类型、行业、规模等。在具体研究过程中应该采用哪种标志进行分组,就要看研究的目的。如研究税收负担率的行业差异情况,可选择行业作为分组标志;研究税收负担率的地区差异情况,可选择地区作为分组标志。

(2)从众多标志中,选择最能反映被研究现象本质特征的标志作为分组标志由于社会经济现象复杂多样,具有多种特征,在选择分组标志时,会遇到既可以使用这种标志,又可以使用另一种标志的情况。这就需要根据被研究对象的特征,选择最重要的、最能反映事物本质特征的标志进行分组。例如,研究纳税人的纳税能力情况,可以用纳税人的销售收入作为分组标志,也可以用纳税人的资产、利润、税负作为分组标志。相比较而言,销售收入水平更能反映纳税人纳税能力的高低,更能反映被研究现象的本质特征。

(四)统计分组体系

对税收总体数量特征的认识,往往要从多方面进行研究,仅仅依赖一个分组标志很难满足需要,必须运用多个分组标志进行多种分组,形成一个分组体系才能满足需要。

所谓的统计分组体系,就是根据税收统计分析的要求,通过对同一总体进行不同分组,形成一组相互联系、相互补充的体系。统计分组体系有平行分组体系与复合分组体系之分。

1.简单分组和平行分组体系

总体只按一个标志分组称为简单分组。例如,按税收收入对纳税人进行分组。对同一个总体选择两个或两个以上的标志分别进行简单分组,就形成平行分组体系。例如,为了解纳税人总体的基本特征,我们将纳税人总体按经济类型、行业等进行分组,形成平行分组体系如下。

按经济类型分组:国有企业,集体企业,股份合作企业,联营企业,股份公司,私营企业,其他企业。

按行业分组:采矿业,制造业,电力、热力、燃气及水的生产和供应业,建筑业等。平行分组体系的特点是:每一个分组固定一个分组标志,即只考虑一个因素的差异对总体内部分布情况的影响,而且各个简单分组之间彼此独立,没有主次之分,不互相影响。

2.复合分组和复合分组体系

对同一总体选择两个或两个以上分组标志层叠起来进行分组,叫作复合分组。复合分组所形成的分组体系叫作复合分组体系。

复合分组体系的特点是:每一次分组除了要固定本次分组标志对分组结果的影响外,还要固定前一次或前几次分组标志对分组结果的影响,且各个分组标志之间有主次之分。

复合分组体系可以从不同角度体现总体内部的差别和关系,因此,比平行分组体系更能全面、深入地研究分析问题。但是也要注意,复合分组的组数等于各简单分组组数的乘积,如果复合分组选择的标志过多的话,就会使复合分组体系过于庞大,会增加分组的难度,不容易反映现象的本质特征,制表也不方便。所以,进行复合分组时分组标志不宜过多。

(五)分配数列

分配数列是进行税收统计分组的必然产物,是税收数据加工处理结果的一种重要表现形式。它可以反映税收现象总体的分布特征和内部结构,并为研究总体中某种标志的平均水平及其变动规律提供依据。

1.分配数列的概念

分配数列是在税收统计分组的基础上,将总体的所有单位按组归类整理,并按一定顺序排列而形成的总体中各个单位在各组间的分布,又称分布数列或次数分配。分配数列可以表明总体的构成情况,同时也是反映总体数量特征、揭示事物规律的重要方法。

2.分配数列的种类

根据分组标志的不同,分配数列分为品质分配数列和变量分配数列两种。

(1)品质分配数列

按品质标志分组形成的分配数列称作品质分配数列,简称品质数列,也叫属性分布数列。

(2)变量分配数列

按数量标志分组所编制的分配数列称作变量分配数列,简称变量数列。

变量数列按变量的表现方法和分组方法不同,可以分为单项式分配数列和组距式分配数列两种。

①单项式分配数列是指将每一变量值列为一组形成的数列,即按单项式分组所编制的变量数列。适用于变量值个数较少、变动范围较小的离散型变量。表 3—5 中,变量值的数目较少并可一一列举,因此可编制单项式数列。

②组距式分配数列是以标志值变动的一定范围作为一组的分组,即组距式分组所形成的变量数列。组距式数列中的每个组不是用一个具体的变量值表示,而是用变量值的一定变化范围即各组变量值变动的区间来表示,一般适用于连续型变量以及变量值较多、变动范围较大的离散型变量。

3.组距式变量数列的组成要素

(1)组距、全距与组数

在组距数列中我们用变量值变动的一定范围代表一个组,每个组的最大值为组的上限,最小值为组的下限,每个组上限和下限之间的距离称为组距,即:组距=上限—下限。

全部变量值的最大值和最小值的距离,即全距,又称极差,即:全距=最大变量值—最小变量值。

组数是指某个变量数列划分为多少组。组数与组距是相互联系的,在同一变量数列中,组距的大小与组数的多少成反比。组数越多,组距越小;组数越少,组距越大。

（2）组限与组中值

组限是圈定一组标志值变动范围的两个数，即每组两端的标志值。每组的最大值为上限，最小值为下限。在组距式分组中常有最小组无下限和最大组无上限的情况，这样的组叫开口组，其中只有上限无下限的称为下开口组，有下限无上限的组称为上开口组。

在编制组距数列时，作为各组名称的变量可以是离散变量，也可以是连续变量，这两种变量组限的表示方法有所不同。按连续变量分组划分组限时，相邻两组的组限必须重叠。如果上下限是两个不同的数值的话，那么相邻两组上下限之间就可能有很多数值无组可归，不符合穷尽性原则。在统计时，如果遇到某单位的标志值刚好等于相邻两组上下限数值时，为避免重复计算，一般遵循"上组限不在内"的原则。

组中值是各组标志值变动范围的中点值，也就是每组上限和下限之间的中点数值。由于组距数列使用变量值变动的一段区间来表现变量值的取值，所以掩盖了分布在各组内各单位的实际变量值，为了反映各组中个体单位变量值的一般水平，税收统计分析中需要计算组中值来代表。其计算公式为：

$$组中值＝（上限＋下限）/2$$

4. 分配数列的要素及意义

分配数列包括品质分配数列和变量分配数列，都是由两个基本要素构成：各组的名称和各组的次数或频率。各组的名称是表明标志变异范围及其变异程度界限的。两种分配数列构成要素的不同之处仅有一点，即品质数列组的名称使用文字表示的标志属性差异，变量分配数列组的名称则是用标志值（即变量的不同水平）表示的数量变异界限。

分配数列中分布在各组中的个体单位数叫作次数，又称频数，是以绝对数的形式表现各组的总体单位数，各组次数之和等于总次数。各组次数（即各组单位数）占总次数（即总体单位数）的比重叫作比率或频率，是以相对数形式表现的总体单位数目，各组频率之和等于1或100%。

在分配数列中，次数越大的组的标志值对于总体指标计算所起的作用越大；反之，次数越少的组的标志值所起的作用越小。频率与次数所起的作用根本性质是相同的，不同的是频率还可以表明各组标志值对总体的相对作用程度。这种相对作用程度的具体数值，也是各组标志值在总体中出现的频率。

为研究整个变量数列的次数分配状况，并进行统计计算，税收统计分析中还常计算累计次数及其频率分布。将变量数列中各组的次数和频率逐组累计相加而成累计次数分布，它表明总体在某一变量值的某一水平上包含的总体次数和频率。

累计次数和累计频率的计算方法有两种：向上累计和向下累计。向上累计，又称较小制累计，是将各组的次数或频率由变量值低的组向变量值高的组累计，各累计数的意义是各组上限以下的累计次数或累计频率；向下累计，又称较大制累计，是将各组次数或频率由变量值高的组向变量值低的组累计，各累计数的意义是各组下限以上的累计次数或累计频率。反映居民收入分配状况的洛伦茨曲线就是在居民收入分组的基础上，根据向上累计频率分布数列绘制的。

五、平均分析法

(一)平均指标的概念及作用

1.平均指标的概念

平均指标是总体各单位某一数量标志值在具体时间、具体地点条件下达到的一般水平，又称平均数，是社会经济分析中常用的综合指标。计算平均指标的前提是必须具有同类性，即将同类现象的各个变量之间的差异抽象化，从而说明总体的一般水平。这种以一般水平代表总体各单位数量标志的具体表现是了解总体的基本方法，掌握了一般水平也就掌握了总体的一个重要方面。

2.平均指标的作用

(1)平均指标可用于对比同类现象在不同空间上的表现，以反映经济现象的规模和水平。如将不同地区或纳税人的平均税负比较，可准确地反映出地区之间或不同纳税人之间的实际税负情况。

(2)平均指标可用于对比同类现象在不同时间上的表现，以反映经济现象的发展变化趋势或规律性。

(3)平均指标可用于分析现象之间的依存关系。如地区间或不同时期增值税与增值额相比得到实际平均增值税率，可以反映地区之间或不同时期的增值税征收管理情况。

(4)平均指标可用于推算现象之间的数量关系。如已知平均税率，根据下一月份或年度的税基值可推算出税收收入的估测值。

(二)平均指标在税收统计中的运用

平均指标可分为数值平均指标和位置平均指标。数值平均指标包括算术平均数、调和平均数、几何平均数和平方平均数。位置平均指标包括众数和中位数。

1.算术平均数

用算术公式计算出来的平均数，是计算平均指标的基本形式。其计算公式为：

$$\bar{x} = \frac{\sum xf}{n}$$

或

$$\bar{x} = \frac{\sum xf}{\sum f}$$

式中,$\bar{x}$ 为平均数;x 为变量值;n 为项数;f 为次数。

由公式计算得到的称为简单算术平均数,由下公式计算得到的称为加权算术平均数。

(1)简单算术平均数(未分组的统计资料)

根据统计资料将总体各单位的标志值简单加总,然后除以总体单位数,就得到简单算术平均数。其基本计算公式为:

$$\bar{x} = \frac{x_1 + x_2 + x_3 + \cdots + x_n}{n} = \frac{\sum x}{n}$$

式中,x 为各单位的标志值;n 为总体单位数。

(2)加权算术平均数(已经分组的变量数列)

使用分组资料,用各组标志值乘以相应各组单位数求出总体标志总量,用总体标志总量除以总体单位总数即得到加权算术平均数。加权算术平均数适用于分组的统计资料,如果已知各组的变量值和变量值出现的次数,则可采用加权算术平均数计算。计算公式为:

$$\bar{x} = \frac{\sum xf}{\sum f} = \sum x = \frac{f}{\sum f}$$

式中,x 为各单位的标志值;f 为各组的次数(权数);$\frac{f}{\sum f}$ 为各组单位数占总体单位数的比重(权数)。

从公式中可以看出,加权算术平均数受两个因素的影响:一是各组变量值;另一个是各组的次数或各组单位数占总体单位数的比重。当各组变量值不变时,各组次数或各组的比重对平均数起着决定性作用,即哪一组次数多或比重大,平均数就越接近该组的变量值。因此,各组次数或各组的比重对算术平均数的大小起着权衡轻重的作用,统计上把各组的次数或各组的比重又称为权数。

①单项式数列计算平均数。单项式数列的每一组只有一个变量值,可以直接用公式计算。

②组距式数列计算加权算术平均数。根据组距式数列计算的加权算术平均数,各组的标志值 x 应是每组的组平均数,一般是假定各单位标志值在组内的分布是均匀的,使用

每组的组中值来代替 x。而实际中各组的分布不可能是完全均匀的,各组组中值与组平均值就会存在一定的误差,因此,依据组中值计算的加权算术平均数是平均数的近似值。

2.调和平均数

调和平均数是总体单位各个标志值倒数的算术平均数的倒数,又称为倒数平均数。调和平均数也有简单调和平均数和加权调和平均数两种形式。

(1)简单调和平均数

简单调和平均数是指各变量值对平均数起同等作用时,各总体单位标志值倒数的简单算术平均数的倒数。在应用简单调和平均数时,要求各个标志值相应的标志总量均为一个单位。

(2)加权调和平均数

加权调和平均数是指以各总体单位标志值的标志总量为权数而得到的标志值倒数的算术平均数的倒数。在实际生活中,各标志值对应的标志总量往往是不等的,在这种情况下,就需要应用加权调和平均数来计算。

(3)几何平均数

几何平均数反映一个时期内事物发展的快慢程度,一般用百分数表示。一个历史时期经济的平均发展速度,不能用算术平均数得出,因为在该时期内,每年的基础水平不同,这些比值无法简单相加,只能按几何平均的方法求出。

(4)众数

众数是在总体中出现次数最多的标志值。在分配数列中,出现次数最多的那个组的标志值,就是众数。

(5)中位数

中位数是指将被研究总体各单位的标志值按大小顺序排列后,处于中间位置的那个变量值,通常用 Me 表示。它不受极端值的影响,在总体标志值差异很大时,具有较强的代表性。

(6)算术平均数、众数与中位数之间的关系

在算术平均数、众数与中位数三种平均数中,算术平均数是数值平均数的一种,对极端值的反应比较敏感;众数与中位数都是位置平均数,其具体数值不受极端值的影响。

①若数据的分布是对称的。则必有算术平均数、众数与中位数三者相等的情况,即:$M_e = \bar{x}$。

②若数据的分布是不对称的,是向左偏移的。则必有算术平均数大于中位数,且中位

数大于众数的关系,即:$M_0 < M_e < \bar{x}$。

③若数据的分布是不对称的,是向右偏移的。则必有众数大于中位数,且中位数大于算术平均数的关系,即:$M_0 > M_e > \bar{x}$。

通过比较这个集中趋势的具体取值大小,可以反映数据的分布状态是否存在偏移,是左偏还是右偏,进而粗略地把握偏移的大致程度。

3. 计算和应用平均指标应注意的问题

(1)注意社会经济现象的同质性。同质性,是指总体各单位在被平均的指标上具有同质性,这是应用平均指标的基本原则。只有这样,计算出来的指标数值才可以反映所研究社会经济现象总体数量特征的一般水平,平均指标才具有实际意义。

(2)必须注意用组平均数补充说明总体平均数。平均指标反映了总体各单位某一数量标志值的一般水平,但掩盖了各组之间的差异。为了全面认识总体的特征和分布规律,对现象做出更准确的评估,还要以总体内各组或组内的平均数进行补充说明。

(3)注意用分配数列来补充说明总平均数。

(4)计算和运用平均数时,要注意极端数值的影响。

(三)标志变异指标在税收统计中的运用

1. 标志变异指标的意义和种类

平均指标反映现象的集中趋势,反映现象的一般水平。平均指标代表了参与计算的其他标志值,但也掩盖了这些标志值间的差异。为了揭示标志值间的差异,从相反的角度来揭示现象的离中趋势,应计算标志变异指标。

标志变异指标是反映总体各单位标志值差异程度的综合指标,它表明总体各单位标志值的离散程度和离中趋势,又称标志变动度指标。其具体作用表现在以下两点。

第一,标志变异指标是衡量平均数代表性的标准。平均数是个代表值,其代表性取决于总体各单位标志值的差异程度。当总体各单位标志值间的差异较大时,计算出的标志变异指标值就越大,平均数的代表性就越小;当总体各单位标志值间的差异较小时,计算出的标志变异指标值就越小,平均数的代表性就越大。

第二,标志变异指标可用来研究现象发展变化的均衡性、协调性。标志变异指标值越小,现象发展变化越均衡、越协调;标志变异指标值越大,现象发展变化越不均衡、越不协调。

2.标志变异指标在税收统计中的应用

按计算方法的不同,标志变异指标可以分为全距、平均差、标准差和变异系数等六种。

(1)全距

全距又称极差,它是总体各单位标志值中最大值与最小值之差,用字母 R 表示,其公式为:

$$R＝最大标志值－最小标志值＝xmax－xmin$$

全距表明了总体中变量值的变动范围。全距越大,表明变量值的变动范围越大,从而表明标志值的变异程度越大;反之,越小。

全距是测定标志值变异程度最简单的方法,但是由于它只取决于总体各单位标志值中最大和最小两个标志值,没有反映其他标志值之间的差异,所以很容易受到极值的影响。

(2)平均差

平均差也称平均离差,是各变量值与其平均数离差绝对值的平均数,通常用 A·D 表示。计算平均差的目的是测算各单位标志值与算术平均数离差的大小。由于掌握的资料不同,可以分为简单平均差和加权平均差。

①简单平均差。如掌握的资料未分组时可用简单平均差来计算。计算公式为:

$$A·D＝\frac{\sum|x-\bar{x}|f}{n}$$

②加权平均差。如掌握的资料已经分组,此时应采用加权平均差来计算,其公式为:

$$A·D＝\frac{\sum|x-\bar{x}|f}{\sum f}$$

在可比的情况下,一般平均差的数值越大,则其平均数的代表性越小,说明该组变量值分布越分散;反之,平均差的数值越小,则其平均数的代表性越大,说明该组变量值分布越集中。

由于平均差是根据全部变量值计算出来的,可以全面反映总体各单位标志值的变异程度,但由于其计算时涉及绝对值,不能直接用代数方法处理,使用起来不方便,因此在统计分析中很少应用。

(3)标准差

标准差又称均方差,是总体各单位标志值对其算术平均数离差的平方和的算术平均数的平方根,它表明总体各单位标志值的离散程度和离中趋势,从而说明平均数的代表性。标准差值越大,总体各单位标志值间的差异就越大,平均数的代表性就越小;反之,越大。由于掌握的资料不同,标准差可以分为简单标准差和加权标准差。其计算公式为:

$$\sigma = \sqrt{\frac{\sum (x - \bar{x})^2}{n}}$$

或

$$\sigma = \sqrt{\frac{\sum (x - \bar{x})^2 \cdot f}{\sum f}}$$

式中,σ 为标准差;x 为各标志值或变量值;为算术平均数;n 为项数;f 为权数。利用标准差进行统计分析,只局限于分析比较两个平均水平相同的平均指标的代表性大小,而要比较分析两个及其以上不同平均水平的平均指标的代表性大小,就必须计算标志变异的相对程度,这个相对指标就是标志变异系数。标志变异系数越大,说明变量值的

离散程度越高,平均数的代表性越差;反之,越好。常见的有全距系数、平均差系数、标准差系数等,其中最常用的是标准差系数。

离散程度越高,平均数的代表性越差;反之,越好。常见的有全距系数、平均差系数、标准差系数等,其中最常用的是标准差系数。

(4)全距系数

全距系数是全距与其相应的平均数相对比得到的相对指标,用 VR 表示,其计算公式为:

$$V_R = \frac{R}{\bar{x}} \times 100\%$$

(5)平均差系数

平均差系数是平均差与其相应的平均数相对比得到的相对指标,用 VA·D 表示,其计算公式为:

$$V_{A \cdot D} = \frac{A \cdot D}{\bar{x}} \times 100\%$$

(6)标准差系数

标准差系数是指总体的标准差与其相对应的某一数量标志算术平均数相除而得到的一个相对数,其计算公式为:

$$V_\sigma = \frac{\sigma}{\bar{x}} \times 100\%$$

式中,V_σ 为标准差系数;σ 为标准差;x 为算术平均数。

公式中之所以用标准差与平均数相除,其目的是为消除或降低平均数的影响,从而使不同总体之间能够对比。标准差系数值越大,平均数的代表性越小;标准差系数的值越小,平均数的代表性就越强。

第四章　财务管理的模式与创新

第一节　财务管理的基本模式

一、财务筹资管理模式

"筹资是指企业根据生产经营、对外投资以及调整资本结构等的需要,通过一定的筹资渠道,采取适当的筹资方式,获取所需资金的一种财务活动。"0无论是设立企业,还是维持企业的简单再生产或扩大再生产,都需要有一定的资金支持。企业的资金运动是从筹集资金开始的。筹资是决定企业资金运动规模和生产经营发展的重要环节。筹资管理是企业财务管理的起点,加强筹资管理各环节的控制,努力降低筹资成本,是企业筹资管理的根本目标。[①]

（一）股权筹资管理

股权筹资是指企业通过吸收直接投资、发行股票、利用留存收益等方式来筹集资金。下面主要探讨吸收直接投资及其管理。吸收直接投资是企业按照"共同投资、共同经营、共担风险、共享利润"的原则直接吸收国家、法人、个人投入资金的一种筹资方式。吸收直接投资的方式适用于非上市公司。吸收直接投资的种类包括:吸收国家投资、吸收法人投资和吸收个人投资。

1.吸收直接投资中的出资方式

吸收直接投资中的出资方式主要包括:以现金出资、以实物出资、以无形资产出资。

第一,以现金出资。现金在使用上具有灵活性大的特点,它既可用于购置资产,也可用于支付费用。因此,企业应尽量动员投资者采用以现金出资的方式。

第二,以实物出资。以实物出资即投资者以厂房、建筑物、设备等固定资产和原材料、商品等流动资产进行的投资。企业吸收的实物资产应是企业确实所需的,并且技术先进、

---

① 张晓雁.财务管理模拟实验教程[M].厦门:厦门大学出版社,2020.

作价合理。其作价方式应按国家规定的有关方式执行或本着客观、公正的原则进行,如根据第三方(中介评估机构)的资产评估结果确定其价值,或者按双方签订的合同、协议约定的价值进行作价。

第三,以无形资产出资。以无形资产出资即投资者以专有技术权、商标权、专利权、土地使用权等无形资产进行的投资。一般而言,企业吸收的应该是技术先进,能帮助企业节能减耗、提高生产效率、增强竞争力的无形资产。吸收无形资产需要注意的是:无形资产的作价必须合理,并要符合国家对无形资产出资限额的规定。

2. 吸收直接投资的优点与缺点

第一,吸收直接投资的优点。①吸收直接投资增大了企业的资本金,提高了企业的信誉和借款能力,对扩大企业经营规模、壮大企业实力具有重大作用。②吸收直接投资尤其是吸收实物资产和无形资产投资,能直接获得投资者的先进设备和技术,有利于尽快形成生产能力,占领市场先机。③由于企业吸收的直接投资属于企业的权益性资金,无须偿还,企业可以自主使用,因此财务风险较小。④与股票筹资相比,吸收直接投资方式所履行的法律程序相对简单,因此筹资速度相对较快。

第二,吸收直接投资的缺点。①企业对于权益性资金支付的成本较高。因为,向投资者支付的报酬是根据其出资的数额和企业实现利润的比例来计算的,尤其是在企业经营状况较好和盈利较多时,企业往往会给投资者分配较多的利润,从而导致企业吸收直接投资的资金成本较高。②采取吸收直接投资的方式筹集资金,投资者往往会取得与投资金额相适应的经营管理权,甚至取得企业的控制权,这也是企业吸收权益性资金的代价之一。③由于吸收直接投资不以证券为媒介,因此其产权转让和交易不利于吸引广大投资者投资。

3. 吸收直接投资的管理策略

吸收直接投资的管理主要包括以下内容。

第一,合理确定吸收直接投资的总量。企业在创建时,必须注意其资金筹集规模应与生产经营相适应,不能因资金筹集规模不足而影响生产经营效益。

第二,保持合理的出资结构与资产结构。由于在吸收直接投资形式下,各种不同出资方式形成的资金周转能力与变现能力不同,对企业正常生产经营能力的影响也不相同,因此企业应在吸收直接投资时确定较合理的结构关系。这些结构关系包括:现金出资与非现金出资之间的结构关系;实物资产与无形资产之间的结构关系;流动资产与长期资产之间的结构关系(包括流动资产与固定资产之间的结构关系)等。同时,保持各种出资方式资产之间的合理搭配,还能提高资产的运营效率,使企业在未来经营中动态地调整资产结构,保持所吸收资产的流动性和弹性。

第三,明确投资过程中的产权关系。不同投资者的投资数额不同。从而其所享有的权益也不相同。因此,企业在吸收直接投资时必须明确一系列产权关系,如企业与投资者之间的产权关系,以及各投资者之间的产权关系。

(二)负债筹资管理

负债是企业的一项重要的资金来源,企业仅凭自有资金,不运用负债,很难满足自身发展的需要。负债筹资是通过负债筹集资金,主要包括向银行借款、发行债券、融资租赁等筹资方式。

1. 向银行借款筹资

向银行借款是企业根据借款合同从有关银行或非银行金融机构借入所需资金的一种筹资方式。

(1)银行借款的类型

①按借款期限的不同,银行借款可分为短期借款、中期借款和长期借款。短期借款是指借款期限在 1 年以内(含 1 年)的借款。中期借款是指借款期限在 1 年以上(不含 1 年)5 年以下(含 5 年)的借款。长期借款是指借款期限在 5 年以上(不含 5 年)的借款。

②按提供借款的机构的不同,银行借款可分为以下类型。

第一,从政策性银行取得的政策性银行贷款。政策性银行贷款是指执行国家政策性贷款业务的银行向企业发放的贷款,通常为长期借款,如国家开发银行发放的贷款、农业发展银行发放的贷款、进出口银行发放的贷款等。向政策性银行借款的利率较优惠,贷款期限较长。

第二,从商业银行取得的商业银行贷款。商业性银行贷款是指由各商业银行向工商企业发放的贷款,主要是为了满足企业生产经营的资金需要,包括短期贷款和长期贷款。

第三,从其他金融机构取得的贷款。其他金融机构贷款是指从非银行金融机构(如信托投资公司)取得的实物或货币形式的信托投资贷款;从财务公司取得的各种中长期贷款;从保险公司取得的贷款等。

③按有无担保,银行借款可分为信用借款和担保借款。信用借款是指以借款人的信用或保证人的信用为依据而获得的借款,企业取得这种借款,无须以财产作抵押。担保借款是由借款人或第三方依法提供保证责任、质押物或抵押物为担保而获得的借款,它包括保证贷款、质押贷款和抵押贷款。

④按借款用途的不同,银行借款可分为基本建设借款、专项借款和流动资金借款。基本建设借款是指企业因从事新建、改建、扩建等基本建设项目需要资金,而向银行申请借入的款项。基本建设借款主要用于固定资产的更新改造等,具有期限长、利率高的特点。流动资金借款是指企业为了满足流动资金的需求而向银行申请借入的款项,包括流动基金借款、生产周转借款、临时借款结算借款和卖方信贷。专项借款是指企业因为专门用途而向银行申请借入的款项,如大修理借款。

(2)向银行借款的信用条件

向银行借款的一般程序是:企业提出借款申请,填写"借款申请书"→银行审查借款申请→双方签订借款合同→企业取得借款→企业还本付息。银行在发放贷款时往往要附加一些信用条件,这些信用条件主要有以下方面。

①信贷额度(贷款限额)。信贷限额是银行对借款人规定的无担保贷款的最高额。信贷限额的有效期限通常为 1 年,但根据情况也可延期 1 年。一般来讲,企业在批准的信贷限额内,可随时向银行借款。但是,银行并不承担必须提供全部信贷限额的义务。如果企业信誉恶化,即使银行曾同意过按信贷限额提供贷款,企业也可能得不到借款。这时,银行不会承担法律责任。

②周转信贷协定。周转信贷协定是指银行具有法律义务地承诺提供不超过某一最高限额的贷款协定。在协定的有效期内,银行必须满足企业在任何时候提出的借款要求。企业享用周转信贷协定,必须对贷款限额的未使用部分向银行支付一笔承诺费,这实际上是提高了企业的借款利率。

③补偿性余额。补偿性余额是指银行要求借款人在银行中保留按借款限额或实际借用额的一定百分比计算的最低存款余额。企业在使用资金的过程中,必须始终保持一定的补偿性余额在银行存款的账户上。这实际上增加了借款企业的利息,提高了借款的实际利率,加重了企业的财务负担。

④借款抵押。除信用借款以外,银行向财务风险大、信誉不好的企业发放贷款时,往往需要企业以抵押品作为借款的担保,以减少自己蒙受损失的风险。抵押品通常是借款企业的应收账款、存货、股票、债券及房屋等。银行接受抵押品后,将根据抵押品的账面价值决定贷款金额,一般为抵押品账面价值的 30%～50%。企业接受抵押借款后,其抵押财产的使用及将来的借款能力都会受到限制。

⑤偿还条件。无论何种贷款,一般都会规定还款期限。贷款到期后仍无力偿还的,视为逾期贷款,银行要照章加收逾期罚息。贷款的偿还有到期一次还清和在贷款期内定期等额偿还两种方式。企业一般不希望采取后一种方式,因为这样会提高贷款的实际利率。

⑥以实际交易为贷款条件。当发生经营性临时资金需求时,企业可以向银行贷款以求解决。银行以企业的实际交易额为贷款基础,单独立项,单独审批,最后确定贷款的相应条件和信用保证。对这种一次性借款,银行要对借款人的信用状况、经营情况进行个别评价,然后才能确定贷款的利息率、期限和数量。

⑦保护性信用条款。与银行签订的借款合同中会有一些保护性条款,这些保护性条款通常分为以下三类。

第一,例行性保护条款。这类条款作为例行常规,在大多数合同中都会出现,如定期向贷款机构提交财务报表等。

第二,一般性保护条款。这类条款是对企业资产的流动性及偿债能力等方面进行要求的条款。这类条款应用于大多数借款合同中,如要求企业必须至少保持最低数额的营运资金和最低流动比率、限制非经营性支出等。

第三,特殊性保护条款。这类条款是针对特殊情况而出现在部分借款合同中的条款,只有在特殊情况下才能生效,如贷款专款专用,不准企业投资于短期内不能收回资金的项目、限制企业高级职员的薪金和奖金总额、要求企业主要领导人在合同有效期间担任领导职务、要求企业主要领导购买人身保险等。

(3)银行短期借款利息支付方法

①利随本清法。利随本清法又称收款法,即在短期借款到期时向银行一次性支付利息和本金。在这种方法下,借款的实际利率等于名义利率。

②贴现法。贴现法是银行向企业发放借款时,先从本金中扣除利息部分,而借款到期时企业再偿还全部本金的方法。在这种方法下,借款的实际利率高于名义利率。

③加息法。加息法是银行发放分期等额偿还贷款时采用的利息收取方法。在分期等额偿还贷款的情况下,银行要将根据名义利率计算的利息加到贷款本金上,计算出贷款的本息和,要求企业在贷款期内分期偿还本息之和的金额。由于贷款要分期等额偿还,因此借款企业实际上只平均使用了贷款本金的半数,却支付了全额利息。这样,企业所负担的实际利率便高于名义利率大约1倍。

(4)向银行借款筹资的优点与缺点

①向银行借款筹资的优点

第一,向银行借款筹资与发行股票,债券等筹资方式相比,借款手续简便,耗时少,筹资速度快。

第二,向银行借款筹资的成本较低。同样是长期资金,长期借款融资的成本比股票融资的成本要低,因为长期借款利息可在所得税前列支,从而减少了企业实际负担的成本。

与债券融资相比,长期借款利率一般低于债券利率,借款筹资的筹资费用也较少。

第三,向银行借款筹资弹性较好。借款时,企业与银行直接交涉,有关条件可谈判确定;用款期间,企业如因财务状况发生某些变动,亦可与银行再协商。因此,向银行借款筹资对企业而言具有较大的灵活性。

第四,向银行借款筹资易于保守企业机密。向银行办理借款,可以避免向公众提供公开的财务信息,有利于减少财务信息的披露,对保守财务秘密有益。

②向银行借款筹资的缺点

第一,利用银行借款,企业必须按期还本付息,偿债压力大,财务风险较高。

第二,银行为了保证贷款的安全性,往往会附加很多限制性条款,从而制约了企业对资金的自主使用和调配。

第三,银行出于对风险的控制,一般会对企业借款的数额进行限制,不像发行股票、债券那样,可一次性筹集大量资金。

2.发行债券筹资

债券是债券发行者为筹集资金而发行的到期还本付息的有价证券,也是债权人按规定取得固定利息和到期收回本金的债权证书。企业发行的债券称为企业债券或公司债券。公司债券是公司依照法定程序发行的,约定在一定期限内还本付息的有价证券,发行债券是公司筹集债权资本的重要方式。

(1)债券的要素

①债券的面值。债券的面值包括两个基本内容:一是币种;二是票面金额。币种可用本国货币,也可用外币,这取决于发行者的需要和债券的种类。票面金额是债券到期时企业需偿还债务的金额,它印在债券上,固定不变,到期必须足额偿还。

②债券的期限。债券有明确的到期日,债券从发行日起至到期日之间的时间称为债券的期限。债券的期限有日益缩短的趋势。在债券的期限内,公司必须定期支付利息;债券到期时,公司必须偿还本金。

③债券的利率及利息。债券上通常载明利率,一般为固定利率,也有少数是浮动利率。债券的利率为年利率,面值与利率相乘可得出年利息。

④债券的价格。理论上,债券的面值就是它的价格。但在实际操作中,由于发行者的要求或资金市场上供求关系、利率的变化,债券的市场价格常常脱离它的面值,但差额并不大。发行者计算利息,偿付本金都以债券的面值为依据,而不以价格为依据。

(2)债券的分类

①债券按是否记名,可分为记名债券和不记名债券。记名债券是指企业发行债券时,债券购买者的姓名和地址在发行债券企业登记的一种债券。偿付本息时,按名册付款。这种债券的优点是比较安全,缺点是转让时手续比较复杂。不记名债券即带有息票的债券。企业发行这种债券时,无须登记购买者的名字,持有人凭息票领取到期利息,凭到期债券收回本金。不记名债券转让时随即生效,无须背书,因此比较方便。[①]

②债券按有无抵押担保,可分为信用债券和抵押债券。信用债券是无抵押担保的债券,是仅凭发行者的信誉发行的。由于这种债券无抵押,只作保证,因此债券持有者要承担一定的风险。同时,这种债券的利率往往高于有抵押担保的债券利率。抵押债券是以一定的抵押品作抵押才能发行的债券,这种债券在国外比较常见。抵押债券按抵押品的不同,又可分为不动产抵押债券、动产抵押债券和证券抵押债券。如果债券到期不能偿还,持券人有权拍卖抵押品作为补偿。

③债券按能否转换,可分为可转换债券和不可转换债券。可转换债券是指根据发行契约,允许持券人按预定的条件、时间和转换率将持有的债券转换为公司普通股的债券。公司应当按照转换办法向债券持有人换发股票,但债券持有人对转换股票或者不转换股票有选择权。不可转换债券是指不享有将债券转换为股票的权利的债券。

④债券按利率确定方式的不同,可分为固定利率债券和浮动利率债券。固定利率债券是指在发行时规定利率在整个偿还期内不变的债券。浮动利率债券是指在发行时规定债券利率随市场利率定期浮动的债券,其利率通常根据市场基准利率加上一定的利差来确定。浮动利率债券往往是中长期债券。由于利率可以随市场利率浮动,因此采取浮动利率债券可以有效规避利率风险。

⑤债券按能否提前收兑,分为可提前收兑债券和不可提前收兑债券。可提前收兑债券是指企业按照发行时的条款规定,依一定条件和价格在企业认为合适的时间收回债券。这类债券的优点在于:当利率降低时,企业可用"以新换旧"的办法,收回已发行的利率较高的债券,代之以新的、利率相对较低的债券,以降低债务成本。不可提前收兑债券是指不能从债权人手中提前收回的债券,它只能在证券市场上按市场价格买回,或等到债券到期后收回。

此外,债券还可按偿还期限分为长期债券、中期债券、短期债券;按计息方式分为贴息债券、零息债券、附息债券;按发行方式分为公募债券和私募债券等。

---

① 赵金燕,张立伟,鲁秋玲.现代财务管理与会计管理的信息化发展[M].长春:吉林人民出版社,2022.

(3)债券的发行

①债券的发行方式

债券的发行可采取公募发行和私募发行两种方式。

第一,公募发行,是以非特定的多数投资者为募集对象,向众多的投资者发行债券的方式。公募发行可筹集较多的资金,提高发行者在债券市场上的知名度。公募发行的优点是:债券利率较低,可以公开上市交易,有比较好的流动性。公募发行的缺点是:发行费用较高,需要的发行时间较长。

第二,私募发行,是以特定的少数投资者为募集对象发行债券的方式。私募发行的优点是:能节约发行费用,并且缩短发行时间,限制条件较少。私募发行的缺点是:需要向投资者提供高于公募债券的利率,债券一般不能上市交易,缺乏流动性,且债务集中于少数债权人手中,发行者的经营管理容易受到干预。

②债券的发行价格

第一,决定债券发行价格的因素。债券发行价格的高低,主要取决于下述四项因素:一是债券面额。一般而言,债券面额越大,发行价格越高;二是票面利率。债券的票面利率越高,发行价格也越高,反之,发行价格就越低;三是市场利率。债券发行时的市场利率越高,债券的发行价格越低,反之,发行价格就越高;四是债券期限。债券期限越长,债权人的风险越大,要求的利息报酬就越高,债券的发行价格就可能较低,反之,发行价格就可能较高。此外,债券利息的支付方式也在一定程度上影响债券的发行价格。

第二,确定债券发行价格的方法。在实务中,债券的发行价格通常有三种情况,即等价、溢价、折价。等价是指以债券的票面金额作为发行价格,多数公司债券采用等价发行;溢价是指按高于债券票面金额的价格发行债券;折价是指按低于债券票面金额的价格发行债券。

债券的价值是由它未来给其持有人所带来的收益决定的。一般而言,债券的发行价格取决于债券的现值,即债券到期应付的面值和各期应付的利息按市场利率折合的现值。这里涉及与资金的时间价值相关的一对概念:现值与终值。现值即现在收款或付款的价值;终值即若干年后包括本金和利息在内的未来价值。由于债券偿还期较长,因此应按现值发行。分期付息时,债券的发行价格等于按市场利率折算的本金复利现值和利息的年金现值之和。一次还本付息时的债券发行价格是到期按市场利率计算的本息复利现值。

(4)债券的收回与偿还

①收回条款

一些企业在发行债券的契约中规定有收回条款,即企业在债券到期日之前可以用特定的价格收回债券。具有收回条款的债券使企业的融资具有较大的弹性。企业资金有结余或预测市场利率将下降时,企业都可以收回债券,然后以较低的利率发行新债券。

②偿债基金

一些企业在发行债券的契约中规定有偿债基金,即要求企业每年提取固定的偿债基金,以便顺利偿还债券。偿债基金根据每年的销售额或盈利计算。

③分批偿还

一些企业在发行债券的当时,就为不同编号或不同发行对象的债券规定了不同的到期日。这种到期日不同的债券,其利率和发行价格也不同,便于投资者选择最合适的到期日,因而便于发行。

④新债券换旧债券

企业可以根据需要,以发行新债券来调换一次或多次发行的旧债券。企业之所以要进行债券的调换,一般有以下原因:一是原有债券的契约中订有较多的限制条款,不利于企业的发展;二是将多次发行、尚未彻底清偿的债券进行合并,以减少管理费;三是有的债券到期,但企业现金不足,只能借新债还旧债。

⑤将债券转换成普通股

企业通过发行可转换债券的方式将债券转换为普通股来收回债券。

⑥到期一次以现金偿还

债券到期日的前三天,债券发行人应将兑付现金划入指定的账户,用于债券的偿还。

(5)发行债券筹资的优点和缺点

①发行债券筹资的优点

第一,发行债券筹资的资金成本相对较低。与股票的股利相比,债券的利息允许在所得税前支付,发行公司可享受税收上的优惠,因此公司实际负担的债券成本一般低于股票成本。

第二,发行债券筹资可发挥财务杠杆作用。无论发行公司的盈利有多少,债券持有人一般只收取固定的利息,而更多的收益可分配给股东或留存公司用于生产经营,从而增加了股东和公司的财富。

第三,发行债券筹资有利于保障股东对公司的控制权。债券持有者无权参与企业的管理决策,因此通过发行债券筹资,既不会稀释股东对公司的控制权,又能扩大公司的投资规模。

第四,发行债券筹资有利于调整资本结构。公司在进行债券发行种类的决策时,如果适时选择可转换债券或可提前收兑债券,则对企业主动调整其资本结构十分有利。

②发行债券筹资的缺点

第一,债券有固定的到期日,并且定期支付利息,无论企业经营好坏都要偿还,筹资风险较高。

第二,债券发行契约书上的限制条款比优先股和短期债务严格得多,可能会影响企业以后的发展或筹资能力。

第三,公司发行债券筹资要受公司资质及相关条件的约束,筹资额有限。

3. 融资租赁筹资

融资租赁是由租赁公司按承租单位要求出资购买设备,在较长的契约或合同期内提供给承租单位使用的一种信用业务。融资租赁是以融通资金为主要目的的租赁。一般借贷的对象是资金,而融资租赁的对象是实物,融资租赁是融资与融物的结合。

(1)融资租赁的特点

①融资租赁一般涉及三方当事人,即出租人、承租人和供应商。

②融资租赁需要签订两个或两个以上的合同,即融资租赁合同、买卖合同、担保合同等。

③由承租人选定租赁物件和供货商。

④出租人不承担租赁物的瑕疵责任,可在一次租期内完全收回投资并盈利。

⑤融资租赁的标的物是特定设备,承租人也是特定的,因此租赁合同一般情况下不能中途解约。

⑥租赁期满后,承租人一般对设备有留购、续租和退租三种选择(在融资租赁交易中,承租人对租赁物几乎都要留购)。

(2)融资租赁的形式

融资租赁按其业务的不同特点,可分为以下形式。

①直接租赁。直接租赁是融资租赁的典型形式,通常所说的融资租赁就是指直接租赁。

②售后租回。在这种形势下,制造企业按照协议先将其资产卖给租赁公司,再作为承租企业将所售资产租回使用,并按期向租赁公司支付租金。

③杠杆租赁。杠杆租赁是国际上比较流行的一种融资租赁形式。它一般涉及承租人、出租人和贷款人三方当事人。从承租人的角度来看,它与其他融资租赁形式并无区别,同样是按合同的规定,在租期内获得资产的使用权,按期支付租金。但其对出租人却不同,出租人只垫支购买资产所需现金的一部分(一般为 20%~40%),其余部分则以该资

产为担保向贷款人借资支付。因此,在这种情况下,租赁公司既是出租人又是借资人,既要收取租金又要支付债务。由于这种融资租赁形式的租赁收益一般大于借款成本支出,出租人借款购物出租可获得财务杠杆利益,因此被称为杠杆租赁。

(3)融资租赁的程序

①选择租赁公司。企业决定采用租赁方式获取某项设备时,首先要了解各家租赁公司的经营范围、业务能力、资信情况,以及与其他金融机构(如银行)的关系,在取得各家租赁公司的融资条件和租赁费率等资料后加以比较,从中择优选择。

②办理租赁委托。企业选定租赁公司后,便可向其提出申请,办理委托。这时,承租企业需要填写"租赁申请书",说明所需设备的具体要求,同时还要向租赁公司提供企业的财务状况文件,包括资产负债表、利润表和现金流量表等。

③签订购货协议。由承租企业与租赁公司的一方或双方合作组织选定设备制造厂商,并与其进行技术与商务谈判,在此基础上签署购货协议。

④签订租赁合同。租赁合同由承租企业与租赁公司签订,它是租赁业务的重要文件,具有法律效力。融资租赁合同的内容可分为一般条款和特殊条款两部分。

⑤办理验货、付款与保险。承租企业按购货协议收到租赁设备时,要进行验收。验收合格后签发交货及验收证书,并提交给租赁公司,租赁公司据此向供应厂商支付设备价款。同时,承租企业要向保险公司办理投保事宜。

⑥支付租金。承租企业应在租期内按合同规定的租金数额、支付方式向租赁公司支付租金。

⑦合同期满处理设备。融资租赁合同期满时,承租企业应按租赁合同的规定,对设备退租、续租或留购。租赁期满的设备通常都以低价卖给承租企业或无偿赠送给承租企业。

(4)融资租赁租金构成

在融资租赁方式下,承租企业需按合同规定向租赁公司支付租金。租金的数额和支付方式对承租企业未来的财务状况具有直接的影响,这也是融资租赁决策的重要依据。从出租人的角度看,购置设备需要支付一定的代价,并以此来取得收益。这些代价或收益都需要通过租金收入来补偿或取得。因此,租金的构成主要包括:一是租赁设备的购置成本,即设备价款,包括设备的买价、运杂费和途中保险费等;二是预计设备的残值,即设备租赁期满时预计的可变现净值;三是利息,即租赁公司为承租企业购置设备进行融资而应计的利息;四是租赁手续费,包括租赁公司承办租赁设备的营业费用以及一定的盈利。

(5)融资租赁租金支付方式

融资租赁的租金通常采用分期支付的方式,具体类型有:按支付间隔期的长短,可以分为年付、半年付、季付和月付等方式;按支付时期的先后,可以分为先付租金和后付租金两种;按每期支付金额的多少,可以分为等额支付和不等额支付两种。

(6)融资租赁筹资的优点与缺点

①融资租赁筹资的优点

第一,融资租赁能迅速获得所需资产。融资租赁集"融资"与"融物"于一身,往往比借款购置设备更迅速,可使企业尽快形成生产经营能力。

第二,融资租赁的限制条件较少。企业运用股票、债券、长期借款等筹资方式都会受到相当多的资格条件限制。相比之下,融资租赁的限制条件较少。

第三,免遭设备陈旧过时的风险。随着科学技术的不断进步,固定资产的更新周期日趋缩短,企业设备陈旧过时的风险很高,相对于自己拥有设备而言,融资租赁可降低这种风险。因为,融资租赁的期限一般为资产使用年限的 75% 以上,不会像自己购买设备那样在整个期间都承担风险,并且许多租赁协议都规定由出租人承担设备陈旧过时的风险。

第四,融资租赁到期还本的负担轻。租金在整个租期内分期支付,不用到期归还大量本金。许多借款都需要在到期日一次偿还本金,这会给财务基础较弱的公司造成相当大的困难,有时还会面临不能偿付的风险,而融资租赁则把这种风险分摊在整个租期内,可适当减少不能偿付的风险。

第五,融资租赁的税收负担轻。

第六,融资租赁可提供一种新的资金来源。

②融资租赁筹资的缺点

融资租赁的主要缺点是资金成本高,融资租赁通常比向银行借款或发行债券所负担的利息高得多,而且租金总额通常要高于设备价值的 30%。承租企业在财务困难时期,支付固定的租金也将构成一项沉重的负担。若承租企业不享有设备残值,那么这也是一种损失。

二、财务投资管理模式

"企业创造价值的基本要求是其必须具有能够满足生产经营所需的各种条件,而这些条件的构建或准备,必然涉及如何既满足需要又付出的代价最小,投资管理就是要解决此问题。在企业的各种决策中,投资决策是最重要的决策。"投资决定企业日常经营活动的特点和方式,决定着企业的前景,因此,提出投资方案和评价方案的工作需要所有管理人员的共同努力才能取得满意的效果。

投资是特定经济主体以本金回收并获利为基本目的,将货币、实物资产等作为资本投放于某一个具体对象,为了在未来较长期间内获取预期经济利益的经济行为。简言之,企业投资是企业为获取未来长期收益而向一定对象投放资金的经济行为。例如,购建厂房设备、兴建电站、购买股票债券等经济行为,均属于投资行为。

(一)财务投资意义与类型

1.投资的意义

企业需要通过投资配置资产,才能形成生产经营能力,取得未来的经济利益。

第一,投资是企业生存与发展的基本前提。企业的生产经营活动是企业资产的运用和资产形态的转换过程。投资是一种资本支出的行为,通过投资支出,企业购建流动资产和长期资产,形成生产条件和生产能力。实际上,无论是新设一个企业,还是建造一条生产线,都是一种投资行为。通过投资,确立企业的经营方向,配置企业所需的各类资产,并将它们有机地结合起来,形成企业的综合生产经营能力。如果企业想要进入一个新兴行业,或者开发一种新产品,都需要先行投资。因此,投资决策的正确与否,直接关系到企业的兴衰成败。

第二,投资是企业获得利润的基本前提。企业投资目的的实现,须通过预先垫付一定数量的货币或实物形态的资本,通过购建和配置形成企业各类资产,从事某类经营活动,获取未来的经济利益。通过投资形成企业生产经营能力,使企业得以开展具体的经营活动,获取经营利润。那些以购买股票、证券等有价证券方式向其他单位的投资,可以通过取得股利或债息来获取投资收益,也可以通过转让证券来获取资本利得。

第三,投资是企业风险控制的重要手段。企业经营面临的风险,有的来自市场竞争,有的来自资金周转以及原材料涨价、费用升高等情况。通过投资,可以将资金投向企业生产经营的薄弱环节,使企业的生产经营能力配套、平衡、协调。通过投资,可以实现多元化经营,将资金投放于经营相关程度较低的不同产品或不同行业,分散风险,稳定收益来源,降低资产的流动性风险、变现风险,增强资产的安全性。

2.投资的类型

分类是认识事物的一种手段。对企业投资进行科学的分类,有利于分清投资的性质,按不同的特点和要求进行投资决策,加强投资管理。

(1)直接投资与间接投资

按投资活动与企业本身的生产经营活动的关系,分为直接投资和间接投资。直接投资,是将资金直接投放于形成生产经营能力的实体性资产,直接谋取经营利润的企业投资。通过直接投资,购买并配置劳动力、劳动资料和劳动对象等具体生产要素,开展生产经营活动。直接投资的主要形式有:第一,投资者开办独资企业等,并独自经营;第二,与当地企业合作开办合资经营企业或合作经营企业,从而取得各种直接经营企业的权利,并派人员进行管理或参与管理;第三,投资者投入资本,不参与经营,必要时可派人员任顾问或指导;第四,投资者在股票市场上买入现有企业一定数量的股票,通过股权获得全部或相当部分的经营权,从而达到收购该企业的目的。

间接投资是将资金投放于股票、债券等权益性资产上的企业投资。之所以称为间接投资,是因为股票、债券的发行方,在筹集资金后,再把这些资金投放于形成生产经营能力的实体性资产,获取经营利润。而间接投资方不直接介入具体生产经营过程,而是通过股票、债券上所约定的收益分配权利,获取股利或利息收入,分享投资的经营利润。

(2)项目投资与证券投资

按投资对象的存在形态和性质,分为项目投资和证券投资。

项目投资是指企业可以通过投资,购买具有实质内涵的经营资产。包括有形资产和无形资产,形成具体的生产经营能力,开展实质性的生产经营活动,谋取经营利润。项目投资的目的在于改善生产条件、扩大生产能力,以获取更多的经营利润。项目投资属于直接投资。

证券投资是指企业可以通过投资,购买具有权益性的证券资产,通过证券资产上所赋予的权利,间接控制被投资企业的生产经营活动,获取投资收益。这类投资,即购买属于综合生产要素的权益性权利资产的企业投资。

证券是一种金融资产,即以经济合同契约为基本内容、以凭证票据等书面文件为存在形式的权利性资产。例如,债券投资代表的是未来按契约规定收取债息和收回本金的权利,股票投资代表的是对发行股票企业的经营控制权、财务控制权、收益分配权、剩余财产追索权等股东权利。证券投资的目的,在于通过持有权益性证券,获取投资收益或控制其他企业的财务或经营政策,并不直接从事具体生产经营过程。因此,证券投资属于间接投资。

直接投资与间接投资、项目投资与证券投资,两种投资分类方式的内涵和范围是一致的,只是分类角度不同。直接投资与间接投资强调的是投资的方式性,项目投资与证券投资强调的是投资的对象性。

(3)发展性投资与维持性投资

按投资活动对企业未来生产经营前景的影响,分为发展性投资和维持性投资。发展性投资是对企业未来的生产经营发展全局有重大影响的企业投资。发展性投资也可以称为战略性投资,例如,企业间兼并合并的投资、转换新行业和开发新产品投资、大幅度扩大生产规模的投资等。发展性投资项目实施后,往往可以改变企业的经营方向和经营领域,或者明显地扩大企业的生产经营能力,或者实现企业的战略重组。

维持性投资是为了维持企业现有的生产经营正常顺利进行,不会改变企业未来生产经营发展全局的企业投资。维持性投资也可以称为战术性投资,例如,更新替换旧设备的投资、配套流动资金投资、生产技术革新的投资等。维持性投资项目所需要的资金比较少,对企业生产经营的前景影响不大,投资风险相对也较小。

(4)对内投资与对外投资

按投资活动资金投出的方向,分为对内投资和对外投资。

对内投资是在本企业范围内的资金投放,用于购买和配置各种生产经营所需的经营性资产。对内投资都是直接投资。

对外投资是向本企业范围以外的其他单位的资金投放。对外投资多以现金、有形资产、无形资产等形式,通过联合经营、合作经营换取股权、购买证券资产等投资方式,向企业外部其他单位投放资金。对外投资主要是间接投资,也可能是直接投资。

(5)独立投资与互斥投资

按投资项目之间的相互关联关系,分为独立投资和互斥投资。

独立投资是各个投资项目之间互不关联、互不影响,可以同时并存,只要满足一定评价标准即可采纳的投资方案。独立投资是相容性投资,例如,建造一个饮料厂和建造一个纺织厂,它们之间并不冲突,可以同时进行。对于一个独立投资项目而言,其他投资项目被采纳或放弃,对本项目的决策并无显著影响。因此,独立投资项目决策考虑的是方案本身是否满足某种决策标准。例如,可以规定凡提交决策的投资方案,都要求其预期投资报酬率达到20%才能被采纳。这里,预期投资报酬率达到20%,就是一种预期的决策标准。

互斥投资是指各个投资项目之间相互关联、相互替代,不能同时并存,只能选择其中之一的投资活动。互斥投资是非相容性投资,例如,对企业现有设备进行更新,购买新设备就必须处置旧设备,它们之间是互斥的。对于一个互斥投资项目而言,其他投资项目被采纳或放弃,直接影响本项目的决策,其他项目被采纳,本项目就不能被采纳。因此,互斥投资项目决策考虑的是各方案之间的排斥性,也许每个方案都是可行方案,但互斥决策需要从中选择最优方案。

(二)财务投资的主要特点

企业的投资活动与经营活动是有差别的,财务投资活动的结果对企业在经济利益上有较长期的影响。企业投资涉及的资金多、经历的时间长,对企业未来的财务状况和经营活动都有较大的影响。与日常经营活动相比,财务投资的主要特点如下。

1. 投资是企业的战略性决策

企业投资活动一般涉及企业未来的经营发展方向、生产能力及规模等问题,例如,厂房设备的新建与更新、新产品的研制与开发、对其他企业的股权控制等。劳动力、劳动资料和劳动对象,是企业的生产要素,是其进行经营活动的前提条件。企业投资主要涉及生产经营所需的固定资产的购建、无形资的获取等劳动资料的获取。企业投资的对象也可能是生产要素综合体,即对另一个企业股权的取得和控制。这些投资活动,直接影响本企业未来的经营发展规模和方向,是企业简单再生产得以顺利进行并实现扩大再生产的前提条件。企业的投资活动先于经营活动,这些投资活动往往需要一次性地投入大量的资金,并在一段较长的时期内发生作用,对企业经营活动的方向产生重大影响。

2. 投资是企业的非程序化管理

企业有一些经济活动是日常重复进行的,例如,原材料的购买、员工的雇用、产品的制造与销售等,称为日常的例行性活动。这类活动经常性地重复发生,有一定的规律,可以按既定的程序和步骤进行,对这类重复性日常经营活动的管理,称为程序化管理。企业有一些经济活动往往不是经常性地重复出现,例如,新产品的开发、设备的更新、企业兼并等,称为非例行性活动。非例行性活动只能针对具体问题,按特定的影响因素、相关条件和具体要求进行审查和抉择。对这类非重复性特定经济活动的管理,称为非程序化管理。

企业的投资项目涉及的资金数额较大,这些项目的管理,不仅是投资问题,也是资金筹集问题。特别是设备和生产能力的购建、对其他关联企业的并购等,需要大量的资金。对于一个产品制造或商品流通的实体性企业而言,这种筹资和投资不会经常发生。

企业的投资项目产生影响的时间长。这些投资项目投入使用后,将形成企业的生产条件和生产能力,这些生产条件和生产能力的使用期限长,将在企业多个经营周期内直接发挥作用,也将间接影响日常经营活动中流动资产的配置与分布。企业的投资活动是不经常发生的,有一次性和独特性的特点,投资管理属于非程序化管理。每一次投资的背景、特点、要求等都不一样,无明显的规律可遵循,管理时需要更加周密思考、慎重决策。

3. 投资价值的波动性大

投资项目的价值,是由投资的标的物资产的内在获利能力决定的。这些标的物资产的形态是不断转换的,未来收益的获得具有较大的不确定性,其价值也具有较大的波动性。同时,各种外部因素,例如,市场利率、物价等的变化,也时刻影响着投资标的物的资产价值。

因此,企业投资管理决策时,要充分考虑投资项目的时间价值和风险价值。企业投资项目的变现能力是不强的,因为其投放的标的物大多是机器设备等变现能力较差的长期资产,这些资产的持有目的也不是为了变现,并不准备在 1 年或超过 1 年的一个营业周期内变现。因此,投资项目的价值也是不易确定的。

(三)财务投资管理的原则

为了适应投资项目的特点和要求,实现投资管理的目标,做出合理的投资决策,需要遵循财务投资管理的基本原则,以保证投资活动的顺利进行。

1. 投资管理的可行性分析原则

投资项目的金额大,资金占用时间长,一旦投资后具有不可逆转性,对企业的财务状况和经营前景影响重大。因此,在投资决策之时,必须建立严格的投资决策程序,进行科学的可行性分析。

项目可行性分析是对项目实施后未来的运行和发展前景进行预测,通过定性分析和定量分析比较项目的优劣,为投资决策提供参考。投资项目可行性分析是投资管理的重要组成部分,其主要任务是对投资项目实施的可行性进行科学的论证,主要包括环境可行性、技术可行性、市场可行性、财务可行性等方面。

环境可行性是要求投资项目对环境的不利影响最小,并能带来有利影响,包括对自然环境、社会环境和生态环境的影响。尤其需要关注国家、社会等对环境影响程度有明确规定的项目。建设项目的环境影响报告书应当包括下列内容:建设项目概况;建设项目周围环境现状;建设项目对环境可能造成影响的分析、预测和评估;建设项目环境保护措施及其技术、经济论证;建设项目对环境影响的经济损益分析;对建设项目实施环境监测的建议;环境影响评价的结论。建设项目的环境影响评价属于否决性指标,凡未开展或没通过环境影响评价的建设项目,不论其经济可行性和财务可行性如何,一律不得通过。

技术可行性是指要求投资项目形成的生产经营能力,具有技术上的适应性和先进性,包括工艺、装备、地址等。

市场可行性是指要求投资项目形成的产品能够被市场所接受,占据一定的市场份额,进而才能带来经济上的效益性。

财务可行性是指要求投资项目在经济上具有效益性,这种效益性是明显的和长期的。

财务可行性分析是投资项目可行性分析的主要内容,因为投资项目的根本目的是经济效益,市场和技术上可行性的落脚点也是经济上的效益性,项目实施后的业绩绝大部分表现在价值化的财务指标上。财务可行性是在相关的环境、技术、市场可行性完成的前提下,着重围绕技术可行性和市场可行性而开展的专门经济性评价。同时,一般也包含资金筹集的可行性。财务可行性分析的主要内容包括:收入、费用和利润等经营成果指标的分析;资产、负债、所有者权益等财务状况指标的分析;资金筹集和配置的分析;资金流转和回收等资金运行过程的分析;项目现金流量、净现值、内含报酬率等项目经济性效益指标的分析;项目收益与风险关系的分析等。

2.投资管理的结构平衡原则

由于投资往往是一个综合性的项目,不仅涉及固定资产等生产能力和生产条件的购建,还涉及使生产能力和生产条件正常发挥作用所需要的流动资产的配置。同时,由于受资金来源的限制,投资也常常会遇到资金需求超过资金供给的矛盾。如何合理配置资源,使有限的资金发挥最大的效用,是投资管理中资金投放所面临的重要问题。资金既要投放于主要生产设备,又要投放于辅助设备;既要满足长期资产的需要,又要满足流动资产的需要。投资项目在资金投放时须遵循结构平衡的原则,合理分布资金,具体包括:固定资金与流动资金的配套关系、生产能力与经营规模的平衡关系、资金来源与资金运用的匹配关系、投资进度和资金供应的协调关系、流动资产内部的资产结构关系、发展性投资与维持性投资的配合关系、对内投资与对外投资的顺序关系、直接投资与间接投资的分布关系,等等。

投资项目在实施后,资金就会较长期地固化在具体项目上,退出和转向都不太容易。只有遵循结构平衡的原则,投资项目实施后才能正常顺利地运行,才能避免资源的闲置和浪费。

3.投资管理的动态监控原则

投资的动态监控是对投资项目实施过程中的进程控制,特别是对于那些工程量大、工期长的建造项目而言,有一个具体的投资过程,需要按工程预算实施有效的动态投资控制。

投资项目的工程预算,是对总投资中各工程项目以及所包含的分步工程和单位工程造价规划的财务计划。建设性投资项目应当按工程进度,对分项工程、分步工程、单位工程的完成情况,逐步进行资金拨付和资金结算,控制工程的资金耗费,防止资金浪费。在项目建设完工后,通过工程决算,全面清点所建造的资产数额和种类,分析工程造价的合理性,合理确定工程资产的账面价值。

对于间接投资特别是证券投资而言,投资前须认真分析投资对象的投资价值,根据风险与收益均衡的原则合理选择投资对象。在持有金融资产过程中,需要广泛收集投资对象和资本市场的相关信息,全面了解被投资单位的财务状况和经营成果,保护自身的投资权益。有价证券类的金融资产投资,其投资价值不仅由被投资对象的经营业绩决定,还受资本市场的制约。这就需要分析资本市场上资本的供求关系,预计市场利率的波动和变化趋势,动态地估算投资价值,寻找转让证券资产和收回投资的最佳时机。

三、财务营运资金管理模式

(一)营运资金及其管理原则

营运资金也叫营运资本。广义的营运资金又称总营运资本,是指企业生产经营活动中占用在流动资产上的资金,具体包括现金、交易性金融资产(有价证券)、应收账款、存货等占用的资金。狭义的营运资金是指某时点内企业的流动资产与流动负债的差额。因此,营运资金的管理既包括流动资产的管理,也包括流动负债的管理。

1.营运资金的特点

营运资金的特点可以通过流动资产和流动负债的特点体现出来。

(1)流动资产特点

与固定资产相比,流动资产具有以下特点。

①投资回收期短。投资于流动资产的资金一般在一年或一个营业周期内收回,相对于固定资产而言,流动资产的周转期较短,周转速度较快,对企业产生影响的时间比较短。

②流动性强。流动资产的流动性与其变现能力相关。流动资产在循环周转过程中,经过供、产、销三个阶段,其占用形态不断发生变化,因此具有较强的变现能力。如果遇到意外情况企业可迅速变卖流动资产,以获取现金,这对于满足企业的临时性资金需求具有重要意义。但是,过高的流动资产占比又会降低企业的整体收益,因此流动资产数额应保持在恰当的水平上。

③并存性。在流动资产周转的过程中,企业每天都不断有资金流入,也有资金流出,流入和流出总要占用一定的时间,从供、产、销的某一瞬间看,各种不同形态的流动资产同时存在。因此,合理配置流动资产各项目的比例,是保证流动资产得以顺利周转的必要条件。

④波动性。流动资产的投资并非一个常数,随着供、产、销的变化,其资金占用时高时低,起伏不定。非季节性企业如此,季节性企业更是如此。对于流动资产的投资管理而言,企业应该尽可能使流动资产的变动与企业的生产经营波动保持一致,以满足企业生产经营活动对资金的需要。

（2）流动负债特点

与长期负债筹资相比，流动负债具有筹资速度快、财务弹性大、筹资成本低、偿债风险大的特点。

①筹资速度快。一般而言，筹集短期借款比筹集长期借款更容易取得，而且所需时间往往较短。

②财务弹性大。与长期负债相比，流动负债使企业具有较大的灵活性，企业可以根据自己的资金需要量，及时调整流动负债的数额。

③筹资成本低。在正常的情况下，相同的贷款时间内，短期贷款与相应数额的长期贷款相比，所付利息要少一些。对于某些具有"自然筹资"性质的流动负债（如应付账款、应交税费等）而言，则根本没有筹资成本。

④偿债风险大。由于流动负债的占用时间往往比较短，因此偿债风险较大。

2. 营运资金管理原则

企业的营运资金在全部资金中占有相当大的比重，而且周转期短、形态易变，是企业财务管理工作的一项重要内容。企业财务经理的大量时间都用于营运资金的管理。企业进行营运资金管理，必须遵循以下原则。

第一，认真分析生产经营状况，合理确定营运资金的需要数量。企业营运资金的需要数量与企业生产经营活动有直接关系，当企业产销两旺时，流动资产会大幅增加，流动负债也会相应增加；而当企业产销量减少时，流动资产和流动负债也会相应减少。因此，企业财务人员应认真分析生产经营状况，采用一定的方法预测营运资金的需要数量，以便合理使用营运资金。

第二，在保证生产经营需要的前提下，节约使用资金。在营运资金的管理中，要在保证生产经营需要的前提下尽量节约使用资金，减少资金在流动资产上的占用量，挖掘资金潜力，提高资金使用效率。

第三，加速营运资金周转，提高资金的利用效果。营运资金周转是指企业的营运资金从现金投入生产经营开始，到最终通过销售收回现金的过程。在其他因素不变的情况下，加速营运资金的周转，也就相应地提高了资金的利用效果。因此，企业要加速存货、应收账款等流动资产的周转，以使用有限的资金，创造出最大的经济效益。

第四，合理安排流动资产与流动负债的比例，保证企业有足够的短期偿债能力。企业若偿债能力不足，尤其是短期偿债能力不足，不能偿还到期债务，不仅会影响企业的信誉和以后的发展，而且可能直接威胁企业的生存。如果一个企业的流动资产比较多，流动负债比较少,则说明企业的短期偿债能力较强;反之,则说明短期偿债能力较弱。但如果企业的流动资产太多,流动负债太少,也并不是一种正常现象,这可能是流动资产闲置或流动负债利用不足所致。因此,在营运资金管理中,企业要合理安排流动资产和流动负债的比例关系,以便既节约使用资金,又保证企业有足够的偿债能力。

(二)财务营运中的现金管理

现金,是指在生产过程中暂时停留在货币形态的资金,包括库存现金、银行存款、银行本票和银行汇票等。交易性金融资产作为现金的一种变换存在形式,目的是在保持流动性的前提下,获取一点闲置资金的收益。作为现金的替代品,交易性金融资产是一种准货币,因而在流动资产管理中,往往将其视为现金的一部分。

在企业的流动资产中,现金是流动性最强的一种资产,具有可以立即支付的特点,不仅可以用来满足生产经营开支的各种需要,而且是还本付息和履行纳税义务的保证。因此,拥有足够的现金对企业具有十分重要的意义。企业应合理安排现金的持有量,避免现金闲置,提高资金的使用效率。

1.企业持有现金的动机与成本

(1)企业持有现金的动机类型

现金是非收益性资产,持有量过多,企业的机会成本就会增大,资金使用效率就会降低。但是为了满足以下动机的需要,企业又必须持有一定量的现金。

①交易动机。交易动机是指企业为了满足日常的交易活动需要而持有现金的动机,如购买原材料、支付工资、缴纳税款等。这种需要发生频繁、金额较大,是企业持有现金的主要动机。

②预防动机。预防动机是指企业为应付意外事件而持有现金的动机。由于市场行情的瞬息万变以及其他各种不确定性因素的存在,如销售不畅、自然灾害、生产事故、主要顾客未及时付款等,都会影响企业的现金收支计划。企业因预防动机所持有的现金量取决于以下因素:一是企业临时举债能力的强弱;二是企业对现金流量预测的可靠程度;三是企业愿意承担风险的程度。

③投机动机。投机动机是指企业为抓住一些转瞬即逝的市场投资机会来获取收益而持有现金的动机。例如,遇到有廉价原材料供应的机会,便可用手头现金大量购入;预计证券行情看涨,便可以用现金购买证券等。

(2)企业持有现金的成本类型

企业持有现金的成本通常有机会成本、转换成本、短缺成本、管理成本。

①机会成本。机会成本是指企业因持有现金而放弃的再投资收益。现金的机会成本属于变动成本，它与现金的持有量呈正比例关系，即现金持有量越大，机会成本越高。

②转换成本。转换成本是指用现金购入有价证券以及转让有价证券换取现金时付出的交易费用，即现金同有价证券之间相互转换的成本，如委托买卖佣金、委托手续费、证券过户费、实物交割手续费等。严格地讲，转换成本仅指与交易金额无关而与交易次数成正比的交易费用。证券转换成本与现金持有量的关系是：在现金需要量既定的前提下，现金持有量越少，进行证券变现的次数就越多，相应的转换成本就越大；反之，现金持有量越多，进行证券变现的次数就越少，需要的转换成本就越小。

③短缺成本。短缺成本是指因现金持有量不足又无法及时通过有价证券变现等形式加以补充而给企业造成的损失，包括由于现金的短缺而使企业的生产经营及投资受到影响所造成的损失，以及因不能及时支付而使企业蒙受的信誉损失等。短缺成本与现金持有量呈反比例关系，即现金的短缺成本随金持有量的增加而下降，随现金持有量的减少而上升。

④管理成本。管理成本是指企业因持有现金而发生的管理费用，如有关人员的工资，以及构建安全装置的费用等。管理成本通常是固定的，在一定的范围内，不随现金持有量的大小而变化，属于固定成本。

2.确定最佳现金持有量

为应付各种现金支出的需要，企业必须持有一定数量的现金，但过多或过少地持有现金，对企业都是不利的。因此，企业应该确定最佳现金持有量。最佳现金持有量是指既能保证企业生产经营的需要，又能使企业获得最大收益的最低现金持有量。确定最佳现金持有量的方法有很多，这里主要分析存货分析模式、成本分析模式两种方法。

(1)存货分析模式

存货模式的着眼点也是现金相关总成本最低，在这些成本中，管理成本因其相对稳定，同现金持有量的大小关系不大，所以在存货模式中将其视为与决策无关的成本。由于现金是否会发生短缺、短缺多少、概率多大以及损失如何，都存在很大的不确定性和无法计量性，因此在存货模式中，企业对短缺成本也不予考虑。这样，在存货模式中，需要考虑的只有机会成本和转换成本。机会成本和转换成本随着现金持有量的变动而呈现相反的变动趋势。这就要求企业必须对现金与有价证券的分割比例进行合理安排，从而使机会成本与转换成本之和保持最低。换言之，能够使现金管理的机会成本与转换成本之和保持最低的现金持有量，就是最佳现金持有量。

（2）成本分析模式

成本分析模式是指在不考虑现金转换成本的情况下，通过对持有现金的成本进行分析而找出最佳现金持有量的一种方法。换言之，成本分析模式就是找出各种现金持有方案中机会成本、短缺成本和管理成本所组成的总成本之和最低的方案所对应的现金持有量，即为最佳现金持有量。这里，持有现金的机会成本可通过现金平均持有量与有价证券收益率之积确定，它与现金持有量成正比关系；短缺成本与现金持有量呈反比例关系；管理成本具有固定成本的属性，不随现金持有量变化。运用该模式确定最佳现金持有量的具体步骤为：①根据各种可能的现金持有量测算并确定有关成本数值。②根据上一步骤的结果编制最佳现金持有量测算表。③从测算表中找出总成本最低时的现金持有量，即最佳现金持有量。

3.现金的日常管理策略

现金的日常管理主要是对现金收支的时间加以控制，从而加快现金流转、缩短现金周转期，以保持最适宜及最少量的现金余额。其目的在于提高现金使用效率，为了达到这一目的，企业可以运用以下策略。

（1）力争现金流入与流出同步等量策略

从理论上讲，企业如果能使现金收入量与流出量同时等量地发生，便可以极大地利用资金，而不需要置存现金。但实际上，这是不可能的。企业能够切实做到的是尽可能准确地预测现金流入和流出，确定适当的现金余额，并及早采取措施，合理安排使用多余的现金或弥补现金的不足，以充分发挥现金的使用效益，保证日常经营对现金的需求。例如，企业可以合理安排购货等活动以支出现金，有效组织销售等活动以收入现金，力争使现金流入与现金流出趋于一致。这要求企业必须做好现金流量的预测工作，并在此基础上编制相应的现金预算。此外，企业还可辅之以适度透支政策等办法，促使这一目标的实现。

（2）使用现金浮游量策略

从企业开出支票，收款人收到支票并存入银行，到银行将款项划出企业账户，中间需要一段时间，现金在这段时间的占用称为现金浮游量。此时，尽管企业已开出了支票，但由于款项并未从企业账户划出，因此企业仍可动用这笔资金。现金浮游量包括签发支票产生的浮游量及收入支票产生的浮游量，签发支票产生的浮游量为正浮游量，收入支票产生的浮游量为负浮游量。企业可控制好使用时间，在防止发生银行透支的前提下，利用好现金浮游量。

(3)加速收款策略

加速收款的重点是加速应收账款的回收,管理的主要内容包括结算方式的选择,以及赊销政策、信用政策、收账政策的制定等。近年来,电子商务尤其是互联网的迅速发展,使得电子付款手段方便、快捷、准确,企业可鼓励客户采用 EDI(电子数据交换系统)方式付款,以缩短结算及在途时间。

(4)推迟应付账款的支付策略

推迟应付账款的支付是指在不影响企业信用等因素的前提下,采取延缓现金支出,以最大限度地利用现金持有余额,从而提高总体资金使用效益的一种现金管理策略。具体的措施包括:①采用适当的付款方式。在有条件的情况下,尽量采用能够延缓现金实际流出时间的付款方式,如采取赊购、期票付款、商业票据付款等方式。②充分利用对方给予的信用政策和信用条件。例如,在丧失折扣的情况下,企业通常应把信用期最后一天作为付款时间。

(三)财务运营中应收账款管理

应收账款是企业因对外赊销产品、材料、提供劳务及其他原因,而向购货单位或接受劳务单位及其他单位收取的款项。随着市场经济的发展,商业信用的使用日趋增多,应收账款的数额也逐渐增大,加强对应收账款的管理已成为当前流动资产管理的重要内容。

1. 应收账款功能与成本

(1)应收账款功能

①促进销售。销售产品的方式有现销和赊销两种。在市场竞争日趋激烈的情况下,赊销是促进销售的一种重要方式。通过赊销向客户提供商业信用,可以招揽更多的客户,扩大市场销售,增加市场份额,增强企业产品的竞争力,从而给企业带来更多的收益。特别是在企业产品销售不畅、市场疲软、竞争力不强,或者推广新产品,开拓新市场时,赊销更是具有重要的意义。

②减少存货。企业持有存货,会增加管理费、仓储费和保险费等的支出。赊销方式能增加销售,也促成了产成品存货的减少,使存货转化为应收账款,从而减少了存货管理的有关支出。因此,企业在存货较多时,可以采用较为优惠的信用条件进行赊销,以减少存货及节约各项存货管理费用支出。

(2)应收账款成本

赊销方式在促进销售的同时,也会因持有应收账款而付出一定的代价,这种代价即为应收账款的成本。应收账款的成本有以下几点。

①机会成本。应收账款的机会成本是指企业的资金因被应收账款占用而不能用于其他投资，所丧失的投资收益。其大小不仅与企业维持赊销业务所需的资金量有关，还与企业的平均收现期、变动成本率、资金成本率等因素有关。

②管理成本。应收账款的管理成本是指企业因对应收账款进行管理而耗费的开支，是应收账款成本的重要组成部分。其主要包括对客户的资信调查费用、收集各种信息的费用、应收账款簿记录费用、收账费用以及其他费用。

③坏账成本。应收账款的坏账成本是指应收账款因故无法收回而给企业造成的损失。它一般与应收账款的数额大小有关，即应收账款越多，坏账成本越大。

2.应收账款的信用政策

应收账款的信用政策即应收账款的管理政策，是指企业为规划应收账款规模和监控应收账款回收情况而制定的一系列策略与措施。应收账款的信用政策包括信用标准、信用条件和收账政策三项内容。

(1)信用标准

信用标准是客户获得企业商业信用所应具备的最低条件，通常由预期的坏账损失率来衡量。如果企业的信用标准定得高，只对信誉很好、坏账损失率很低的顾客给予赊销，就可以减少坏账成本和应收账款的机会成本，但会减少销售量。相反，如果信用标准定得低，销售量虽能增加，但同时又会使企业的应收账款以及相关成本增加。信用标准的制定，可以从定量及定性两方面进行分析。定量依据是估量客户的信用等级和坏账损失率。定性依据主要从同行业竞争对手的情况、企业承担违约风险的能力、客户的资信程度等方面进行综合考虑。其中，客户资信程度的高低通常通过"5C"系统来评价，即客户的信用品质(Character)、偿债能力(Capacity)、资本(Capital)、抵押品(Collateral)、条件(Condition)。

信用品质是指客户的信誉，是评估顾客信用品质的首要指标，如以往是否有故意拖欠账款和赖账的行为，与其他供货企业的关系是否良好等。偿债能力是指顾客或客户的偿债能力，即其流动资产的数量和质量以及与流动负债的比例。资本是指顾客或客户的财务实力和财务状况，表明顾客可能偿还债务的背景，如负债比率、流动比率、速动比率、有形资产净值等财务指标。抵押品是指顾客或客户拒付款项或无力支付款项时能被用作抵押的资产，一旦收不到这些顾客的款项，便以抵押品抵补，这对于首次交易或信用状况有争议的顾客或客户尤为重要。经济状况是指可能影响顾客或客户付款能力的社会经济环境。

上述五个方面的信用资料可以通过访问客户、直接查阅与分析客户的财务报表获得，也可以通过银行提供的客户信用资料以及与该客户的其他单位交换有关信用资料间接取得。

(2)信用条件

信用条件是指企业要求客户支付赊购货款的条件，它由信用期限、现金折扣期限及现金折扣率等部分组成。信用条件可在行业惯例的基础上，结合企业自身确定的信用标准给出。

①信用期限的确定。信用期限是指企业允许客户从购货到付款之间的时间间隔，是企业允许客户延迟付款的最长期限。信用期限过短，不能够吸引顾客，不利于扩大销售；信用期限过长，虽然可吸引更多的客户，刺激销售，但也会使管理成本、机会成本和坏账成本上升。因此，制定信用期限时，应考虑延长信用期限增加的销售利润是否超过所增加的成本费用。

②现金折扣的确定。延长信用期限会增加应收账款的占用额和收账期，从而增加机会成本、管理成本和坏账成本。许多企业为了加速资金周转，及时收回货款，减少坏账损失，往往在延长信用期限的同时，采用一定的优惠措施，即在规定的时间内提前偿付货款的客户可按销售收入的一定比率享受折扣，这便是现金折扣。现金折扣政策由现金折扣期限和现金折扣率两部分组成。与延长信用期限一样，采用现金折扣方式在刺激销售，加速现金回收及降低机会成本、管理成本和坏账成本的同时，也需要付出一定的代价，即现金折扣成本。现金折扣成本也是信用决策中的相关成本。因此，是否实行现金折扣政策以及设计何种程度的现金折扣政策的基本思路是：增加的销售利润能否超过增加的机会成本、管理成本、坏账成本和折扣成本之和。

(3)收账政策

收账政策是指客户违反信用条件、拖欠甚至拒付账款时，企业所采取的收账策略与措施。

企业对拖欠的应收账款，无论采用何种方式进行催收，都需要付出一定的代价，即收账费用，某些催款方式的费用还会很高(如诉讼费等)。因此，收账政策应建立在一个适宜的范围之内。积极的收账政策可以减少应收账款的机会成本和坏账损失，但会增加收账费用；消极的收账政策虽然可以减少收账费用，但却会增加应收账款的机会成本和坏账损失。在制定收账政策时，企业应在减少收账费用与减少应收账款的坏账损失及机会成本之间进行权衡。若前者小于后者，则说明制定的收账政策是可取的。

企业在处理客户的欠款时应采用适当的催收方式，做到有理、有利、有节。对超过信用期限较短的客户宜采用电话、写信等方式催款;对久拖不还的欠款,企业应具体调查分析客户欠款不还的原因。若客户确因财务困难而无力支付,企业则应与客户相互协商沟通,寻求解决问题的理想办法,甚至可以给客户提供适当的帮助;若客户欠款属于品质恶劣,企业则应逐渐加大催收力度,直至诉诸法律,并将该客户从信用名单中排除。一般而言,企业应尽量避免对客户采取强硬措施,要珍惜与客户之间的友情,树立企业的良好形象,这样有助于企业争取更多的回头客。但如果双方无法协调解决,也只能诉诸法律进行裁判。

3. 应收账款的日常管理

应收账款是企业流动资产的重要组成部分,企业必须加强对应收账款的日常管理,采取有力措施对应收账款的运行状况进行经常性分析、控制,及时发现问题,提前采取行动,尽可能减少坏账损失。

(1)对应收账款进行追踪分析

应收账款一旦形成,企业就必须考虑如何按期足额收回的问题。这样,赊销企业就有必要在收款之前,对该项应收账款的运行过程进行追踪分析,其重点要放在赊销商品的变现方面。企业应对赊购者今后的经营情况、偿付能力进行追踪分析,及时了解客户现金的持有量与调剂程度能否满足兑现的需要,并将那些挂账金额大、挂账时间长、经营状况差的客户欠款作为考察的重点内容,以防患于未然。必要时,企业还可采取一些措施,如要求这些客户提供担保等,来保证应收账款的回收。

(2)对应收账款的账龄进行分析

应收账款的账龄是指未收回的应收账款从产生到目前的整个时间。一般而言,客户逾期拖欠账款的时间越长,账款催收的难度越大,成为呆账或坏账损失的可能性也就越高。企业必须做好应收账款的账龄分析,密切注意应收账款的回收进度和出现的变化。应收账款的账龄分析就是考察应收账款的账龄结构。账龄结构是指各账龄应收账款的余额占应收账款总计余额的比重。

通过对应收账款的账龄分析,企业财务管理部门可以掌握下面几个信息:第一,有多少客户在折扣期限内付款;第二,有多少客户在信用期限内付款;第三,有多少客户在信用期限过后才付款;第四,有多少应收账款拖欠太久,可能会成为坏账。如果账龄分析显示,企业应收账款的账龄开始延长或者过期账户所占比例逐渐增加,就必须及时采取措施,调整企业的信用政策,努力提高应收账款的收现效率。对尚未到期的应收账款,企业也不能放松监督,以防发生新的拖欠。

（3）建立应收账款坏账准备金制度

不管企业采用怎样严格的信用政策，只要存在商业信用行为，坏账损失的发生就是不可避免的。因此，企业应遵循稳健性原则，对坏账损失的可能性预先进行估计，积极建立弥补坏账损失的坏账准备金制度，用于补偿无法收回的坏账损失，以促进企业的健康发展。

四、财务利润分配管理模式

（一）财务利润分配原则与程序

"财务管理中的利润分配，主要是指企业的净利润分配。利润分配的实质就是确定给投资者分红与企业留用利润的比例。"企业年度决算后实现的利润总额，要在国家、企业的所有者和企业之间进行分配。利润分配关系着国家、企业、职工及所有者各方面的利益，是一项政策性较强的工作，必须严格按照国家的法规和制度执行。利润分配的结果形成了国家的所得税收入、投资者的投资报酬和企业的留用利润等不同的项目。其中，企业的留用利润是指盈余公积金、公益金和未分配利润。由于税法具有强制性和严肃性，缴纳税款是企业必须履行的义务。

1.利润分配原则

第一，依法分配原则。为规范企业的利润分配行为，国家制定和颁布了若干法规，这些法规规定了企业利润分配的基本要求、一般程序和重大比例。企业的利润分配必须依法进行，这是正确处理企业各项财务关系的关键。

第二，分配与积累并重原则。企业的利润分配要正确处理长期利益和近期利益这二者的关系，坚持分配与积累并重原则。企业除按规定提取法定盈余公积金以外，可适当留存一部分利润作为积累，这部分未分配利润仍归企业所有者所有。这部分积累的净利润不仅可为企业扩大生产筹措资金，增强企业发展能力和抵抗风险的能力，同时，还可供未来年度进行分配，起到以丰补歉、平抑利润分配数额波动、稳定投资报酬率的作用。

第三，兼顾职工利益原则。企业的净利润归投资者所有，是企业的基本制度。但企业职工不一定是企业的投资者，净利润就不一定归他们所有，而企业的利润是由全体职工的劳动创造的，他们除了获得工资和奖金等劳动报酬外，还应以适当的方式参与净利润的分配，如在净利润中提取公益金，用于企业职工的集体福利设施支出。公益金是所有者权益的一部分，职工对这些福利设施具有使用权并负有保管之责，但没有所有权。

第四，投资与收益对等原则。企业利润分配应当体现"谁投资谁收益"、收益大小与投资比例相适应,即投资与收益对等原则,这是正确处理企业与投资者利益关系的立足点。投资者因投资行为,以出资额依法享有利润分配权,就要求企业在向投资者分配利润时,要遵守公开、公平、公正的"三公"原则,一视同仁地对待所有投资者,任何人不得以在企业中的其他特殊地位牟取私利,这样才能从根本上保护投资者的利益。

2.利润分配程序

利润分配程序是指公司制企业根据适用的法律法规或规定,对企业一定期间内实现的净利润进行分配必须经过的先后步骤。非股份制企业当年实现的利润总额应按国家有关税法的规定作相应的调整,然后依法缴纳所得税。交纳所得税后的净利润按下列顺序进行分配。

第一,弥补以前年度的亏损。企业的年度亏损,可由下一年度的税前利润弥补,下一年度税前利润尚不足以弥补的,可由以后年度的税前利润继续弥补,但用税前利润弥补以前年度亏损的连续期限不超过5年。5年内弥补不足的,用本年税后利润弥补。本年净利润＋年初未分配利润为企业可供分配的利润,只有可供分配的利润大于零时,企业才能进行后续分配。

第二,提取法定盈余公积金。可供分配的利润大于零是计提法定盈余公积金的必要条件。法定盈余公积金以净利润扣除以前年度亏损为基数,按10%提取,即企业年初未分配利润为借方余额时,法定盈余公积金计提基数为:本年净利润减年初未分配利润(借方)余额。若企业年初未分配利润为贷方余额,法定盈余公积金计提基数为本年净利润,年初未分配利润贷方余额在计算可供投资者分配的净利润时计入。当企业法定盈余公积金达到注册资本的50%时,可不再提取。法定盈余公积金主要用于弥补企业亏损和按规定转增资本金,但转增资本金后的法定盈余公积金一般不低于注册资本的25%。

第三,提取法定公益金。法定公益金是以法定盈余公积金相同基数的5%～10%计提的职工公共利益资金。它主要用于企业职工的福利设施支出。

第四,向投资者分配利润。企业本年净利润扣除弥补以前年度亏损、提取法定盈余公积金和公益金后的余额,加上年初未分配利润贷方余额,即为企业本年可供投资者分配的利润,按照分配与积累并重原则,确定应向投资者分配的利润数额。

分配给投资者的利润是投资者从企业获得的投资回报。向投资者分配利润应遵循纳税在先、企业积累在先、无盈余不分利的原则,其分配顺序在利润分配的最后阶段。这体现了投资者对企业的权利、义务以及投资者所承担的风险。

从上述利润分配程序来看,股利来源于企业的税后利润,但净利润不能全部用于发放股利,股份制企业必须按照有关法规和公司章程规定的顺序、比例,在提取了法定盈余公积金、公益金后,才能向优先股股东支付股息,在提取了任意盈余公积金之后,才能向普通股股东发放股利。如股份公司当年无利润或出现亏损,原则上不得分配股利,但为维护公司股票的信誉,经股东大会特别决议,可按股票面值较低比率用盈余公积金支付股利,支付股利后留存的法定盈余公积金一般不得低于注册资本的25%。

(二)股利分配政策及影响因素

股利分配政策是指企业管理层对与股利有关的事项所采取的方针策略。股利分配在公司制企业经营理财决策中,始终占有重要地位。这是因为股利的发放,既关系到公司股东的经济利益,又关系到公司的未来发展。通常较高的股利,一方面可使股东获取可观的投资收益;另一方面还会引起公司股票市价上涨,从而使股东除股利收入外还获得了资本利得。但是,过高的股利必将使公司留存收益大量减少,或者影响公司未来发展,或者大量举债,增加公司资本成本负担,最终影响公司未来收益,进而降低股东权益;而较低的股利,虽然使公司有较多的发展资金,但与公司股东的愿望相背离,股票市价可能下降,公司形象将受到损害。因此,对公司管理当局而言,如何均衡股利发放与企业的未来发展,并使公司股票价格稳中有升,便成为企业经营管理层追求的目标。

1. 股利分配政策的类型

股利分配政策的核心问题是确定支付股利与留用利润的比例,即股利支付率问题。目前,企业财务管理中常用的股利政策主要有以下类型。

(1)固定或稳定增长的股利政策

固定股利政策表现为每股股利支付额固定。其基本特征是:不论经济情况如何,也不论企业经营好坏,不降低股利的发放额,将企业每年的每股股利支付额稳定在某一特定水平上保持不变,只有企业管理当局认为企业的盈利确已增加,而且未来的盈利足以支付更多的股利时,企业才会提高每股股利支付额。

稳定的股利政策的实行比较广泛,如果企业的盈利下降,而股利并未减少,那么,投资者会认为企业未来的经济情况会有好转。一般的投资者都比较喜欢投资有稳定的股利支付政策的企业。而稳定的股利政策则有助于消除投资者心中的不确定感,对于那些期望每期有固定数额收入的投资者,则更喜欢比较稳定的股利政策。因此,许多企业都在努力维持其股利的稳定性。固定股利政策的缺点主要在于,股利的支付与盈利相脱节,当盈利较低时仍要支付固定股利,这可能会出现资金短缺、财务状况恶化的情况,影响企业的长远发展。这种股利政策适用于盈利稳定或处于成长期的企业。

（2）固定股利支付率政策

固定股利支付率政策是将每年盈利的某一固定百分比作为股利分配给股东。实行这一政策的企业认为,只有维持固定股利支付率,才能使股利与公司盈利紧密结合,体现多盈多分、少盈少分、不盈不分的原则,这样才算真正做到公平地对待每一股东。固定股利支付率政策的问题在于,如果企业的盈利各年间波动不定,则其股利也随之波动。由于股利随盈利而波动会影响股东对企业未来经营的信心,不利于企业股票市场价格的稳定与上涨。因此,大多数企业并不采用这一股利政策。

（3）剩余股利政策

剩余股利政策强调企业未来有良好的投资机会时,根据企业设定的最佳资本结构,确定未来投资所需的权益资金,先最大限度地使用留用利润来满足投资方案所需的权益资本,然后将剩余部分作为股利发放给股东。剩余股利政策成立的基础是:大多数投资者认为,如果企业再投资的收益率高于投资者在同样风险下其他投资的收益率,他们宁愿把利润保留下来用于企业再投资,而不是用于支付股利。例如,企业有投资收益率达12％的再投资机会,而股东取得股息后再投资的收益率只有10％时,则股东们愿意选择将利润保留于企业。股东取得股息再投资后10％的收益率,就是企业利润留存的成本。如果投资者能够找到其他投资机会,使得投资收益大于企业利用保留利润再投资的收益,则投资者更喜欢发放现金股利。这意味着投资者对于留存盈利或发放股利毫无偏好,关键是企业投资项目的净现值必须大于零。

剩余股利政策的优点是:可最大限度地满足企业对再投资的权益资金需要,保持理想的资本结构有助于降低再投资的资金成本,并能使综合资本成本最低。其缺点是:忽略了不同股东对资本利得与股利的偏好,损害了那些偏好现金股利的股东利益,从而有可能影响股东对企业的信心。此外,企业采用剩余股利政策是以投资的未来收益为前提的,由于企业管理层与股东之间存在信息不对称,股东不一定了解企业投资的未来收益水平,因而也会影响股东对企业的信心。

（4）低正常股利加额外股利政策

低正常股利加额外股利政策是介于固定股利与固定股利支付率之间的一种股利政策,其特征是:企业一般每年都支付较低的固定股利,当盈利增长较多时,再根据实际情况加付额外股利。即当企业盈余较低或现金投资较多时,可维护较低的固定股利;而当企业盈利有较大幅度增加时,则加付额外股利。低正常股利加额外股利政策既能保证股利的稳定性,使依靠股利度日的股东有比较稳定的收入,从而吸引住这部分股东,又能做到股利和盈利有较好的配合,使企业具有较大的灵活性。这种股利政策适用于盈利与现金流量波动不够稳定的企业,因而也被大多数企业所采用。

2.股利分配的影响因素

理论上,股利是否影响企业价值存在相当大的分歧。但在现实经济生活中,企业仍然是要进行股利分配的。当然,企业分配股利并不是无所限制,总是要受到一些因素的影响,一般而言,企业股利政策的影响因素主要有以下方面。

(1)法律影响因素

为了保护债权人、投资者和国家的利益,有关法规对企业的股利分配有以下限制。

①资本保全限制。资本保全限制要求企业不能用资本发放股利。例如,各种资本公积准备不能转增股本,已实现的资本公积只能转增股本,不能分派现金股利;盈余公积主要用于弥补亏损和转增股本,一般情况下不得用于向投资者分配利润或现金股利。

②资本积累限制。企业积累限制要求企业必须按税后利润的一定比例和基数提取法定公积金和法定公益金。企业当年出现亏损时,一般不得给投资者分配利润。

③偿债能力限制。偿债能力限制是企业按时足额偿付各种到期债务的能力。如果企业已经无力偿付到期债务或因支付股利将使其失去偿还能力,则企业不能支付现金股利。

(2)企业影响因素

企业资金的灵活周转是企业生产经营得以正常进行的必要条件。因此,企业长期发展和短期经营活动对现金的需求,便成为对股利的最重要的限制因素,其相关因素有以下几点。

①资产的流动性。企业现金股利的分配应以一定资产流动性为前提。如果企业的资产流动性越好,说明其变现能力越强,股利支付能力也就越强。高速成长的营利性企业,其资产可能缺乏流动性,因为它们将大部分资金投资在固定资产和永久性流动资产上了。这类企业当期利润虽然多,但资产变现能力差,企业的股利支付能力就会削弱。

②投资机会。有着良好投资机会的企业需要有强大的资金支持,因而往往少发现金股利,将大部分盈余留存下来进行再投资;缺乏良好投资机会的企业,保留大量盈余的结果必然是大量资金闲置,于是倾向支付较高的现金股利。因此,处于成长中的企业因一般具有较多的良好投资机会而多采取低股利政策;许多处于经营收缩期的企业,则因缺少良好的投资机会而多采取高股利政策。

③筹资能力。如果企业规模大、经营好、利润丰厚,其筹资能力一般很强,那么在决定股利支付数额时,有较大的选择余地。但对那些规模小、新创办、风险大的企业,其筹资能力有限,这类企业应尽量减少现金股利进行支付,而将利润更多地留存在企业,作为内部

筹资。

④盈利的稳定性。企业的现金股利来源于税后利润。盈利相对稳定的企业,有可能支付较高股利;盈利不稳定的企业,一般采用低股利政策。这是因为对于盈利不稳定的企业,低股利政策可减少因盈利下降而造成的股利无法支付、企业形象受损、股价急剧下降的风险,还可将更多的盈利用于再投资,以提高企业的权益资本比重,减少财务风险。

⑤资本成本。留用利润是企业内部筹资的一种重要方式。同发行新股或举借债务相比,它不但筹资成本较低,而且具有很强的隐蔽性。企业如果一方面大量发放股利,另一方面又以支付高额资本成本为代价筹集其他资本,那么,这种舍近求远的做法无论如何是不恰当的,甚至有损于股东利益。因此,从资本成本考虑,如果企业扩大规模而需要增加权益资本时,不妨采取低股利政策。

(3)股东意愿因素

股东在避税、规避风险、稳定收入和股权稀释等方面的意愿,也会对企业的股利政策产生影响。企业的股利政策不可能使每个股东财富都实现最大化,企业制定股利政策的目的在于,对绝大多数股东的财富产生有利影响。

①避税考虑。企业的股利政策还受到所得税税率的影响。由于现金股利收入的税率是 20%,而股票交易尚未征收资本利得税。因此,低股利支付政策可给股东带来更多的资本利得收入,达到避税目的。

②规避风险。在一部分投资者看来,股利的风险小于资本利得的风险,当期股利的支付解除了投资者心中的不确定性,因此,他们往往会要求企业支付较多的股利,从而减少股东投资风险。

③稳定收入。如果一个企业拥有很大比例的富有股东,这些股东多半不会依赖企业发放的现金股利维持生活,它们对定期支付现金股利的要求不会显得十分迫切。反之,如果一个企业绝大部分股东属于低收入阶层以及养老基金等机构投资者,他们需要企业发放的现金股利来维持生活或用于发放养老金等,因此,这部分股东特别关注现金股利,尤其是稳定的现金股利发放。

④股权稀释。企业必须认识到高股利支付率会导致现有股东股权和盈利的稀释,如果企业支付大量现金股利,然后发行新的普通股以融通所需资金,现有股东的控制权就有可能被稀释。另外,随着新普通股的发行,流通在外的普通股股数增加,最终将导致普通股的每股盈利和每股市价的下降,对现有股东产生不利影响。

(4)其他影响因素

影响股利政策的其他因素主要包括:不属于法规规范的债务合同约束、政府对机构投资者的投资限制，以及因通货膨胀带来的企业对重置实物资产的特殊考虑等。

①债务合同约束。企业的债务合同特别是长期债务合同，往往有限制企业现金股利支付的条款，这使得企业只能采用低股利政策。

②机构投资者的投资限制。机构投资者包括养老基金、储蓄银行、信托基金、保险企业及其他一些机构。机构投资者对投资股票种类的选择，往往与股利特别是稳定股利的支付有关。如果某种股票连续几年不支付股利或所支付的股利金额起伏较大，则该股票一般不能成为机构投资者的投资对象。因此，如果某一企业想更多地吸引机构投资者，则应采用较高而且稳定的股利政策。

③通货膨胀的影响。在通货膨胀的情况下，企业货币性资产的购买力会下降，会导致没有足够的资金来源重置固定资产。这时，较多的留存利润就会当成弥补固定资产折旧基础的购买力水平下降的资金来源。因此，在通货膨胀时期，企业股利政策往往偏紧。

(三)股利支付形式与程序管理

1. 股利支付形式类型

企业通常以多种形式发放股利，股利支付形式一般有现金股利、股票股利、财产股利及负债股利。其中，最为常见的是现金股利和股票股利。

(1)现金股利支付形式

现金股利是指企业以发放现金的方式向股东支付股利，也称红利。现金股利是企业最常见的、最易被投资者接受的股利支付方式。企业支付现金股利，除了要有累计的未分配利润外，还要有足够的现金。因此，企业在支付现金前，必须做好财务上的安排，以便有充足的现金支付股利。因为，企业一旦向股东宣告发放股利，就对股东承担了支付的责任，必须如期履约。

(2)股票股利支付形式

股票股利是指应分给股东的股利以额外增发股票的形式发放。以股票作为股利，一般都是按在册股东持有股份的一定比例来发放，对于不满一股的股利仍采用现金发放。股票股利最大的优点就是节约现金支出，因而常被现金短缺的企业所采用。

发放股票股利时，在企业账面上只需减少未分配利润项目金额的同时，增加股本和资本公积等项目金额，并通过中央清算登记系统增加股东持股数量。显然，发放股票股利是一种增资行为，需经股东大会同意，并按法定程序办理增资手续。但发放股票股利与其他的增资行为不同的是，它不增加股东财富，企业的财产价值和股东的股权结构也不会改变，改变的只是股东权益内部各项目的金额。

发放股票股利后,如果盈利总额不变,会由于普通股股数增加而引起每股盈余和每股市价的下降,但股东所持股票的市场价值总额仍保持不变。尽管股票股利不直接增加股东的财富,也不增加企业的价值,但对股东和企业都有好处。

对股东的意义在于:①如果企业在发放股票股利后同时发放现金股利,股东会因为持股数的增加而得到更多的现金。②有时企业发行股票股利后,股价并不成同比例下降,这样便增加了股东的财富。因为股票股利通常为成长中的企业所采用,投资者可能会认为,企业的盈余将会有大幅度增长,并能抵消增发股票所带来的消极影响,从而使股价稳定不变或略有上升。③在股东需要现金时,可将分得的股票股利出售,从中获得纳税上的好处。

对企业的意义在于:①能达到节约现金的目的。企业采用股票股利或股票股利与现金股利相互配合的政策,既能使股东满意,又能使企业留存一定现金,便于进行再投资,有利于企业长期发展。②在盈余和现金股利不变的情况下,发放股票股利可降低每股价值,从而吸引更多的投资者。

2. 股利支付程序管理

企业通常在年度末计算出当期盈利之后,才决定向股东发放股利。但是,在资本市场中,股票可以自由交换,公司的股东也经常变换。那么,哪些人应该领取股利?对此,公司必须事先确定与股利支付相关的时间界限。下面主要探讨股利宣告日、股权登记日、除息日。

第一,股利宣告日。股利一般是每年度或每半年进行分配。一般而言,分配股利首先要由公司董事会向公众发布分红预案,在发布分红预案的同时或之后,公司董事会将公告召开公司股东大会的日期。股利宣告日是指董事会将股东大会决议通过的分红方案(或发放股利情况)予以公告的日期。在公告中,将宣布每股股利、股权登记日、除息日和股利支付日等事项。

第二,股权登记日。股权登记日是指有权领取股利的股东资格登记截止日期。只有在股权登记日前在公司股东名册上有名的股东,才有权分享当期股利。在股权登记日以后列入名单的股东无权领取股利。

第三,除息日。除息日是指领取股利的权利与股票相互分离的日期。在除息日前,股利权从属于股票,持有股票者即享有领取股利的权利;从除息日开始,股利权与股票相分离,新购入股票的人不能享有股利。除息日的确定是证券市场交割方式决定的,因为,股票的买卖的交接、过户需要一定的时间。

第二节　财务管理形式的创新与发展

一、大数据时代财务管理模式创新

"大数据在各个领域得到了应用,并且伴随信息化的发展有了功能性的提升,以数据分析为策略保证了管理工作的开展效果。财务管理是企业经营和发展的核心,如果财务管理出现问题,直接影响经营的状态,制约长期的发展。"大数据是计算机技术与互联网技术的结合,可以改变传统的工作思想与方式,从实际的数据信息中找到规律和有用的信息,同时,在数据分析后进行决策,保证了工作的准确性。[①]

大数据让数据资源得以整合和运用,便于生产工作中的整体分析,利于互联网市场的分析。同时,信息化的发展让工作和生活形成了信息流,各种信息以数据的形式存在,大数据能够有效应用这些信息,针对性地整合、分析,极大增加了管理工作的效果,有助于提高管理效率。

(一)大数据时代财务管理模式创新的意义

创新企业财务管理模式能够让企业在大数据的加持下更好地发展,对财务信息做出精准地分析,有效提高了企业财务管理的效益。企业在大数据背景下会产生大量的财务信息,而财务管理从单一的内部控制转为内外结合,需要全面分析企业的财务状况,找到适合企业经营发展的管理方法,提升自身竞争力。大数据的运用可以让财务管理具备深挖财务信息的能力,帮助企业的领导做出科学合理的决策,减少经营管理的失误,让企业能够在良好的运行下得到持续发展。

创新财务管理模式可以全面提高管理工作的效率,增加财务管理的功能,降低财务管理的成本。创新的方向以大数据技术的应用为主,财务管理可以实时管控企业的财务状态,应用互联网、信息技术加快管理中的沟通与信息传递,并且在财务管理中可以对经营情况做数据分析,高效解决客户问题,提升服务质量;也可以整合企业内部财务信息,开展预算控制,促进企业财务管理结构的改革与发展,使企业财务管理模式符合市场情况。

创新财务管理模式能够创新工作方法,将企业财务的情况用数学模型做展示,各种财务信息更清晰,提供了精准的财务信息,为企业的管理决策提供了方向和方法。大数据的应用使财务管理与企业管理有机结合,加强了对各部门财务情况的控制,可以提高企业的

---

① 安玉琴,孙秀杰,宋丽萍.财务管理模式与会计审计工作实践[M].北京:中国纺织出版社,2023.

竞争力。

(二)大数据时代财务管理模式创新的策略

1.创新财务管理模式思维

大数据让企业财务管理的目标和方法都有了改变,所以在优化对策中要创新管理思维,让财务管理能够全面改革,提高财务管理的功能与效益。思维上的创新需要企业大力发展大数据技术,不仅在企业内部实现信息化,外部也需要与材料供应商、销售代理商等上下游企业建立数据对接,提升工作洽谈的效率,缩减经营的成本,使企业的支出与收入能够变成信息数据流。同时,企业要重视财务的数据内容,基于企业发展更新财务管理体制,提高财务管理的综合水平。

2.加强财务数据安全管理

在运用大数据的财务管理工作中要加强数据安全管理,保证财务信息安全,使企业能够稳定发展。大数据的优化建立在信息化条件下,而信息化中存在网络安全的问题,财务信息的泄露会直接影响金融安全。因此,优化管理模式要做好技术应用、理念创新,更要加强安全管理,保证财务信息安全,提高企业的风控能力,保证企业经营的经济效益。在安全管理中要明确财务工作制度,建立内部信息防控网,设置财务信息安全等级,全面保护财务信息安全。

3.培养财务管理优秀人才

人才是发展的基础,在优化财务管理模式中要结合人力资源管理同步开展,保证大数据技术的应用,提升管理的水平。首先企业要选择前沿大数据技术,对财务人员进行技术培训,保证所有人员熟练使用大数据技术,能够明确工作职责和制度;其次要招聘优秀的大数据人才,维护企业网络安全,对软件做更新,确保大数据财务管理工作的实效性开展。

4.构建大数据资金管理方法

基于大数据背景,财务管理方法需要进行集中化控制,也就是统一调度企业的资金,开展预算管理的动态控制,提高财务管理的功能。在集中化管理方法中,财务会计需要对业务流程和资金流做全面控制,预防和减少经营风险,执行远程控制,建立财务管理各项的统一整合,发挥大数据技术的优势,提升资金管理的效率。

5.搭建大数据财务共享中心

在优化对策中要让财务管理形成具体的管理模式,工作中要搭建大数据财务共享中心,保证企业财务管理的转型,推进集中化资金管理的发展。财务共享中心是以内部信息共享沟通为目标,用大数据分析财务情况,建立各部门之间的财务沟通,可以使财务管理部门高效了解和传递信息,避免信息数据孤岛的情况,提升财务管理的价值。

6.运用大数据优化财务技术

在大数据财务管理模式中,需要发展新型技术,优化财务管理技术,提高管理工作的质量。其中区块链技术是主要发展方向。区块链财务管理有较高的安全性,在管理中直接进行了预估和分析,实现了财务管理的自动化。在应用中需要鼓励工作人员加强相关业务学习,以此保证区块链技术与财务管理的融合。

总而言之,企业创新大数据财务管理模式已经成为市场经济下的必要工作,能够提高财务管理的功能效益,也能降低管理工作的成本。大数据下的企业财务管理模式要发展,其中的困难需要在管理工作中解决,以此保证企业财务工作的全面发展。

二、区块链技术与财务管理模式创新

"区块链作为一种分布式的共享技术,具备多数据存储和信息重构等优势,可以有效提高财务信息数据的处理能力",区块链技术作为信息技术领域较为崭新的成果,能够通过自身分布式的网络节点,进行数据信息的有效存储,完成多功能验证和传输的机制演变。区块链技术主要是能够将基础设施完成转化,对传统的业务模式进行升级换代,更加透明化地保护信息数据,对整个经济社会的发展会产生较大影响。

对于大型的企业而言,在其内部建立一个统一的财务管理形式,能够扩大其财务管理职能,有效地进行可视化和可追踪的财务数据处理,解决业务流程分工困难和人员配比问题。区块链技术可以将财务数据信息不断地储存到区块中,能够节约人力、物力成本的同时进行实时审查监督,提高财务管理强度,减少时间成本,能够在一定程度上缩减企业网络服务成本,有效提高财务管理的工作效率。基于区块链技术创新企业财务管理模式,可以从以下方面着手。

(一)用区块链技术简化监督财务管理流程

针对企业财务的内部控制范围,在每项经济业务进行交易时,需要保证每笔财务记录的交易链完整,并能够在完成交易后保存原始凭证,直接能够以电子形式进行录入和保存。区块链技术自带区域监督功能,能够随时保证企业财务的完整性,具有高标准的可靠性与安全管理性能。根据数据链中对企业财务业务数据记录,以及原始财务凭证的有关记载,直接对整个交易过程完成整体复原,然后通过分布式数据统计业务,以对比审核模式完成高效的财务管理全过程。

在区块链技术的应用下,对需要创建区块链的主要基础设施进行重组,满足企业用户的不同需求,通过企业和客户的双向联系建立协议框架,只要区块链收集到的财务信息没有空缺,就可以将所有节点规划为一致统一的状态,主动进行企业财务经营状况的自动财务管理。在互联网高速发展时代,企业的网络财务管理成本逐渐增加提高,若是能够将区块链技术完好应用,可以将处于分散状态的区块数据信息,不再以集中处理的方式进行整合。该技术对网络的要求没有很高,更是对网络服务器处理技术要求较低,能够在一定程度上缩减企业网络服务成本。区块链技术可以将财务数据信息不断地储存到区块中,通过内部监管和外部审查人员的双向合作,仅仅调出所需数据并做出分析即可,不再需要实地进行抽查大量原始凭证,完成核验以及搜集的过程,能够节约人力、物力成本的同时进行实时审查监督,提高财务管理强度,减少时间成本,有效提高财务管理的工作效率。

(二)用区块链技术建立信息流转通道

企业财务管理的结构和模式能够体现整个公司的资本运行状态,侧面反映出企业内财产资金配比状态,包括产权和债权的比例问题。在其企业所有者与债权人权益比例关系中,通过最新的数据库技术、物流技术、计算机架构技术和网络通信技术等新技术的应用,建立一个合理的资本信息流转通道,可以在一定程度上对财务信息进行及时沟通,保证财务信息的对等。

第一,区块链技术可以针对每一个资金信息进行相应的内部管理,在两个相邻的区块之间,对财务资金的流动次数和时间进行进出记录标定,包括现金和电子财务的双重把控,对需要立即生效的财务信息完成时间覆盖,保证财务管理人员可以随时提取财务资金的流动信息数据。

第二,在财务信息发生不平稳变化时,区块链技术能够产生内控机制,对内部财务信息做出审核反应,一旦财务资金流出现急剧增加时,该通道能够自动调动相应区块,做出信息收纳并向财务管理人员发出提醒。企业在财务管理中降低融资成本,必须合理利用财务杠杆促使财务的收益最大化,根据自身财务管理内部控制效果,间接或直接地影响企业现有资本结构。人工智能是基于区块链技术的应用和创新,企业财务管理数据生成由计算机智能实现,可以自动执行数据输入、比较、审阅、度量和报告,完成相关的财务辅助决策支持。在完成信息通路建设后,能够直接对部分的财务资金做出使用的决策请求,相反在资金流急速减少时,通路内部的控制模块能够产生预警信息提示,将相关的财务信息进行统计和收集,便于财务管理人员对其做出分析并提出决策内容。

第三,利用区块链技术构建信息通路,能够直接对财务结构中的资产信息状态做出跟踪记录,在监控部分资金流动以及有效资金合理应用的情况下,企业能够对自有资金的状况做出合理的布局把控,对其做出正确的财务管理决策有帮助,减少财务分配的盲目性和随意性。

(三)用区块链技术多元选择结算方式

企业财务资本结构在单一的管理模式下,长此以往会存在一定缺陷,多表现在融资方面,即企业的流动负债占比会明显高于长期负债占比。由于企业的财务项目中大多数为长期项目,导致流动资金的数目难以满足不同项目从启动到完工的全部投入,所以需要对长期的财务固定投入资金进行多种结算方式的选择。原有的单一结算只会配备少数工作人员,在面临大量临时借款时,会产生较大的供给矛盾,使持续性的机会成本流失,不能为企业的再投资带来利益收入。

在区块链技术的应用环境下,能够采用智能的合同签约形式,将企业信息放置在数据库中,寻找能够长期投资和投产的对象,在网络区域块中先交换双方的企业信息。改变了传统财务交易中的智慧合约及条款纠纷,实现智能化的操作,降低了纸质合约及双方见面的成本。通过各自的网络平台审核后,首先进行网络线上谈判,规定好双方企业财务交易需遵循的规则,确立好投资和财产融资模式,再对业务价格和期限进行商讨和确定。

当企业双方均能够在此次交易获益时,利用智能网络合同签订形式,将涉及的财务条款和有关规定嵌入管理执行系统中,完成全部的智能财务管理内容。其主要优势表现为:一旦双方企业或我方企业中出现差错,代表双方的和谈约定立即停止,规则会直接发送至管理人员的邮箱,提醒其正确交易。企业的财务投资逐渐减少座谈次数,一切业务需求也依靠区块链技术构建的网络平台进行整合,能够将所有信息数据进行证据分析,解决了财务结算制度单一与人力的长期矛盾。在区块链平台上,企业交易活动可实现资金直接收付功能,降低企业的交易成本,不受金融机构时间和地点的局限,可在多种移动设备上实现交易,保证资金收付的安全性,提高了经济活动的效率。企业通过改善长期的单一比例不协调的结算模式,对人力成本和物力成本进行优化控制,使企业在财务支出和收入方面拓展了多种渠道。区块链技术的有效应用,可以为企业财务结算打开多元化的新渠道,创新其财务管理模式,有助于企业合理确定财务管理方式,及时优化其资本结构。

三、新会计制度下财务管理模式的发展

"随着时代的发展,会计制度在不断革新,新会计制度已成为如今企业发展中的重要一环。"新的会计制度不仅能大幅度提升企业会计财务管理水平,并且可以改善企业效益。对于财务管理模式的探讨,不仅应当从经济理论的角度出发,还要深度探讨新会计制度下

的财务管理模式。

新会计制度的诞生及运用对财务管理模式产生了深远的影响,其中改革与创新并存,财务管理模式也因此发生了巨大的转变。首先,在新会计制度下,企业的财务信息变得更加透明,员工们能够更加顺利地参与企业的财务管理,不仅便于对企业资金实行监督政策,同时也提高了企业的经济效益。其次,新会计制度在企业中的普及也加深了企业决策者对财务管理的认知,使其重视财务管理,更准确地定位其作用,进而降低了企业的投资风险,让企业处于一个更加稳定且开阔的发展空间里。最后,新会计制度不仅为企业提供了科学发展的可能,也对企业提出了更高的要求,企业以此而发展其核心竞争力,让企业能够顺应时代的变化,提升自身财务管理水平,在新时代中生存下去。新会计制度下财务管理模式的发展需要注意以下方面。

第一,完善企业现有财务管理部门。为了当代社会经济的需求,企业应当完善现有的财务管理部门,国内许多企业都拥有着独立的财务部门,但是该部门的职能不够完善,企业需要分层管理财务,让财务管理渗透到各个部门中,而这样的模式则需要运用新会计制度,这样才能够保证管理足够严格。另一方面而言,企业进行财务管理应当注重其资金的流向,合理运用新会计制度,让资金在合理有效的范围内流通,发挥财务管理的作用。这样不仅能让企业的投资和生产趋于规范,也能够发挥企业优势,让企业效益稳步增长。

第二,完善企业财务信息管理系统的建设。随着财务管理的改革和创新,财务信息管理系统也应当不断完善,在新会计制度颁布之后,财务信息系统也得到进一步的发展。在企业中,财务信息系统能够方便会计账户和财务报表的运行,重视财务信息管理系统,才能让财务信息的准确性得到保障。例如,许多石油石化企业便从财务信息管理入手,进而保证其资金得到有效利用。这些企业,一方面,建立一个财务内部控制制度,实现内部管理相互联系,相互制约;另一方面,建立完整的会计核算流程,详细总结企业财务信息,让工作更加高效,也能合理地改善企业财务状况。

第三,提高财务管理人员业务素质。传统财务管理经验和知识已无法满足新会计制度的需要,因此财务管理人员应当将自身管理手段和管理方式进行改革和创新,顺应新会计制度的工作理念,符合新会计制度的管理要求。而企业也应当对财务管理人员进行专业能力和素质的培养,总结企业实际情况,把握财务管理的问题所在,制定相应的培训课程对财务管理人员进行培训,让新会计制度在企业内部得到贯彻和落实,转变工作人员的思想,为企业的发展做出自身贡献。

第四,树立明确的财务管理目标。树立一个明确的财务管理目标是企业未来发展的重中之重,而这一目标应当合理且深远,以提高企业经济效益为核心理念,实现企业财务管理资源的共享为重要手段。规避投资风险,搞好财务控制与财务分析,让企业融资决策更具效益,企业财务管理目标应当从长远角度考虑,具有创新思维意识,合理利用新会计制度,让企业发展的道路得到规范,进而提高企业利润。

第五,发挥绩效预算的纽带作用。运用新会计制度进行财务管理时,应当运用目标管理的手段控制财务,同时也不应当忽视绩效预算的纽带作用。绩效作为财务管理的纽带,应当重视其导向作用,不仅要体现企业的主体利益需求,同时也要对结果进行负责的整合,让财务管理工作人员在一个合理的绩效目标下,根据其工作效益进行奖惩,这样能够激励工作人员,同时让企业的利益最大化。然而,在制定合理的管理目标时也应当注意成本的控制,否则有可能不仅没能利用绩效带来的效益,也会影响企业的发展。

在新会计制度之下,财务管理模式得到了前所未有的发展,只有不断完善财务管理模式,才能够满足企业未来发展的需求。财务管理能力的提高,能够满足企业在竞争中的需求,只有完善财务管理制度才能够让企业发展更加平稳快速。

第三节　财务管理中的绿色财务管理

经济的高速发展带动了各个行业的进步,然而当人们在为取得的成就喝彩的时候,却不得不意识到一个非常严重的问题,即资源的总量日益减少,环境质量变得越来越差。在这个背景之下,财务管理工作就会朝着绿色管理阶段发展。所谓的绿色管理,具体来讲是将环保和资源管理以及社会效益融合到一起的一种管理方法。

一、绿色财务管理概述

在之前管理方法的基础之上,更加关注环境及资源,它的目的主要是带动社会的长久发展。

(一)绿色财务管理的内容

1. 绿色财务活动

它在原有的财务内容中增加了环保和资源利用两个要素,它规定相关的主体在开展财务工作的时候,不单单要将经济效益考虑在内,还要将资源的全面利用及消耗能力、生态的受损程度以及恢复所需的资金等考虑在内,它更加重视社会的长远发展。

2. 绿色财务关系管理

绿色财务关系管理是在原有与出资人、债权人、债务人、供应商、买家、政府、同行等财务关系管理的基础上,增加了对资源关系、环境关系的管理内容。具体来讲,在开展新项目的时候,除了要做好和环保机构的沟通工作以外,还要联系资源部门,这样做的目的是保证新项目在新的状态之下不会有较为严重的问题产生,否则就会导致资源受损,无法被永久利用。

(二)开展绿色管理的意义

1.带动财务管理工作的进步

我们都知道,作为一种科学体系,财务管理工作并不是一成不变的,它是会伴随社会的发展而一直进步的。当相关环境改变了,与之对应的各种系统及体制等都会随之改变,只有这样才能够适应新的发展态势。当今社会,资源的总数只会减少,并不会增加,因此为了长久地发展,就必须开展绿色管理。

2.促进社会和谐发展

我们人类在这个世界上已经存在了数千年,出于自身生存和发展的需要,我们需要一直开展各种活动,而各种活动的最终目的都是获取利益。由于人的总数在不断地增加,虽说一个单体的活动可能不会对资源及生态产生负面效应,但如果是几亿人共同活动呢?后果可想而知。所以,为了避免生态继续恶化,为了我们的子孙后代能够更好地生活在这个世界上,就要开展资源和生态保护工作。在这种背景之下,我们就必须开展绿色管理。[①]

二、加强绿色财务管理的措施

(一)加快对环境、资源等产权认定的研究步伐

虽然对环境、资源等的产权认定很难,但是,在人类社会可持续发展的需要面前,一定要发挥主观能动性,迎难而上,攻坚克难。首先,对绿色财务管理的认识、了解和重视,不应仅仅停留在口头上,更要落实在具体行动中;其次,要加强绿色财务管理研究人员的队伍建设,不仅要培养会计方面、财务管理方面的专业人员,更要培养环境保护方面、资源管理方面的专业人员,以及精算师、数学、地理等方面的专业人员,这是一项浩大的关系人类社会千秋万代的工程;最后,思想上重视了,人员到位了,还需要坚定不移地落实和执行,这项工作漫长而琐碎,任务很艰巨。

(二)加强各国政府间的沟通协作,责任共担,共同发展

在绿色财务管理的推行上,各国政府责无旁贷,加强各国政府间的沟通协作,责任共

---

① 蔡智慧,绳朋云,施全艳.现代会计学与财务管理的创新研究[M].北京:中国商务出版社,2023.

担,才能共同发展、共同繁荣。首先,要摒弃的就是在环境保护和资源管理方面的从众心理,各国政府都应该认识到绿色财务管理的重要性、政府行为的重要性,加强政府间的沟通与协作,共同履行具有国际约束力的环境保护和资源管理公约;最后,要结合自身实际,灵活制定相关政策、法律和法规,并强制执行;再次,要加强相关的舆论宣传,通过舆论导向引导每一个主体的行为,从而为环境的净化和资源的可持续开发利用提供可能。

(三)健全绿色财务管理的评价体系

健全绿色财务管理的评价体系,需要把评价体系具体细化,增加新的评价指标,并加以量化。但是诸如环境改善带来的幸福指数、资源利用效率提高带来的经济效益等这些指标很难量化。而且,人类对绿色财务管理的认知还在不断进步,这也涉及绿色财务管理的评价体系的后续完善工作。

(四)政府引导,加强对绿色财务管理的执行和监督

政府间的合作共赢在绿色财务管理的推行上固然重要,但是,具体执行和监督涉及每个人、每个企业、每个组织、每个国家等各个主体,所以,政府的引导非常重要。除了政策、法律、舆论先行之外,相关的奖励和惩罚措施也非常重要,具体如何处理,需要相关主体的严格执行和监督到位。

第四节　财务管理与人工智能

当前,人工智能技术已经在我国得到了较快的发展,将人工智能技术与财务管理有机融合,能够实现先进高效的规划、预测、决策、预算、控制、分析等各种财务工作。人工智能在财务管理中的应用,将原本繁复的财务问题进行一一分解,变成若干子问题,然后得到最终的解题答案。

一、人工智能技术给财会行业带来的机遇

(一)提高了财会信息的处理质量

无论是财会行业还是审计行业,都必须严格遵循真实性原则,然而我国财会行业并未将这一原则真正落实到位。这主要是因为实际处理财会信息和审计信息过程中,依旧沿用着传统的手工方式进行编制、调整和判断,致使舞弊与错误行为屡见不鲜,所以,为了提高财会信息的真实可靠性,应减少人工处理财会信息的次数,进一步拓展人工智能,从而为财会信息处理的质量和效率提供保证。

（二）促进财会人员有效地工作，节约人力成本

现阶段，我国已经出现了为小企业做账的专业公司，虽然公司领导者对会计记账法与借贷记账法掌握和了解得不是很透彻，但该公司研发的软件可利用电子技术对原始凭证进行扫描，自动生成符合各级政府部门要求的财务报表，这不仅减轻了财会人员的劳动强度，还有效保证了会计核算的实效性；审计部门利用开发的审计软件在提高审计工作效率的同时，还能在深入剖析财会报告的过程中及时发现审计问题，进而采取科学高效的审计手段解决审计问题。

（三）实施完善的风险预警机制，强化财会人员的风险意识

虽然已经有很多企业具备了风险危机意识，但在风险防范和风险发生过程中的决策能力不足。导致这种情况的根本原因在于企业缺乏一套切实可行、健全的风险预警机制，财会人员无法准确判断存在的风险，也不具备风险意识，所以，当遇到风险问题时往往显得手足无措。首先，由于企业内部资金项目具有繁复性特点，很难顺利地开展纵横向对比；其次，财会人员缺乏较高的信息处理综合能力。因此，利用人工智能技术创建风险预警模型，通过各类真实可靠的财务数据对财务风险进行事先预警，不仅保障了企业资金的运营效率，而且还帮助企业及时找出不足之处，从而创设和谐美好的企业发展环境。

（四）实现了更为专业的财会作业流程

当前，财政部已经将管理会计列入了会计改革与发展的重点方向。过去针对业务流程来确立会计职能的工作模式，不仅会造成会计信息核算的重复性，而且还会影响财务风险预警的有效运行。所以，随着人工智能技术的全面渗透，企业将会对那些只懂得进行重复核算工作的财会人员进行精简，聘用更多有助于自身健康发展的、具备完善管理会计知识的财会人员。

二、人工智能技术在财务管理中的应用

（一）财务管理专家系统

财务管理专家系统涉及财务管理知识、管理经验、管理技能，主要负责处理各类财务问题。为了减轻财务管理专家对财务管理过程的描述、分析、验证等工作的劳动强度，很多企业都将涉及管理技能、管理理念及管理环境的财务管理专家系统应用到财务管理工作中。

人工智能技术在财务管理专家系统中的应用，根据具体的财务管理内容将其划分为筹资管理专家系统（涉及资金管理）、投资管理专家系统、营运管理专家系统（涉及风险管

理与危机管理)、分配管理专家系统。这些系统中又涵盖了财务规划及预测、财务决策、财务预算、财务分析、财务控制几方面的子系统。

在对各系统进行优化整合后,财务管理专家系统的综合效用便体现出来了:提高了财务预测的精准度,提升了财务决策的科学性,实现了财务预算与实际的一致性,提高了财务控制效率,财务分析更加细致全面,进一步拓展了财务管理的覆盖面。

财务决策子系统在整个系统中占据重要的比重,而财务决策子系统的顺利运行离不开其他子系统的支持,因此,对这些子系统进行集成后形成了智能化的财务决策支持系统。利用智能化的财务决策支持系统有助于综合评估内部控制与资产分配情况,通过对投资期限、套期保值策略等进行深入分析后,能使投资方案进一步优化和完善。

(二)智能财务管理信息共享系统

财务管理查询系统和操作系统是智能财务管理信息共享系统的主要内容。通过 Microsoft Visual Studio. NET 对财务管理查询系统进行部署,然后操作系统中的 IIS 服务负责相关发布。将. NET 框架设置于发布平台上,该框架负责运作各个. NET 程序。

为财务管理信息共享提供相应的体系结构,企业会在节约成本的理念下向所有利益相关方传递真实可靠的关联财务信息。简单举例,随着 B/S 模式体系结构的构建并使用,企业实现了成本的合理节约,促进了各财务信息的及时有效共享,提高了财务信息处理效率。

通过操作系统中的 IIS 来发布财务管理查询系统,企业内部各职能部门只需要进入Web 浏览器就能及时访问,而企业外部有关使用者只需要利用因特网就能对单位每一天的财务状况予以充分的掌握。

随着智能财务管理信息共享系统的生成并被投入使用,财务管理工作变得更加完善、成熟,同时,在智能财务管理信息共享系统中利用接口技术吸收 ERP 财务信息包,实现了财务管理信息的透明化、公开化,突出了财务管理的即时性。

(三)人工神经网络模型

所谓的人工神经网络,指的是通过人工神经元、电子元件等诸多的处理单元对人脑神经系统的工作机理与结构进行抽象、模仿,由各种连结方式共同组成的网络。人工神经网络从范例学习、知识库修改及推理结构的角度出发,拓展了人类的视野范围,并强化了人类的智能控制意识。

人工神经网络模型涉及诸多神经元结合起来产生的模型,人工神经网络涵盖反馈网络,也可称之为递归网络与前馈网络两个部分。其中,反馈网络是由诸多神经元结合后生成的产物,将神经元的输出及时反馈到前一层或者同一层的神经元中,这时信号可实现正向传播与反向传播。由于前馈网络存在递阶分层结构,因此,同一层中各神经元不可以相互连接,由输入层进入输出层的信号主要以单向传播方式为主,将上层神经元和下层神经元进行了连接,同一层神经元相互之间不能连接。

人工神经网络存在很多类型,比如 RBF 网络、BP 网络、ART 网络等。其中,RBF 神经网络现已在客户关系管理、住宅造价估算等领域中得到了有效应用;BP 神经网络现已在战略财务管理、风险投资项目评价、固定资产投资预测、账单数据挖掘、纳税评估、物流需求预测等众多领域中得到了有效应用;ART 神经网络现已在财务诊断、财务信息质量控制、危机报警等领域中得到了高效的应用。

随着经济领域和管理领域对人工智能技术的广泛应用,越来越多的学者将研究重心放在了人工智能层面上,而财务管理中应用 BP 神经网络来预测财务状况取得了可喜的成果。因此,BP 神经网络成为现代人工智能应用研究的关键点,而成功的研究经验为财务管理的研究提供了重要依据。

综上所述可知,随着科学技术的快速发展,智能化的财务管理已成为必然,运用智能财务管理专家系统有助于提高财务管理水平及效率。今后的财务管理专家系统将逐步朝着智能化、人性化、即时化的方向快速迈进,可以想象,那个时候的智能财务管理专家将会全权负责繁复的财务管理工作,使财务管理人员不再面临庞大的工作量。出于对财务主体持续发展的考虑,在"以人为本"理念的基础上推行科学化财务管理工作,要在保证财务主体良性循环发展的同时,为各利益相关者提供预期的效益。

第五章　财务审计概述

第一节　财务审计的基本介绍

一、企业财务审计的定义

企业财务审计是指由国家审计机关、社会审计组织和内部审计机构及其专职审计人员,依照审计准则和相关法律法规,并采用现代审计技术依法独立地对企业的资产、负债、所有者权益和损益等会计信息的真实性,财务收支业务和相关经济活动的合法性、合理性、效益性,以及对企业的经营管理者应承担的经济责任进行审查、监督、鉴证与评价,借以揭示错弊,维护财经法纪,提高企业经济效益并促进宏观调控的审查监督体系。

需要指出的是,企业财务审计是现代企业环境和现代审计环境相结合的产物,它揭示了企业财务审计是一个发展的概念。企业财务审计,明确地将其范围界定在国有企业及国有控股企业和其他企业的财务审计范畴之中,不是泛指对社会所有财务活动的审计,如不包括对社会捐赠资金、社会保障资金、境外援助资金、境外贷款资金和国家对基本建设项目的固定资产投资等方面的审计。

二、企业财务审计的内容

财务审计是对被审计单位的会计资料及其所反映的财政收支、财务收支活动的真实性、正确性、公允性、合法性和合规性所进行的审计,又称传统审计或常规审计。根据被审计单位的不同,财务审计的范围主要包括对实行预算管理的行政事业单位财务收支的审计、基本建设项目的财务收支情况审计,以及对实行营利管理的企业财务收支的审计等。就企业财务审计而言,企业财务审计的对象主要包括两个方面:一是被审计单位的财务收支及其有关的经济活动;二是记载和反映这些经济活动的会计报表及相关资料。将企业财务审计对象的内容具体化,就构成了企业财务审计的内容。一般而言,企业财务审计的内容主要包括以下七项。

（一）财务报表审计

财务报表审计是对企业的资产负债表、利润表、现金流量表、所有者权益变动表、财务报表附注，以及相关的会计账簿和会计凭证的真实性、合法性进行审计。

（二）资产审计

资产审计是对企业的各项资产进行审计，包括对流动资产、长期股权投资、持有至到期投资、固定资产及其累计折旧、在建工程、无形资产和其他资产的安全完整、保值增值所进行的审计。

（三）负债审计[①]

负债审计是对企业的各项负债进行审计，包括对流动负债和长期负债的情况进行审计。具体包括短期借款、应付票据、应付账款、预收账款、其他应付款、应付职工薪酬、应交税费、应付利润、长期借款、应付债券、长期应付款等项目的审计。

（四）所有者权益审计

所有者权益审计是对企业的各项所有者权益进行审计，包括对实收资本、资本公积、盈余公积和未分配利润的真实性、合法性进行审计。

（五）收入审计

收入审计是对企业的营业收入进行审计，包括通过对销货与收款循环的内部控制制度测试，营业收入的实质性测试，从而对营业收入真实性、合法性进行审计。

（六）费用审计

费用审计是对企业的成本费用进行审计，包括产品成本的审计、营业成本的审计、营业税金及附加的审计和期间费用的审计。

（七）利润审计

利润审计是对企业的利润形成及其分配项目进行审计，包括营业利润、利润总额、所得税费用的审计，以及对利润分配的情况进行审计。

三、企业财务审计的目标

审计目标是指人们在特定的社会历史环境中，期望通过审计实践活动达到的最终结果，或者是指审计活动的目的与要求。无论是国家审计、内部审计还是注册会计师审计，审计目标都必须满足其服务领域的特殊需要，从而表现出各自的特点，但从本质上看，审

---

① 王雯.行政管理[M].昆明：云南大学出版社，2022.

计目标都是审查评价受托经济责任的履行情况。以注册会计师审计为例,具体分析如下。①

(一)审计总体目标的演变

第一阶段:详细审计阶段,审计总体目标是查错防弊,保护资产的安全与完整。第二阶段:资产负债表审计阶段,审计总体目标是判断被审计单位的财务状况和偿债能力。

第三阶段:财务报表审计阶段,审计总体目标是对被审计单位财务报表的合法性和公允性发表审计意见。

(二)财务报表审计的总目标

在执行财务报表审计工作时,注册会计师的总体目标包括两个方面:一是对财务报表整体是否不存在由于舞弊或错误导致的重大错报获取合理保证,使得注册会计师能够对财务报表是否在所有重大方面按照适用的财务报告编制基础编制发表审计意见(就大多数通用的财务报告框架而言,注册会计师针对财务报表是否在所有重大方面按照财务报告编制基础编制并实现公允反映发表审计意见);二是按照审计准则的规定,根据审计结果对财务报表出具审计报告,并与管理层和治理层沟通。财务报表审计的总体目标对注册会计师的审计工作发挥着导向作用,它界定了注册会计师的责任范围,直接影响注册会计师计划和实施审计程序的性质、时间安排和范围,决定了注册会计师如何发表审计意见。

(三)认定与具体审计目标

认定是指被审计单位管理层对财务报表组成要素的确认、计量、列报做出的明确或者隐含的表达。认定与审计目标密切相关,审计人员的基本职责就是确定被审计单位管理层对其财务报表的认定是否恰当。审计人员了解认定,就很容易确定每个项目的具体审计目标,并以此作为评估重大错报风险以及设计和实施进一步审计程序的基础。

1. 与各类交易和事项相关的审计目标

与各类交易和事项相关的审计目标主要包括以下五个方面。

(1)发生

由发生认定推导的审计目标是已记录的交易是真实的。例如,如果没有发生销售交易,但在销售日记账中记录了一笔销售,则违反了该目标。发生认定所要解决的问题是管理层是否把那些不曾发生的项目记入财务报表,它主要与财务报表组成要素的高估有关。

---

① 党夏宁.审计学原理[M].武汉:武汉大学出版社,2022.

(2)完整性

由完整性认定推导的审计目标是已发生的交易确实已经记录。例如,如果发生了销售交易,但没有在销售日记账和总账中记录,则违反了该目标。发生和完整性二者强调的是相反的关注点。发生目标针对潜在的高估,而完整性目标则针对漏记交易(低估)。

(3)准确性

由准确性认定推导出的审计目标是已记录的交易按正确金额反映的。例如,如果在销售交易中,发出商品的数量与账单上的数量不符,或是开账单时使用了错误的销售价格,或是账单中的乘积或加总有误,或是在销售日记账中记录了错误的金额,则违反了该目标。准确性与发生、完整性之间存在区别。例如,若已记录的销售交易是不应当记录的(如发出的商品是寄销商品),则即使发票金额是准确计算的,仍违反了发生目标。再如,若已入账的销售交易是对正确发出商品的记录,但金额计算错误,则违反了准确性目标,但没有违反发生目标。在完整性与准确性之间也存在同样的关系。

(4)截止

由截止认定推导出的审计目标是接近于资产负债表日的交易记录于恰当的期间。例如,如果本期交易推到下期,或下期交易提到本期,均违反了截止目标。

(5)分类

由分类认定推导出的审计目标是被审计单位记录的交易经过适当分类。例如,如果将现销记录为赊销,将出售经营性固定资产所得的收入记录为营业收入,则导致交易分类的错误,违反了分类的目标。

2.与期末账户余额相关的审计目标

与期末账户余额相关的审计目标,主要包括以下四个方面。

(1)存在

由存在认定推导的审计目标是记录的金额确实存在。例如,如果不存在某顾客的应收账款,在应收账款试算平衡表中却列入了对该顾客的应收账款,则违反了存在性目标。

(2)权利和义务

由权利和义务认定推导的审计目标是资产归属于被审计单位,负债属于被审计单位的义务。例如,将他人寄售商品记入被审计单位的存货中,违反了权利的目标;将不属于被审计单位的债务记入账内,违反了义务目标。

(3)完整性

由完整性认定推导的审计目标是已存在的金额均已记录。例如,如果存在某顾客的应收账款,在应收账款试算平衡表中却没有列入对该顾客的应收账款,则违反了完整性目标。

(4)计价和分摊

资产、负债和所有者权益以恰当的金额包括在财务报表中,与之相关的计价或分摊调整已恰当记录。

3. 与列报相关的审计目标

各类交易和账户余额的认定正确只是为列报正确打下了必要的基础,财务报表还可能因被审计单位误解有关列报的规定或舞弊等而产生错报。另外,还可能因被审计单位没有遵守一些专门的披露要求而导致财务报表错报。因此,即使审计人员审计了各类交易和账户余额的认定,实现了各类交易和账户余额的具体审计目标,也并不意味着获取了足以对财务报表发表审计意见的充分、适当的审计证据。审计人员还应当对各类交易、账户余额及相关事项在财务报表中列报的正确性实施审计。

(1)发生及权利和义务

将没有发生的交易、事项,或与被审计单位无关的交易和事项包括在财务报表中,则违反该目标。例如,复核董事会会议记录中是否记载了固定资产抵押等事项,询问管理层固定资产是否被抵押,即对列报的权利认定的运用。如果抵押固定资产则需要在财务报表中列报,说明其权利受到限制。

(2)完整性

如果应当披露的事项没有包括在财务报表中,则违反该目标。例如,检查关联方和关联交易,以验证其在财务报表中是否得到充分披露,即对列报的完整性认定的运用。

(3)分类和可理解性

财务信息已被恰当地列报和描述,且披露内容表述清楚。例如,检查存货的主要类别是否已披露,是否将一年内到期的长期负债列为流动负债,即对列报的分类和可理解性认定的运用。

(4)准确性和计价

财务信息和其他信息已公允披露,且金额恰当。例如,检查财务报表附注是否分别对原材料、在产品和产成品等存货成本核算方法做了恰当说明,即对列报的准确性和计价认定的运用。

第二节　财务审计的难点

在市场经济条件下,企业需要采取措施提高自身资金的使用效率,避免发生侵占、贪污企业财产的现象。为此,企业需要在财务审计方面加大力度。当前,随着经济的不断发展,人们的生活水平逐渐提高,为了满足人们的需求,企业需要引进新的设备,不断扩大生产规模,在这种情况下,企业的财务审计活动随之发生变化。而且,激烈的市场竞争中,因扩大生产规模,企业的财务审计工作面临新的问题。随着经济一体化进程的不断推进,为了与国际审计工作保持同步,企业财务管理部门需要对审计工作进行深入的研究分析。同时,为了帮助企业提高自身的审计工作水平,以及提升财务审计能力,在组织开展审计工作的过程中,需要对当前的计算机技术、先进的审计方法等进行充分的使用。根据企业财务管理的实际需要,企业需要对财务审计工作的特点进行重点分析,确保自身财务管理工作的顺利开展。

一、企业财务审计工作实际需求

随着经济的不断发展,人们的生活水平逐渐提高,为了满足市场需求,企业需要在现有的基础上,不断扩大生产规模,在这种情况下,企业的财务审计内容随之发生相应的变化。在新的历史时期,企业的财务管理部门需要不断满足自身财务审计工作的实际需求,对自身财务审计的内容及财务审计的需求进行研究分析,在明确审计工作要求的前提下,采取相应的措施,在一定程度上提高企业财务审计工作的效率和质量。企业在日常经营活动中,财务管理工作量因自身配置资源、收支经费等情况呈现出不断增加的趋势。为了帮助企业实现财务管理目标,同时提高企业资金的使用效率,需要采取措施,进一步完善财务审计工作,通过建立完善的审计体系,在一定程度上帮助企业提高财务审计工作的质量,确保企业财务审计工作的顺利开展。[①]

二、解决企业财务审计工作的具体对策

(一)对财务审计人员进行教育和培训,提高业务素质

为了满足财务审计工作的需求,财务审计工作人员必须具备较高的财务理论水平和业务技术水平,同时需要具备良好的职业道德品质。为此,财务审计单位要针对这些要

---

① 蔡智慧,绳朋云,施全艳.现代会计学与财务管理的创新研究[M].北京:中国商务出版社,2023.

求,对财务审计工作人员进行教育和培训:选拔业务骨干到高校或专业机构进行系统学习;根据自身的实际情况,在条件允许的情况下,聘请行业专家进行业务辅导。另外,企业财务管理部门需要对财务审计人员进行政治业务培训,建立相应的规章制度,严格要求从业人员持证上岗,同时对从业人员进行定期的考核,对于考核不合格的财务人员进行淘汰。通过上述举措,可以在一定程度上确保财务审计人员不断提升自身的修养,从而建立一支高素质的财务审计队伍。

(二)优化财务审计环境

首先,财务管理部门需要与其他部门加强沟通和交流,进一步获得其他部门的支持,这是财务管理部门有效开展财务审计工作的关键。其次,对财务审计的重要性进行大力宣传,努力争取社会各界对财务审计工作的认可和支持。最后,财务管理部门需要与执法机关进行主动沟通,在财务审计过程中,对于有重大违纪、违法现象的工作人员,应及时移送纪检、司法机关,切实发挥审计工作的监督作用。

(三)建立和完善财务审计管理体系

在新的历史时期,为了确保企业满足财务审计工作的需要,对于财务管理部门来说,需要建立和完善财务审计体系,提高资金的使用效率。在日常经营过程中,为了满足市场需求,企业需要不断扩大生产规模,在这种情况下,企业财务管理部门需要采取措施,不断完善传统的财务审计管理体系。同时,随着生产规模的不断扩大,企业的人员数量急剧增加,这就对基层管理人员的素质提出了更高的要求,因此需要不断完善审计工作内容。通过建立和完善审计管理体系,帮助财务管理部门提高审计管理能力和审计效率,并且在一定程度上对财务审计工作进行指导。

(四)明确财务审计工作重点,提高审计工作质量

在激烈的市场竞争中,企业为了实现自身的生存与发展,在经营过程中,需要研究分析财务审计工作的难点,同时在组织开展财务审计工作时,重点突出财务审计工作,并且给予一定的人为倾斜。为了有效使用企业现有资金,在使用资金的过程中,需要满足财务审计工作的实际需要,并且采取措施确保资金使用的合法性,同时借助预算、审计等方式,在一定程度上切实维护资金使用的科学性、合理性。在新的历史条件下,为了帮助审计部门实现财务审计工作目标,需要综合分析财务审计工作存在的难点,进一步明确财务审计工作的内容,并且以此为基础,重点做好财务审计、专项资金审计等工作。

综上所述,在激烈的市场竞争中,企业需要结合自身的实际情况,高度重视财务审计工作。通过对企业财务审计工作中存在的难点进行研究分析,进一步明确企业财务审计

工作的重点,同时以此为基础,对企业的日常经营活动、财务管理工作等进行指导。在新的历史时期,需要对企业的财务审计工作进行改革和创新。以此为基础,建立和完善审计制度,组织开展审计改革、创新工作,同时以财务审计为核心,进一步推动企业的持续发展。

第三节　审计证据与审计的底稿

一、审计证据

(一)审计证据的定义

审计证据是指审计人员为了得出审计结论,形成审计意见而使用的所有信息,包括财务报表依据的会计记录中含有的信息和其他信息。

财务报表依据的会计记录,一般包括对初始分录的记录和支持性记录,如支票、电子资金转账记录、发票、合同、总账、明细账、记账凭证[1]和未在记账凭证中反映的对财务报表的其他调整,以及支持成本分配、计算、调节和披露的手工计算表和电子数据表。

可用作审计证据的其他信息,主要包括审计人员从被审计单位内部或外部获取的会计记录以外的信息,如被审计单位会议记录、内部控制手册、询证函的回函、分析师的报告、与竞争者的比较数据等;通过询问、观察和检查等审计程序获取的信息,如通过检查存货获取存货存在性的证据等;以及自身编制或获取的可以通过合理推断得出结论的信息,如审计人员编制的各种计算表、分析表等。

财务报表依据的会计记录中包含的信息和其他信息共同构成了审计证据,二者缺一不可。只有将二者结合在一起,才能将审计风险降至可接受的低水平,为审计人员发表审计意见提供合理基础。[①]

(二)审计证据的类型

1. 按审计证据的来源分类

按审计证据的来源,审计证据可分为内部证据、内外证据、外内证据、外部证据。

(1)内部证据是指由被审计单位产生和处理的审计证据。例如,会计账簿、产量记录都属于内部证据,因为它是由被审计单位制作、处理和保存的。这种证据证明力较低。

---

① 尉玉芬.审计学原理与实务[M].杭州:浙江工商大学出版社,2020.

(2)内外证据是指由被审计单位产生,但通过外部实体的活动加以处理。例如,企业签发的支票,必须由银行进行处理。

(3)外内证据是指证据产生于外部,但由被审计单位进行处理或保存。例如,接受货物或劳务而得到的发票就是外内证据。

(4)外部证据是指那些源自外部实体,并且不经过被审计单位的经营系统就直接被审计人员获取的证据,这类证据的证明力最强。例如,向客户索取的询证函回函。

2. 按审计证据的形式分类

按照审计证据的形式,审计证据可分为实物证据、书面证据、口头证据和环境证据。

(1)实物证据是指表现为实物形式,审计人员可以通过观察和清点得到的证据,如现金、固定资产和存货等。

(2)书面证据又称为文件证据,是表明被审计单位经济活动的各种书面记录,如会计报表、合同协议等。

(3)口头证据是指审计人员通过口头询问或咨询等方式获取的证据。一般来讲,口头证据证明力较差,它本身并不足以证明事情的真相。

(4)环境证据,又称状况证据是指对企业产生影响的各种环境事实,如内部控制、企业管理人员的素质等。

3. 按审计证据的相互关系分类

按审计证据的相互关系,审计证据可分为基本证据、佐证证据和矛盾证据。

(1)基本证据,也称"基础证据",是指对被审事项具有直接证明力的证据。例如,审查会计报表是否正确时,账簿是基本证据;审查利润分配是否正确时,股东大会决议和本年可分配利润是直接证据。

(2)佐证证据,也称为"确证证据"或"旁证",是指能支持基本证据证明力的证据。例如,原始凭证可支持记账凭证的正确性,考勤记录可支持应付职工薪酬的正确性。

(3)矛盾证据是指证明的内容与基本证据不一致或相反的证据。例如,某公司销售情况非常好,但报表上销售收入却不高,这就为审计人员提供了线索。

4. 按审计证据取得的方式分类

按审计证据取得的方式,审计证据可分为现成证据和非现成证据。

(1)现成证据是指被审计单位已有的,不需要审计人员加工的证据。例如,会计资料、财产记录、考勤记录等。

(2)非现成证据是指审计人员工作后所取得的记录。例如,分析性复核记录、应收账款询证函的回函等。

(三)审计证据的特性

审计人员应当获取适当、充分的审计证据,为审计结论提供合理的基础。审计证据的充分性是对证据数量的衡量;审计证据的适当性是对证据质量的衡量。

1.审计证据的充分性

审计证据的充分性是指审计证据的数量能足以支持审计人员的审计意见,是审计人员为形成审计意见所需审计证据的最低数量要求,但审计证据的数量不是越多越好,足够就行。审计人员需要获取的审计证据的数量受错报风险的影响,错报风险越大,需要的审计证据可能越多。

2.审计证据的适当性

(1)审计证据的相关性

审计人员只能利用与审计目标相关联的审计证据来证明和否定管理当局所认定的事项。需要指出:第一,特定的审计程序可能只为某些认定提供相关的审计证据,而与其他认定无关。例如,检查期后应收账款收回的记录和文件可以提供有关存在和计价的审计证据,但是不一定与期末截止是否适当相关。第二,针对同一项认定可以从不同来源获取审计证据或获取不同性质的审计证据。例如,审计人员可以分析应收账款的账龄和应收账款的期后收款情况,以获取与坏账准备计价有关的审计证据。第三,只与特定认定相关的审计证据并不能替代与其他认定相关的审计证据。例如,有关存货实物存在的审计证据并不能够替代与存货计价相关的审计证据。

(2)审计证据的可靠性

审计证据的可靠性就是我们通常所说的证明力,可靠性受其来源和性质的影响。主要表现在:第一,从外部独立来源获取的审计证据比从其他来源获取的审计证据更可靠;第二,内部控制有效时内部生成的审计证据比内部控制薄弱时内部生成的审计证据更可靠;第三,直接获取的审计证据比间接获取或推论得出的审计证据更可靠;第四,以文件、记录形式(无论是纸质、电子或其他介质)存在的审计证据比口头形式的审计证据更可靠;第五,从原件获取的审计证据比从传真件或复印件获取的审计证据更可靠。

审计人员在按照上述原则评价审计证据的可靠性时,还应当注意可能出现的重要例外情况。例如,审计证据虽是从独立的外部来源获得,但如果该证据是由不知情者或不具备资格者提供,审计证据也可能是不可靠的;同样,如果审计人员不具备评价证据的专业能力,那么即使是直接获取的证据,也可能不可靠。

3.充分性和适当性之间的关系

充分性和适当性是审计证据的两个重要特征,二者缺一不可。一方面,只有充分且适当的审计证据才是有证明力的。另一方面,审计人员获取的审计证据数量也受审计证据质量的影响,审计证据质量越高,需要的审计证据数量可能越少。也就是说,审计证据的适当性会影响审计证据的充分性。但如果审计证据的质量存在缺陷,仅获取更多的审计证据可能无法弥补其质量上的缺陷。

(四)获取审计证据的方法

审计人员获取证据的方法,简称为审计取证方法,是属于狭义的审计方法。一般而言,审计人员可以采取检查、观察、询问、函证、重新计算、重新执行和分析程序等方法获取审计证据。

二、审计工作底稿

(一)审计工作底稿的含义和编制目的

1.审计工作底稿的含义

审计工作底稿,是指审计人员对制订的审计计划、实施的审计程序、获取的相关审计证据,以及得出的审计结论做出的记录。审计工作底稿是审计证据的载体,是审计人员在审计过程中形成的审计工作记录和获取的资料,它形成于审计过程,也反映整个审计过程。

2.审计工作底稿编制的目的

审计人员应当及时编制审计工作底稿,以实现下列基本目的。

(1)提供证据,作为审计人员得出实现总体目标结论的基础。

(2)提供证据,证明审计人员按照审计准则和相关法律法规的规定计划和执行审计工作。

此外,审计工作底稿还可以实现下列目的。

(1)有助于项目组计划和执行审计工作。

(2)有助于项目组成员按照审计准则的规定,履行指导、监督与复核审计工作的责任。

(3)便于项目组说明其执行审计工作的情况。

(4)保留对未来审计工作持续产生重大影响事项的记录。

(5)便于会计师事务所按照质量控制准则的规定,实施质量控制复核与检查。

(6)便于监管机构和注册会计师协会根据相关法律法规或其他相关要求,对会计师事务所实施执业质量检查。

审计工作底稿是审计人员形成审计结论,发表审计意见的直接依据;是评价考核审计人员专业胜任能力和工作业绩,并明确其责任的主要依据;便于实施质量控制复核与检查,是审计质量和控制与监督的基础,对未来审计业务具有参考备查作用。

(二)审计工作底稿的编制要求

审计人员编制的审计工作底稿,应当使得未曾接触该项审计工作的有经验的专业人士清楚了解。

1.按照审计准则和相关法律法规的规定实施的审计程序的性质、时间安排和范围。

2.实施审计程序的结果和获取的审计证据。

3.审计中遇到的重大事项和得出的结论,以及在得出结论时做出的重大职业判断。

有经验的专业人士,是指具有审计实务经验,并且对审计过程、审计准则和相关法律的规定、被审计单位所处的经营环境、与被审计单位所处行业相关的会计和审计问题等方面有合理了解的人士。

(三)审计工作底稿的内容与形式

1.审计工作底稿的内容

审计工作底稿的内容包括总体审计策略、具体审计计划、分析表、问题备忘录、重大事项概要、询证的回函、书面声明、核对表、有关重大事项的往来信件(包括电子邮件)、对被审计单位文件记录的摘要或复印件、审计业务约定书、管理建议书、项目组内部或项目组与被审计单位举行的会议记录、与其他人士(如其他注册会计师、律师、专家等)的沟通文件及错报汇总表等。

2.审计工作底稿的存在形式

审计工作底稿可以以纸质、电子或其他介质形式存在。在审计实务中,为了便于复核,审计人员可以将以电子或其他介质形式存在的审计工作底稿通过打印等方式,转换成纸质形式的审计工作底稿,并与其他纸质形式的审计工作底稿一并归档,同时应当单独保存以电子或其他介质形式存在的审计工作底稿。

(四)审计工作底稿的要素

不同的审计程序会使得审计人员获取不同性质的审计证据,由此审计人员可能会编制不同格式、内容和范围的审计工作底稿。尽管审计工作底稿的具体格式有所不同，但通常，审计工作底稿包括下列全部或部分要素。

1. 审计工作底稿的标题（每张底稿应当包括被审计单位的名称、审计项目的名称以及资产负债表日或底稿覆盖的会计期间）。

2. 审计过程记录（应当特别注意记录具体项目或事项的识别特征、重大事项及相关重大职业判断、针对重大事项如何处理不一致的情况等）。

3. 审计结论（包含已实施审计程序的结果、是否已实现既定审计目标的结论，以及审计程序识别出的例外情况和重大事项如何得到解决的结论）。

4. 审计标识及其说明。

5. 索引号及编号（便于相关工作底稿之间保持清晰的勾稽关系）。

6. 编制者姓名及编制日期。

7. 复核者姓名及复核日期。

8. 其他应说明事项。

在注册会计师审计实务中，会计师事务所为了从整体上提高工作（包括复核工作）效率及工作质量，基于审计准则及在实务中的经验等，统一制定某些格式、索引及涵盖内容等方面相对固定的审计工作底稿模板和范例，在此基础上，注册会计师再根据各具体业务的特点加以必要的修改，制定适用于具体审计项目的审计工作底稿。

(五)审计工作底稿的复核

1. 审计项目组内部复核

项目组内部复核应当由项目组内经验较多的人员（包括项目合伙人）复核经验较少的人员的工作。项目组内部复核的事项包括：①审计工作是否已按照法律法规、相关职业道德要求和审计准则的规定执行；②重大事项是否已提请进一步考虑；③相关事项是否已进行适当咨询，由此形成的结论是否得到记录和执行；④是否需要修改已执行审计工作的性质、时间和范围；⑤已执行的审计工作是否支持形成的结论，并已得到适当记录；⑥获取的审计证据是否充分、适当，足以支持审计结论；⑦审计程序的目标是否已经实现。

2. 项目质量控制复核

项目质量控制复核，是指在审计报告日或审计报告日之前，项目质量控制复核人员对项目组做出的重大判断和在编制报告时得出的结论进行客观评价的过程。项目质量控制复核人员，是指项目组成员以外的，具有足够、适当的经验和权限，对项目组做出的重大判断和在编制报告时得出的结论进行客观评价的合伙人、会计师事务所的其他人员、具有适当资格的外部人员或由这类人员组成的小组。项目质量控制复核适用于上市实体财务报表审计，以及会计师事务所确定需要实施项目质量控制、复核的其他业务。

(六)审计工作底稿的归档

将审计工作底稿规整为审计档案属于一项事务性工作。审计工作底稿的归档期限为审计报告日(或审计业务中止日)后 60 天内，在完成最终审计档案的归整工作后，不应在规定的保存期限届满前删除或废弃任何性质的审计工作底稿。

1. 审计档案的分类

在审计实务中，审计档案可以划分为永久性档案和当期档案。

(1)永久性档案

永久性档案是指那些记录内容相对稳定，具有长期使用价值，并对以后审计工作具有重要影响和直接作用的审计档案。包括审计项目管理资料，如审计业务约定书原件；被审计单位背景资料，如被审计单位的组织结构、关联方资料；法律事项资料，如公司章程、批准证书、营业执照、重要资产权证复印件等。

(2)当期档案

当期档案是指那些记录内容经常变化，主要供当期和下期审计使用的审计档案。包括沟通和报告相关工作底稿，如与管理层(治理层)的沟通和报告、审计报告和经审计的财务报表；审计完成阶段工作底稿，如管理层声明书原件、错报汇总表；审计计划阶段工作底稿，如总体审计策略和具体审计计划；进一步审计程序工作底稿，如有关控制测试工作底稿、有关实质性程序工作底稿等。

2. 审计工作底稿的保存期限

审计工作底稿的保存期限为审计报告日(或审计业务中止日)起至少保存 10 年。会计师事务所应当按照规定的期限保存审计工作底稿，并承担保密的义务，注册会计师及会计师事务所不得违反国家有关规定向境内外机构和个人提供审计工作底稿。

但在以下五种情况下可以披露涉密信息。

(1)法律法规允许披露，并且取得客户或工作单位的授权。

(2)根据法律法规的要求，为法律诉讼、仲裁准备文件或提供证据以及向有关监管机构报告发现的违法行为。

(3)法律法规允许的情况下，在法律诉讼、仲裁中维护自己的合法权益。

(4)接受注册会计师协会或监管机构的执业检查，答复其询问或调查。

(5)法律法规、执业准则和职业道德规范规定的其他情形。

第四节　财务审计的程序与方法

审计程序有广义和狭义两种含义,广义的审计程序是指审计机构和审计人员对审计项目从开始到结束的整个过程采取的系统性工作步骤。狭义的审计程序是指审计人员在实施审计的具体工作中所采取的审计方法。

从广义的含义看,无论是注册会计师审计,还是国家审计或内部审计,审计程序均包括审计计划、审计实施和审计报告三个阶段。但由于不同的审计主体,承担着不同的审计职责和审计任务,因而审计程序有着各自不同的特点。内部审计程序的三个阶段,从形式上看,与国家审计程序大体相同,但其工作程序的具体内容主要取决于单位内部管理层根据需要做出的具体规定。

就注册会计师审计而言,审计工作从开始到结束的整个过程中采取的系统性的工作步骤,主要包括几点内容:接受业务委托、计划审计工作、实施风险评估程序、实施控制测试和实质性程序、完成审计工作和编制审计报告。

一、财务审计的程序

(一)接受业务委托

会计师事务所应当按照执业准则的规定,谨慎决策是否接受或保持某客户关系和具体审计业务。在接受新客户的业务前,或决定是否保持现有业务或考虑接受现有客户的新业务时,会计师事务所应当执行有关客户接受与保持的程序,以获取如下信息:①考虑客户的诚信,没有信息表明客户缺乏诚信;②具有执行业务必要的素质、专业胜任能力、时间和资源;③能够遵守职业道德规范。[①]

会计师事务所执行客户接受与保持程序的目的,旨在识别和评估会计师事务所面临的风险。例如,如果注册会计师发现有客户在之前的业务中做出虚假陈述,那么可以认为接受或保持该客户的风险非常高,甚至是不可接受的。会计师事务所除考虑客户的风险外,还需要考虑自身执行业务的能力,如当工作需要时能否获得合适的具有相应资格的员工;能否获得专业化协助;是否存在任何利益冲突;能否对客户保持独立性等。

在审计业务开始前,确定审计的前提条件是否存在,确认与被审计单位就审计业务约定条款达成一致意见,签订或修改审计业务约定书,以避免双方对审计业务的理解产生

---

① 张晓毅,杨银开,刘雪峰.审计学[M].北京:中国经济出版社,2022.

分歧。

1.审计的前提条件

审计的前提条件,是指管理层在编制财务报表时采用可接受的财务报告编制基础,以及管理层对注册会计师执行审计工作前提的认同。

(1)财务报告的编制基础。注册会计师应当评价被审计单位管理层编制财务报表时采用的财务报告编制基础是否可接受或是否适用。

(2)就管理层的责任达成一致意见。按照审计准则的规定,执行审计工作的前提是管理层已认可并理解其承担的责任。管理层的责任包括以下三个方面。

①按照适用的财务报告编制基础编制财务报表,并使其实现公允反映(如适用)。

②设计、执行和维护必要的内部控制,以使财务报表不存在由于舞弊或错误导致的重大错报。

③向注册会计师提供必要的工作条件,包括允许注册会计师接触与编制财务报表相关的所有信息(如记录、文件和其他事项),向注册会计师提供审计所需要的其他信息,允许注册会计师在获取审计证据时不受限制地接触其认为必要的内部人员和其他相关人员。

2.审计业务约定书

审计业务约定书,是指会计师事务所与被审计单位签订的,用以记录和确认审计业务的委托与受托关系、审计目标和范围、双方的责任以及报告的格式等事项的书面协议。会计师事务所在接受任何审计业务时,都应当与被审计单位签订审计业务约定书。

审计业务约定书的具体内容和格式可能因被审计单位的不同而不同,但应当包括以下主要内容。

(1)财务报表审计的目标与范围。

(2)注册会计师的责任。

(3)管理层的责任。

(4)指出用于编制财务报表所适用的财务报告编制基础。

(5)提及注册会计师拟出具的审计报告的预期形式和内容,以及对在特定情况下出具的审计报告可能不同于预期形式和内容的说明。

(二)计划审计工作

计划审计工作对于注册会计师顺利完成审计工作和控制审计风险具有非常重要的意义。计划审计工作有助于注册会计师适当关注重要的审计领域,及时发现和解决潜在的问题及恰当地组织和管理审计工作,使审计工作以有效的方式得到执行。

计划审计工作包括针对审计业务制订总体审计策略和具体审计计划。

1.总体审计策略

注册会计师应当制定总体审计策略,以确定审计工作的范围、时间安排和方向,并指导具体审计计划的制订。在制定总体审计策略时,应当考虑以下主要事项。

(1)审计范围

注册会计师应当确定审计业务的特征,包括采用的会计准则和相关会计制度、特定行业的报告要求以及被审计单位组成部分的分布等,以确定审计范围。

(2)审计报告目标、时间安排及所需沟通的性质

总体审计策略的制定应当包括明确审计业务的报告目标,以及计划审计的时间安排和所需沟通的性质,包括提交审计报告的时间要求,预期与管理层和治理层沟通的重要日期等。

(3)审计方向

总体审计策略的制定应当包括考虑影响审计业务的重要因素,以确定项目组工作方向,包括确定适当的重要性水平,初步识别可能存在较高的重大错报风险的领域,初步识别重要的组成部分账户余额,评价是需要针对内部控制的有效性获取审计证据,识别被审计单位、所处行业、财务报告要求及其他相关方面最近发生的重大变化等。

(4)审计资源

注册会计师应当在总体审计策略中清楚地说明审计资源的规划和调配,包括确定执行审计业务所必需的审计资源的性质、时间安排和范围。

2.具体审计

计划注册会计师应当为审计工作提出具体审计计划。具体审计计划比总体审计策略更加详细,其内容包括为获取充分、适当的审计证据以将审计风险降至可接受的低水平,项目组成员计划实施的审计程序的性质、时间安排和范围。可以说,为获取充分、适当的审计证据,确定审计程序的性质、时间安排和范围的决策是具体审计计划的核心。具体审计计划应当包括风险评估程序、计划实施的进一步审计程序和其他审计程序。

(1)风险评估程序

为了足够识别和评估财务报表重大错报风险,注册会计师计划实施的风险评估程序的性质、时间安排和范围。

（2）计划实施的进一步审计程序

针对评估的认定层次的重大错报风险,注册会计师计划实施的进一步审计程序的性质、时间安排和范围。

需要强调的是,随着审计工作的推进,对审计程序的计划会一步步深入,并贯穿整个审计过程。例如,计划风险评估程序通常在审计开始阶段进行,计划进一步审计程序则需要依据风险评估程序的结果进行。因此,为达到编制具体审计计划的要求,注册会计师需要完成风险评估程序,识别和评估重大错报风险,并针对评估的认定层次的重大错报风险,计划实施进一步审计程序的性质、时间安排范围。进一步审计程序包括控制测试和实质性程序。

（3）计划实施的其他审计程序

计划的其他审计程序可以包括上述进一步程序的计划中没有涵盖的、根据其他审计准则的要求注册会计师应当执行的既定程序。

计划审计工作并非审计业务的一个孤立阶段,而是一个持续的、不断修正的过程,贯穿整个审计业务的始终。由于未预期事项、条件的变化或在实施审计程序中获取的审计证据等原因,注册会计师应当在审计过程中对总体审计策略和具体审计计划做出必要的更新和修改。通常情况下,这些更新和修改涉及比较重要的事项。例如,对重要性水平的修改,对某类交易、账户余额和列报的重大错报风险的评估和进一步审计程序的更新和修改等。

3.审计重要性

通常而言,重要性概念可从以下三个方面理解。

第一,如果合理预期错报（包括漏报）单独或汇总起来可能影响财务报表使用者依据财务报表做出的经济决策,则通常认为错报是重大的。

第二,对重要性的判断是根据具体环境做出的,并受错报的金额或性质的影响,或受二者共同作用的影响。

第三,判断某事项对财务报表使用者是否重大,是在考虑财务报表使用者整体共同的财务信息需求的基础上做出的。由于不同财务报表使用者对财务信息的需求可能差异性很大,因此,不考虑错报对个别财务报表使用者可能产生的影响。

在审计开始时,注册会计师必须对重大错报的规模和性质做出一个判断,包括确定财务报表整体的重要性水平和特定交易类别、账户余额和披露的重要性水平。当错报金额高于整体重要性水平时,就很可能被合理预期,这样将对财务报表使用者根据财务报表做出的经济决策产生影响。

在整个业务过程中,随着审计工作的进展,注册会计师应当根据所获得的新信息更新重要性。在形成审计结论阶段,要使用整体重要性水平和为了特定交易类别、账户余额和披露而确定的较低金额的重要性水平来评价已识别的错报对财务报表的影响和对审计报告中审计意见的影响。

(1)重要性水平的确定

注册会计师在确定计划的重要性水平时,需要考虑对被审计单位及其环境的了解、审计的目标、财务报表各项目的性质及其相互关系、财务报表项目的金额及其波动幅度。同时,还应当从性质和数量两个方面合理确定重要性水平。

①从性质方面考虑重要性

在某些情况下,金额相对较少的错报可能会对财务报表产生重大影响。例如,一项不重大的违法支付或没有遵循某项法律规定,但该支付或违法行为可能导致一项重大的负债、重大的资产损失或者收入损失,则认为上述事项是重大的。

②从数量方面考虑重要性

注册会计师在确定财务报表整体的重要性水平时,需要运用专业判断,很多注册会计师根据所在会计师事务所的惯例及自己的经验。通常先选定一个基准,再乘以某一百分比作为财务报表整体的重要性。在选择基准时,需要考虑的因素包括以下五个方面。

第一,财务报表要素(如资产、负债、所有者权益、收入和费用)。

第二,是否存在特定会计主体的财务报表使用者特别关注的项目(如为了评价财务业绩,使用者可能更关注利润、收入或净资产)。

第三,被审计单位的性质、所处的生命周期阶段以及所处行业和经济环境。

第四,被审计单位的所有权结构和融资方式(如被审计单位仅通过债务而非权益进行融资,财务报表使用者可能更关注资产及资产的索偿权,而非被审计单位的收益)。

第五,基准的相对波动性。适当的基准取决于被审计单位的具体情况。

为选定的基准确定百分比需要运用职业判断。百分比选定的基准之间存在一定的联系。例如,以营利为目的的实体,注册会计师的经验百分比是税前利润的 5%~10%;而对非营利组织,注册会计师可能认为总收入或费用总额的 1%~2%或资产总额的 0.5%~1%是适当的;以收入为基准的实体,为收入的 1%~2%;以资产总额为基准的实体,通常不超过资产总额的 1%。百分比无论是高一些还是低一些,只要符合具体情况,都是适当的。

③特定类别的交易、账户余额或披露的重要性水平

根据被审计单位的特定情况,下列因素可能表明存在一个或多个特定类别的交易、账户余额或披露,其发生的错报金额虽然低于财务报表整体的重要性,但合理预期将影响财务报表使用者依据财务报表做出的经济决策。

第一,法律法规或适用的财务报告编制基础是否影响财务报表使用者对特定项目(如关联方交易、管理层和治理层的薪酬)计量或披露的预期。

第二,与被审计单位所处行业相关的关键性披露(如制药企业的研究与开发成本)。

在根据被审计单位的特定情况考虑是否存在上述交易、账户余额或披露时,了解治理层和管理层的看法和预期通常是有用的。

(2)实际执行的重要性

实际执行的重要性是指注册会计师确定的低于财务报表整体的重要性的一个或多个金额,旨在将未更正和未发现错报的汇总数超过财务报表整体的重要性的可能性降至适当的低水平。如果适用,实际执行的重要性还指注册会计师确定的低于特定类别的交易、账户余额或披露的重要性水平的一个或多个金额。

确定实际执行的重要性并非简单机械的计算,需要注册会计师运用职业判断,并考虑下列因素的影响:①对被审计单位的了解(这些了解在实施风险评估程序的过程中得到更新);②前期审计工作中识别出的错报的性质和范围;③根据前期识别出的错报对本期错报做出的预期。

通常而言,实际执行的重要性通常为财务报表整体重要性的 50%～75%。

接近财务报表整体重要性 50% 的情况:①非连续审计;②以前年度审计调整较多;③项目总体风险较高(如处于高风险行业经常面临较大的市场压力,首次承接的审计项目或者需要出具特殊目的报告等)。

接近财务报表整体重要性 75% 的情况:①连续审计,以前年度审计调整较少;②项目总体风险较低(如处于低风险行业,市场压力较小)。

4. 审计风险

在执行审计业务时,注册会计师应当考虑重要件及重要性与审计风险的关系。审计风险,是指当财务报表存在重大错报时,注册会计师发表不恰当审计意见的可能性。可接受的审计风险的确定,需要考虑会计师事务所对审计风险的态度、审计失败对会计师事务所可能造成损失的大小等因素。但必须注意,审计业务是一种保证程度高的鉴证业务,可接受的审计风险应当足够低,以使注册会计师能够合理保证所审计财务报表不含有重大

错报。审计风险取决于重大错报风险和检查风险。审计风险模型：

$$审计风险＝重大错报风险×检查风险$$

(1)重大错报风险

重大错报风险是指财务报表在审计前存在重大错报的可能性。重大错报风险分为财务报表层次的重大错报风险和认定层次的重大错报风险。财务报表层次重大错报风险与财务报表整体存在广泛联系，可能影响多项认定。此类风险通常与控制环境有关，但也有可能与其他因素有关，如经济萧条。认定层次的重大错报风险由固有风险和控制风险两部分组成。固有风险，是指在考虑相关的内部控制之前，某类交易、账户余额或披露的某一认定易于发生错报(该错报单独或连同其他错报可能是重大的)的可能性。控制风险，是指某类交易、账户余额或披露的某一认定发生错报，该错报单独或连同其他错报可能是重大的，但没有被内部控制及时防止或发现并纠正的可能性。控制风险取决于与财务报表编制有关的内部控制的设计和运行的有效性。由于控制的固有局限性，某种程度的控制风险始终存在。

(2)检查风险

检查风险是指如果存在某一错报，该错报单独或连同其他错报可能是重大的，注册会计师为了将审计风险降至可接受的低水平而实施程序后没有发现这种错报的风险。检查风险取决于审计程序设计的合理性和执行的有效性。

重要性与审计风险之间存在反向关系。重要性水平越高，审计风险越低；重要性水平越低，审计风险越高。这里所说的重要性水平高低指的是金额的大小。通常，4000元的重要性水平比2000元的重要性水平高。如果重要性水平是4000元，则意味着低于4000元的错报不会影响到财务报表使用者的决策，此时注册会计师需要通过执行有关审计程序合理保证能发现高于4000元的错报。如果重要性水平是2000元，则金额在2000元以上的错报就会影响财务报表使用者的决策，此时注册会计师需要通过执行有关审计程序合理保证能发现金额在2000元以上的错报。显然，重要性水平为2000元时审计风险比重要性水平为4000元时的审计风险高。审计风险越高，越要求注册会计师收集更多更有效的审计证据，以将审计风险降至可接受的低水平。注册会计师不能通过不合理的人为调高重要性水平来降低审计风险。

(三)实施风险评估程序

审计准则规定，注册会计师必须实施风险评估程序，以此作为评估财务报表层次和认定层次重大错报风险的基础。风险评估程序是指注册会计师为了解被审计单位及其环境，以识别和评估财务报表层次和认定层次的重大错报风险而实施的审计程序。风险评估程序是必要程序,了解被审计单位及其环境为注册会计师在许多关键环节做出职业判断提供了重要基础。了解被审计单位及其环境实际上是一个连续和动态地收集、更新与分析信息的过程,贯穿整个审计过程的始终。

(四)实施控制测试和实质性程序

注册会计师实施风险评估程序本身并不足以为发表审计意见提供充分、适当的审计证据,还应当实施进一步审计程序,包括实施控制测试(必要时或决定测试时)和实质性程序。因此,注册会计师在评价财务报表重大错报风险后,应当运用职业判断,针对评估的财务报表层次重大错报风险确定总体应对措施,并针对评估的认定层次重大错报风险设计和实施进一步审计程序,以将审计风险降至可接受的低水平。

(五)完成审计工作和编制审计报告

注册会计师在完成进一步审计程序后,还应当按照有关审计准则的规定做好审计完成阶段的工作,并根据所获取的审计证据,合理运用职业判断,形成适当的审计意见。本阶段主要工作有:考虑持续经营假设或有事项和期后事项;获取管理层声明;汇总审计差异,提出被审计单位调整或披露;复核审计工作底稿和财务报表;与管理层和治理层沟通;评价审计证据,形成审计意见;编制审计报告等。

二、财务审计的方法

(一)审计方法的演变

审计方法是指审计人员为了行使审计职能、完成审计任务、达到审计目标所采取的方式、手段和技术的总称。为了实现审计目标,伴随着审计环境的变化,审计人员不断调整着审计方法。审计方法的演变大致分为三个阶段:账项基础审计阶段、制度基础审计阶段和风险导向审计阶段。

1.账项基础审计

账项基础审计又称详细审计,重点围绕会计凭证、会计账簿和财务报表的编制过程来进行审计。审计人员通常花费大量的时间进行检查、核对、加总和重新计算,对账表上的数字进行详细核实来判断是否存在舞弊行为和技术上的错误。

随着审计范围的扩展和组织规模的扩大,单纯围绕账表进行的详细审计,无法兼顾审计工作质量和审计工作效率两方面的要求。同时,在审计实践中,审计人员注意到内部控制的可信赖程度对于审计工作具有非常重要的意义。当内部控制设计合理且执行有效时,通常表明财务报表具有较高的可靠性;当内部控制存在缺陷时,财务报表存在重大错报的可能性增加。因此,审计人员开始将审计视角转向企业内部控制,特别是会计信息赖以生成的内部控制,从而将内部控制与抽样审计结合起来。

2. 制度基础审计

以内部控制为基础的审计方法,改变了传统的审计方法,强调对内部控制的测试与评价。如果测试结果表明内部控制运行有效,那么内部控制就值得信赖,审计人员对财务报表相关项目的审计只需抽取少量样本便可以得出审计结论;如果测试结果表明内部控制运行无效,那么内部控制就不值得信赖,审计人员对财务报表相关项目的审计需要视情况扩大审计范围,检查足够数量的样本,才能得出审计结论。制度基础审计的目的是在合理保证审计质量的同时提高审计的效率。

制度基础审计仅以内部控制设计和运行情况决定对财务报表项目的实质性测试范围,没有考虑企业经营环境以及企业面临的经营风险对财务报表带来的错报风险(包括舞弊风险)以及对审计程序的影响。为此,审计人员必须综合考虑企业的环境和面临的经营风险,分析企业经济业务中可能出现的错误和舞弊行为,以此为出发点,制定审计策略,风险导向审计应运而生。

3. 风险导向审计

风险导向审计,依据审计风险模型,不仅考虑审计风险受到固有风险因素的影响(如管理人员的品行和能力、行业所处环境、业务性质、容易产生错报的财务报表项目、容易遭受损失或被挪用的资产等导致的风险),同时也受内部控制风险因素的影响(账户或各类交易存在错报而内部控制未能防止、发现或纠正的风险)。此外,还受到审计人员实施审计程序未能发现账户余额或某类交易存在错报的检查风险的影响。风险导向审计的目的是通过对财务报表重大错报风险的评价,并根据评价结果设计和实施恰当的审计程序,合理保证查出财务报表重大错报。

(二)审计的一般方法

审计的一般方法是就审计工作的先后顺序和审计工作的范围或详简程度而进行划分的某种方法。前者如顺查法和逆查法;后者如详查法和抽样法。它们与审计取证没有直接联系,所以,不是审计取证的具体方法。

1. 顺序审查法:顺查法与逆查法

审计的一般方法,按照审计工作的顺序和会计业务处理程序的关系,有顺查法和逆查法之分。

(1)顺查法

顺查法又称为正查法,它是按照会计业务处理程序进行分类审查的一种方法。即按照所有原始凭证的发生时间顺序进行检查,逐一核对。首先检查原始凭证,核对并检查记账凭证,其次,根据凭证对日记账、总分类账、明细分类账进行检查,最后以总账和明细账核对会计报表和进行报表分析,沿着"制证—过账—结账—试算"的账务处理程序,从头到尾进行详细检查。

采用顺查法,由于审计工作细致、全面、完整,一步一个脚印地进行审阅核对,不易发生疏忽、遗漏等弊病。所以,对于内部控制制度不够健全,账目比较混乱,存在问题较多的被审计单位,采用顺查法较为适宜。其缺点是工作量大,费时费力,不利于提高审计工作效率,降低审计成本。

(2)逆查法

逆查法又称为倒查法,它是按照会计业务处理的相反程序,即在检查过程中逆着记账程序进行检查的方法。通常先从记账程序的终端检查,从会计报表或账簿上发现线索、寻找疑点,然后逆着记账程序追根求源进行检查,如从会计报表查到会计账簿,再查到记账凭证,最后查到原始凭证,即从审阅、分析会计报表着手,根据发现的问题和疑点,确定审计重点,再来审查核对有关的账册和凭证,而不必对报表中所有项目,一个一个地进行审查的一种审计方法。

逆查法是一种较为普遍采用的查证方法。采用逆查法,易于抓住重点,有目的地进行检查,可以集中精力检查主要问题,在时间上和人力上都较为节省,有利于提高审计工作效率和降低审计成本。但是,要求审计工作人员必须具有一定的分析判断能力和实际工作经验,才能胜任审计工作。如果审计人员分析判断能力较差,经验不丰富,特别是初次从事审计工作的人员,往往在审阅报表过程中发现不了问题,或分析判断不正确,以致影响审计的效果。如果查证人员对检查的重点问题判断失误,就会造成本末倒置。同时,由于采用有重点的检查方法,对于会计凭证和账簿记载的差错和弊端,就不可能全部揭露出来,容易发生疏忽。

必须指出,顺查法和逆查法由于它们各有优劣,因此,在审计实务工作中,应当注意将二者结合起来运用。即在顺查过程中可以采用一定的逆查方法,逆查过程中也可以采用一定的顺查方法,两种方法的结合使用,可以取长补短,提高审计效果和审计效率。

2.范围审查法:详查法与抽样法

审计方法按照审查经济业务资料的规模大小和收集审计证据范围的大小不同,又有详查法和抽样法之分。

(1)详查法

详查法又称详细审计,是指对被审计单位一定时期内的某类经济业务和会计资料的全部内容进行详细的审核检查,以判断评价被审计单位经济活动的合法性、真实性和效益性的一种审计方法。此法的优点是容易查出问题,审计风险较小,审计结果比较正确。缺点是工作量较大,审计成本较高。所以,在实际工作中,只对有严重问题的,非彻底检查不可的专案审计,以及经济活动很少的小型企事业单位采用此法外,一般是不常采用的。

(2)抽样法

抽样法又称审计抽样,是指审计人员对具有审计相关性的总体中低于100%的项目实施审计程序,使所有抽样单位都有被选取的机会,为审计人员针对整个总体得出结论提供合理基础。审计抽样旨在帮助审计人员确定实施审计程序的范围,以获取充分、适当的审计证据,得出合理的结论,作为形成审计意见的基础。审计抽样能帮助审计人员在合理的时间内以合理的成本完成审计工作,但只要采用抽样就存在抽样风险。

审计抽样并非在所有审计程序中都可使用。风险评估程序通常不涉及审计抽样,而当控制运行留下轨迹时,可以考虑使用审计抽样实施控制测试,对于未留下轨迹的控制,审计人员通常实施询问、观察等审计程序,以获取有关控制运行有效性的审计证据,此时不宜使用审计抽样。实质性程序包括对各类交易、账户余额和披露的细节测试,以及实质性分析程序,在实施细节测试时,可以使用审计抽样获取审计证据;在实施实质性分析程序时,不宜使用审计抽样。

①抽样风险和非抽样风险

在使用审计抽样时,审计风险既可能受到抽样风险的影响,又可能受到非抽样风险的影响。抽样风险是指审计人员根据样本得出的结论,可能不同于对总体实施与样本同样的审计程序得出的结论的风险。

控制测试中的抽样风险包括信赖过度风险和信赖不足风险。信赖过度风险是指推断的控制有效性高于其实际有效性的风险。信赖过度风险影响审计的效果,很可能导致发表不恰当的审计意见。信赖不足风险是指推断的控制有效性低于其实际有效性的风险。信赖不足风险影响审计的效率,通常导致审计人员实施额外的工作。

细节测试中的抽样风险包括误受风险和误拒风险。误受风险是指审计人员推断某一重大错报不存在而实际上存在的风险。如果账面金额实际上存在重大错报而审计人员认为其不存在重大错报,审计人员通常会停止对该账面金额继续进行测试,并根据样本结果得出账面金额无重大错报的结论。与信赖过度风险相似,误受风险影响审计效果,容易导致审计人员发表不恰当的审计意见,因而更应予以关注。误拒风险是指审计人员推断某一重大错报存在而实际上不存在的风险。与信赖不足风险类似,误拒风险影响审计效率。如果账面金额不存在重大错报而审计人员认为其存在重大错报,审计人员会扩大细节测试的范围,从而使审计效率降低。

抽样风险与样本规模反方向变动:样本规模越小,抽样风险越大;样本规模越大,抽样风险越小,无论控制测试还是细节测试,审计人员都可以通过扩大样本规模降低抽样风险。如果对总体中的所有项目都实施检查,就不存在抽样风险,此时,审计风险完全由非抽样风险产生。

非抽样风险,是指审计人员由于任何与抽样风险无关的原因而得出错误结论的风险。审计人员即使对某类交易或账户余额的所有项目实施审计程序,也可能仍未能发现重大错报或控制失效。非抽样风险是由人为错误造成的,因而可以通过采用适当的质量控制政策和程序,对审计工作进行适当的指导、监督和复核,以及对审计实务的适当改进,可以将非抽样风险降低至可接受的水平。非抽样风险对审计工作的效率和效果都有一定影响。

②审计抽样的基本步骤

在控制测试和细节测试中使用审计抽样方法,主要分为以下三个阶段。

第一阶段是样本设计阶段,旨在根据测试的目标和抽样总体,制订选取样本的计划。

第二阶段是选取样本阶段,旨在按照适当的方法从相应的抽样总体中选取所需的样本,并对其实施检查,以确定是否存在误差。选取样本的基本方法包括使用随机数表或计算机辅助审计技术选样、系统选样(也称等距选样)和随意选样。

第三阶段是评价样本结果阶段,旨在根据对误差的性质和原因的分析,将样本结果推断至总体,形成对总体的结论。

(三)审计的技术方法

审计的技术方法是指收集审计证据时应用的技术手段。在审计过程中,审计人员可根据需要单独或综合运用以下方法,以获取充分、适当的审计证据。

1. 检查

检查是指审计人员对被审计单位内部或外部生成的,以纸质、电子或其他介质形式存在的记录和文件进行审查,或对资产进行实物审查。检查记录或文件,可以提供可靠程度不同的审计证据,审计证据的可靠性取决于记录或文件的性质和来源,而在检查内部记录或文件时,其可靠性则取决于生成该记录或文件的内部控制的有效性。检查有形资产可为其存在提供可靠的审计证据,但不一定能够为权利和义务或计价等认定提供可靠的审计证据。

2. 观察

观察是指审计人员查看相关人员正在从事的活动或实施的程序。例如,对被审计单位执行的存货盘点或控制活动进行观察。观察可以提供执行有关过程或程序的审计证据,但观察所提供的审计证据仅限于观察发生的时点,而且被观察人员的行为可能因被观看而受到影响,这也会使观察提供的审计证据受到限制。

3. 询问

询问是指审计人员以书面或口头方式,向被审计单位内部或外部的知情人员获取财务信息和非财务信息,并对答复进行评价的过程。知情人员对询问的答复可能为审计人员提供尚未获悉的信息或佐证证据,也可能提供与审计人员已获取的其他信息存在重大差异的信息。

4. 函证

函证(外部函证),是指审计人员直接从第三方(被询证者)获取书面答复作为审计证据的过程,书面答复可以采用纸质、电子或其他介质等形式。积极式函证,是指要求被询证者直接向审计人员回复,表明是否同意询证函所列示的信息,或填列所要求的信息的一种询证方式。消极式函证,是指要求被询证者只有在不同意询证函所列示的信息时才直接向审计人员回复的一种询证方式。被询证者对积极式询证函未回函的情况下,审计人员应当实施替代审计程序以获取相关、可靠的审计证据。如果存在对询证函回函的可靠性产生疑虑的因素,审计人员应当进一步获取审计证据以消除这些疑虑。

如果管理层不允许寄发询证函,审计人员应当询问管理层不允许寄发询证函的原因,并就其原因的正当性及合理性收集审计证据。如果认为管理层不允许寄发询证函的原因不合理,审计人员应当实施替代程序,以获取相关、可靠的审计证据;如果认为管理层不允许寄发询证函的原因不合理,或实施替代程序无法获取相关、可靠的审计证据,应当按照审计准则的规定,与治理层进行沟通,并确定其对审计工作和审计意见的影响。

5.重新计算

重新计算是指审计人员对记录或文件中的数据计算的准确性进行核对。重新计算可通过手工方式或电子方式进行。

6.重新执行

重新执行是指审计人员独立执行作为被审计单位内部控制组成部分的程序或控制。重新执行只能用于控制测试。

7.分析程序

分析程序是指审计人员通过研究不同财务数据之间以及财务数据与非财务数据之间的内在关系,对财务信息做出评价。分析程序还包括调查识别出的、与其他相关信息不一致或与预期数据严重偏离的波动和关系。由于分析程序需要计算金额、比率或趋势,以评价财务信息,它对控制测试并不适用。

第五节　财务审计的责任划分

在财务报表审计中,被审计单位管理层和注册会计师承担着不同的责任,不能相互混淆和替代。明确划分责任,不仅有助于被审计单位管理层和注册会计师认真履行各自的责任,为财务报表及其审计报告的使用者提供有用的经济决策信息,还有利于保护相关各方的正当权益。

一、被审计单位管理层和治理层的责任

企业的所有权与经营权分离后,经营者负责企业的日常经营管理并承担受托责任。管理层通过编制财务报表反映受托责任的履行情况。为了借助公司内部之间的权力平衡和制约关系保证财务信息的质量,现代公司治理结构往往要求治理层对管理层编制财务报表的过程实施有效的监督。

在治理层的监督下,管理层作为会计工作的行为人,对编制财务报表负有直接责任。在被审计单位治理层的监督下,按照适用的会计准则和相关会计制度的规定编制财务报

表是被审计单位管理层的责任。

管理层对编制财务报表的责任具体包括以下几点。

1.选择适用的会计准则和相关会计制度。管理层应当根据会计主体的性质和财务报表的编制目的,选择适用的会计准则和相关会计制度。

按照编制目的,财务报表可分为通用目的和特殊目的两种报表。前者是为了满足范围广泛的使用者的共同信息需要,如为公布目的而编制的财务报表;后者是为了满足特定信息使用者的信息需要。相应地,编制和列报财务报表适用的会计准则和相关会计制度也有所不同。

2.选择和运用恰当的会计政策,会计政策是指企业在会计确认、计量和报告中所采用的原则、基础和会计处理方法。管理层应当根据企业的具体情况,选择和运用恰当的会计政策。

3.根据企业的具体情况,做出合理的会计估计。会计估计是指企业对其结果不确定的交易或事项以最近可利用的信息为基础所作的判断。财务报表中涉及大量的会计估计,如固定资产的预计使用年限和净残值、应收账款的可收回金额、存货的可变现净值以及预计负债的金额等。管理层有责任根据企业的实际情况、做出合理的会计估计。

为了履行编制财务报表的职责,管理层通常设计、实施和维护与财务报表编制相关的内部控制,以保证财务报表不存在由于舞弊或错误而导致的重大错报。

二、注册会计师的责任

按照注册会计师审计准则(以下简称审计准则)的规定对财务报表发表审计意见是注册会计师的责任。

注册会计师作为独立的第三方,对财务报表发表审计意见,有利于提高财务报表的可信赖程度。为履行这一职责,注册会计师应当遵守职业道德规范,按照审计准则的规定计划和实施审计工作,获取充分、适当的审计证据,并根据获取的审计证据得出合理的审计结论、发表恰当的审计意见。注册会计师通过签署审计报告确认其责任。

三、两种责任不能相互取代

财务报表审计不能减轻被审计单位管理层和治理层的责任。财务报表编制和财务报表审计是财务信息生成链条上的不同环节,二者各司其职。法律法规要求管理层和治理层对编制财务报表承担责任,有利于从源头上保证财务信息质量。同时,在某些方面,注册会计师与管理层和治理层之间可能存在信息不对称。管理层和治理层作为内部人员，对企业的情况更为了解，更能做出适合企业特点的会计处理决策和判断，因此管理层和治理层理应对编制财务报表承担完全责任。尽管在审计过程中，注册会计师可能向管理层和治理层提出调整建议，甚至在不违反独立性的前提下为管理层编制财务报表提供协助，但管理层仍然对编制财务报表承担责任，并通过签署财务报表确认这一责任。

如果财务报表存在重大错报，而注册会计师通过审计没有能够发现，也不能因为财务报表已经注册会计师审计这一事实而减轻管理层和治理层对财务报表的责任。[①]

四、几个重要概念

(一)财务报表审计的一般原则

1.遵守职业道德规范

注册会计师应当遵守相关的职业道德规范，恪守独立、客观、公正的原则，保持专业胜任能力和应有的关注，并对执业过程中获知的信息保密。

注册会计师行业是诚信行业，整个社会对行业从业人员的职业精神、职业技能、职业纪律和职业作风的期望很高。制定并遵循一套行业职业道德规范，是注册会计师维护行业形象、取信于社会公众的基础。

2.遵守质量控制准则

注册会计师应当遵守会计师事务所质量控制准则。会计师事务所应当根据质量控制准则并结合具体情况，制定合适的质量控制制度，包括质量控制政策和程序，以合理实现质量控制的两大目标：①保证会计师事务所及其人员遵守法律法规、中国注册会计师职业道德规范以及中国注册会计师审计准则、中国注册会计师审阅准则、中国注册会计师其他鉴证业务准则和中国注册会计师相关服务准则的规定；②会计师事务所和项目负责人根据具体情况出具恰当的报告。

3.遵守审计准则

注册会计师应当按照审计准则的规定执行审计工作。

审计准则作为注册会计师提供的审计服务质量的技术标准，对注册会计师在某一审

---

① 曾祥红.财务审计工作思考[M].哈尔滨:哈尔滨出版社,2023.

计领域的责任、所需要达到的目标和核心要求、为达到这一目标所要实施的必要审计程序做出了明确规范。注册会计师应当按照审计准则的规定执行审计工作,以保证审计工作质量、维护社会公众利益,增进社会公众对注册会计师行业的信心。

为了确保注册会计师在执行审计业务时遵守审计准则,注册会计师应当遵守会计师事务所按照有关质量控制准则要求而建立的适合于本所的质量控制制度,包括适合于审计业务的质量控制程序。

(二)财务报表的审计范围

财务报表的审计范围是指为实现财务报表审计目标,注册会计师根据审计准则和职业判断实施的恰当的审计程序的总和。恰当的审计程序是指审计程序的性质、时间和范围是恰当的。

注册会计师应当根据审计准则和职业判断确定审计范围。审计准则在规定注册会计师承担的责任和所要实现的目标的同时,还规定了为履行责任和实现目标所须实施的审计程序。

审计中的职业判断是指注册会计师在审计准则的框架下,运用专业知识和经验在备选方案中做出决策。被审计单位的具体情况千差万别,审计准则不可能针对所有可能遇到的情况规定对应的审计程序。因此,在审计过程中,注册会计师运用职业判断至关重要。注册会计师在确定审计程序的性质、时间和范围,评价审计证据,得出审计结论和形成审计意见时,都离不开职业判断。离开了职业判断,审计就成为简单机械地执行审计程序的过程。注册会计师在确定拟实施的审计程序时,除需要考虑审计准则中规定的审计程序外,还需要根据职业判断实施为实现审计目标而需要执行的其他审计程序。

因此,在确定拟实施的审计程序时,注册会计师应当遵守与财务报表审计相关的各项审计准则。换言之,注册会计师不能只遵守部分审计准则,而应当遵守与财务报表审计相关的所有审计准则。

(三)职业怀疑态度

职业怀疑态度是指注册会计师以质疑的思维方式评价所获取审计证据的有效性,并对相互矛盾的审计证据,以及引起对文件记录或管理层和治理层提供的信息的可靠性产生怀疑的审计证据保持警觉。

职业怀疑态度并不要求注册会计师假设管理层是不诚信的,但是也不能假设管理层的诚信毫无疑问。职业怀疑态度要求注册会计师凭证据"说话"。职业怀疑态度意味着,在进行询问和实施其他审计程序时,注册会计师不能因轻信管理层和治理层的诚信而满足于说服力不够的审计证据。相应地,为得出审计结论、注册会计师不应使用管理层声明替代应当获取的充分、适当的审计证据。例如,注册会计师不能仅凭管理层声明,而对重要的应收账款不进行函证就得出应收账款余额存在的结论。

职业怀疑态度要求,注册会计师不应将审计中发现的舞弊视为孤立发生的事项。注册会计师还应当考虑,发现的错报是否表明在某一特定领域存在舞弊导致的更高的重大错报风险。职业怀疑态度要求,如果从不同来源获取的审计证据或获取的不同性质的审计证据不一致,可能表明其中某项或某几项审计证据不可靠,因此注册会计师应当追加必要的审计程序。职业怀疑态度要求,如果管理层的某项声明与其他审计证据相矛盾,注册会计师应当调查这种情况。必要时,注册会计师应重新考虑管理层做出的其他声明的可靠性;职业怀疑态度要求,如果在审计过程中识别出异常情况,注册会计师应当做出进一步调查。例如,如果注册会计师在审计过程中识别出的情况使其认为文件记录可能是伪造的或文件记录中的某些条款已发生变动,则应当做出进一步调查,包括直接向第三方询证,或考虑利用专家的工作以评价文件记录的真伪。

(四)合理保证与绝对保证

合理保证与绝对保证是一个相对应的概念。绝对保证是指注册会计师对财务报表整体不存在重大错报提供100％的保证。合理保证要求注册会计师通过不断修正的、系统的执业过程,获取充分、适当的审计证据,对财务报表整体发表审计意见,它提供的是一种高水平但非100％的保证。

注册会计师按照审计准则的规定执行审计工作,能够对财务报表整体不存在重大错报(无论该错报是由错误引起,还是由舞弊引起的)获取合理保证。合理保证与整个审计过程相关。

第六章　财务审计的应用

第一节　财务审计中数字化的应用

一、创新审计意识

创新是民族进步的核心,在审计工作中也起到源泉作用。为了推动财务审计的转型,应该完善创新意识。审计部门应该充分利用数字化审计方式,深入理解数字化审计的内涵,认识数字化审计在财务审计中应用的必要性,从而完善财务审计的创新工作。在大力宣传数字化审计的基础上,进行财务审计的创新工作,纠正片面的认知,将创新工作和企业的绩效挂钩,提升审计部门的审计水平。

二、完善审计模式,降低审计风险

开展审计工作的前提是具有完善的审计模式。在特定的审计目标的基础上,借助数字化审计方式,创新财务审计方法,不断完善财务审计策略、审计方式和方法。审计策略的创新主要是明确审计的范围和流程,结合样本的特征,将抽样审计转变成全量审计,将信息系统纳入审计范围。审计方法和方式的创新中,主要将全面审计贯穿在审计的整个流程中,将现场审计和异地审计结合,在手工审计的基础上,充分借助信息技术。[①]

三、深化数据分析,提升审计效率

审计部门应该清楚在审计工作中需要哪些数据,了解哪些数据最可靠,从而确保自己获取的数据无误。在对单位的行业特征和经营模式非常了解的基础上,掌握财务信息的特征,有助于审计机关在数据整理和计算中简化流程。在全面了解后台数据结构的基础上,完善非结构化数据的应用,及时对存在疑点的数据进行分析,可以提升数据分析的能力。在数据获取中,审计机关应该及时更新数据,提升数据获取的时效性。

---

① 张书玲,肖顺松,冯燕梁.现代财务管理与审计[M].天津:天津科学技术出版社,2021.

四、完善信息化建设,建立数据平台

审计单位应该完善对数字化审计的认识,聘请相关的专家到单位内对员工进行培训,同时印发宣传手册的方式,指导审计人员在财务审计工作中充分使用数字化审计技术。通过建立双重数据库的方式,审计部门可以将审计项目分类,实现数据共享。结合审计方式的变化,完善审计软件的更新,开发更有效的审计模式。随着数字化技术的高速发展,数字化技术在各行各业得到广泛应用,随之而来的是数字化审计技术的发展,在财务审计中发挥了较大的作用。数字化审计的应用使财务审计更加全面和客观,提升了财务审计的效率,降低了审计失误。

第二节　财务审计中管理会计的作用

财务审计工作对于企业来说是一项重要的财务工作,直接影响着企业财务管理水平。通过对财务审计质量的不断探究,系统的研究除了管理会计在提高财务审计质量上面的依据,依靠科学的办法,总结出了当前财务审计工作中的问题。财务审计工作,不仅要以企业的相关信息作为保障,筛选出适合审计者科学合理的选择,还需要建立完备的财务报告,才能为企业的财务工作起到一定的作用。因此,信息质量问题对于企业的财务审计工作起着十分重要的意义。审计人员通过日常的会计准则来实现财务审计的判断和标准,并且最终决定企业财务审计的质量。本节主要是研究管理会计在提高财务审计质量中的独特作用。

作为一名企业会计,必须在遵守会计准则的标准下,才能够完成企业日常的财务管理工作,利用审计质量要求标准严格执行管理会计应该做的工作。因此,会计信息所包含的内容是需要仔细推敲的,才能保证财务审计质量得到充分提高。在现阶段,获取信息虽然能够提高财务审计的整体质量,但是无形中也增加了审计的成本。因此,会计管理需要不断地完善和发展,才能够与社会发展和企业发展相适应,在获取正确信息的同时,降低财务审计工作运行的成本。

其实财务审计的内容是包含多种方面的。因为要考察其会计信息的真实性,就必须保证会计报表的完整性和准确性,以及对整个会计报表进行全方位的审核,才能够对于会计报表的各种形式和种类进行一个划分。对审查内容的处理标准也是如此,关于企业合并和报表准确性、一致性也不能够忽略,只有保证企业财务审计对上述的内容进行全面的检查之后,才能确定会计信息情况,具体的审查情况才能得出相应的审计报告以及评估水

平,才能够真实、准确地将财务报告上交给上层的企业管理人员。在保证企业财务部财务报告公平、公正的基础之上,一定要让高层管理人员对企业的财务状况,有一个充分的认识。它能够帮助企业更好地面对发展过程中,遇到的困难和挑战,防范风险,制定符合企业发展的重大决策。

一、管理会计在财务审计中的作用

(一)为财务审计提供相应的信息

管理会计是会计学科中一个重要的部分,它能够帮助企业对企业内外部进行规划控制。当管理者能够认识到企业内部的具体情况后,才能够用科学的办法进行合理的分析,保证企业资源得到充分的利用。财务审计的过程中需要的相关信息,是财务审计的重要依据,并且在进行财务审计的过程中,财务信息一定要符合财务审计人员的要求,才能够保证符合财务报表构成的标准。因此,可以看出信息的质量直接决定企业财务审计的质量。管理会计能够提供多种多样的信息,但是要选择能够符合财务审计的要求和标准的信息。管理会计的信息,相对于传统的会计信息更加仔细和明确。并且具有一定的实际意义,能够在一定程度上保证相关信息的及时性和完整性,对企业曾经的财务情况进行一系列的规划,说明管理会计的信息是提高企业财务审计质量的根本依据。

(二)保证审计工作正确高效完成

在企业正常运作的过程中,企业的财务审计工作,主要分为不同的阶段,其中计划阶段的主要内容是要求审计人员能够对企业中客户以及合作伙伴等信息进行采纳和收集,并且归纳出最有用的信息,作为本次财务审计的主要需求和目标。企业管理人员不断开展相关的财务审计工作,在这个阶段中会形成相应的风险,所以未来的发展具有一定的风险预测是十分重要的。在管理会计的过程中,要帮助审计人员进行信息的收集和采纳,从根本上缩短生产时间,并且提高财务审计的工作效率。财务管理会计提供的信息要具有真实性,能够帮助企业管理者更加清楚地意识到财务组织结构上的层次问题。在发生问题的时候,一定要及时地纠正错误,并且合理地控制错误。在测试阶段测试结果出来的基础上,进行一定的测试,其中也需要管理会计信息的借鉴,才能够实现企业财务审计工作质量上的提高。

(三)帮助审计工作人员识别风险

企业财务审计工作的计划阶段,将风险进行预测是十分重要的。因此,要求审计人员一定要全面掌握企业经济财务中的购买支付情况,员工工资、产品成本等各种财务支出情况,并且能够及时地预防风险和识别风险。只有这样才能实现风险和成本进行控制。而在审计过程中,对存货的一些评估和资产成本的管理就显得尤其重要,这也是实现控制的主要方式,这些都应该通过管理会计的计划组织以及控制来实现。管理人员要不断帮助其财务发展过程中,出现的一些实际问题,利用一些控制管理能力,及时纠正这些错误,并且预防风险,这也从侧面提高了企业财务审计质量。

二、提高管理会计应用的具体对策

(一)在企业内建立管理会计专业机构

要想保证管理会计在提高财务审计质量中的作用,能够极大地显现出来。就需要不断发挥企业管理会计的作用,完善企业管理会计的方式。首先,要在企业内容上建立管理会计专业机构的标准,推动企业管理会计能够更加全面地运用到工作中来。现阶段,大部分企业缺少专门研究管理会计工作的机构,因此,必须建立相关的管理会计机构和团体,才能更好地对企业管理会计的发展进行一系列的指导。例如企业,企业聘请专门管理会计的专家,组织一个管理会计机构,才能够推动管理会计在企业中的发展。在企业管理中设立机构是一个好的办法,不仅能够提高企业财务审计质量,还能够解决企业内部分工不明确的问题,为企业的发展起到保驾护航的作用。但是,设立会计专业机构,一定要选取具有会计专业的专门人才进行科学的管理,才能够实现企业的会计管理机构对企业的发展起到促进作用。在企业的日常经营管理中,设立专门的会计机构能够在一定程度上帮助企业解决很多复杂的会计上的难题,毕竟会计机构是结合了大多数拥有专业会计技能的人才,必定会使得企业财务会计工作越做越好,防范各类财务风险。同时,也会使得企业在今后的财务工作中运行地更加顺利。[①]

(二)加强企业管理会计提高人员素质

管理会计人员是作为管理会计工作者的具体操作者,对管理会计知识和管理会计工作方法的熟练度以及掌握标准,应该根据国家法律法规的相关规定,来不断提升自身的水平。以至于更好地将理论和实践结合起来,运用到管理会计的实际工作过程中。例如,企业在定期对管理会计工作人员进行培训的时候,一定要制定相应的考核制度。对于管理人员在培训过程中,所需的知识和一些操作要进行定期考核,才能确保管理会计人员在学习过程中,所掌握知识的情况,才能根据考核结果,进行奖惩制度。从而不断推进企业管理人员的工作和学习,这样才能够不断推进企业管理人员在学习中突破自己,促进企业财

---

① 单文宗,张冬平,黄婷.企业财务审计研究[M].长春:吉林科学技术出版社,2019.

务审计质量的提高。管理会计人员是企业发展过程中的重中之重,要定期对企业的管理会计人员进行培训课程,让具有丰富会计管理经验的老师进行严格的授课,保证每个会计人员都能够学到真本事,在学习课程结束后,企业要设定考试内容,进行会计人员的考试,使得管理会计人员在学习后检测自己,看看是否能够做到学以致用,实现自身的价值,为企业今后的发展贡献出自己的一份力量。

根据以上所述,随着现代科学技术水平的不断发展和创新,企业财务信息日益繁多和复杂,给审计工作带来了巨大的挑战。在审计过程中,一定要准确地利用财务信息来进行工作,还可以借助一些工具进行审计管理。管理会计提供的信息能够帮助企业财务审计工作得到进一步的规范和提高,从根本上解决企业财务审计的质量和水平,不断地把完善管理会计信息等方面的内容落实到位,保证企业内外部信息的真实性和完整性。对信息进行有效的处理,使财务审计质量得到飞速的提高。财务管理人员本身是具有相对独立性的,但是在审计工作中很大程度上会使得管理人员聚集在一起,无形中加深会计信息的真实性。会计信息的真实性是由财务审计工作所提供的,所以更应该注重财务审计质量中的信息真实性。企业管理人员需要在不断地高标准要求下提高财务审计质量,完善企业会计内部信息,实现自身会计技能的有效提高,增强企业的运营实力。

第三节　财务审计在工程成本管理中的作用

随着城市化进程的不断推进,工程项目也不断发挥其对城市建设和发展的推动作用。而激烈的市场竞争,也日益凸显出了工程成本管理的重要性。财务审计是一种有效的财务监督手段,有助于降低工程成本,提高项目经费使用效益,在工程成本管理中有着重要的作用。本节对财务审计和工程成本管理的概念以及财务审计在工程成本管理中的作用进行了分析,提出了几点建议以加强财务审计的作用。

一、财务审计与工程成本管理

针对项目工程的财务审计,一般是对项目工程的前期、实施阶段以及竣工阶段的工程造价和投资计划、工程变更情况和实际资金使用情况以及工程的最终造价等相关的财务资料与实际情况进行审计监督。

工程成本就是整个工程项目的各个环节中所有人力、物力所产生的花费的总和。工程成本管理简单来讲就是对这些成本费用进行预测、计划、组织、协调与控制的一系列的活动。进行工程成本管理的目的主要体现在两方面:一方面是尽可能地降低成本费用;另一方面则是尽可能地实现成本目标和经济效益最大化。

工程成本管理贯穿整个工程管理的全过程,从中标签约、前期准备到现场施工,最后到竣工验收,每一部分涉及成本的耗费,也就存在成本管理活动。

二、财务审计在工程成本管理中的地位和作用

(一)财务审计在工程成本管理中的地位

财务审计本身就是一种对工程项目的财务情况进行监督的手段,是工程成本管理不可或缺的一个重要环节,有着重要的地位。

一方面,财务审计是对工程项目中涉及的各项财务报表、数据以及财务制度等各方面进行加以审核监督,这就需要它必须由一个独立的部门和机构来进行,也只有作为第三方的专门的审计机构和人员才能够客观、公平地对工程成本的情况做出评价,并给出反馈和建议,有助于工程成本做出合理地调整和有效地控制,对成本管理发挥着重要的作用。审计的这种独立性就显示出了其在成本管理中的重要性。

另一方面,财务审计无论在任何项目当中都需要相应的法律法规作为依据。在这种前提下,财务审计在对工程成本进行监督和管理时,有章可循、有法可依,可以使工程成本管理更加正规化、制度化和法律化,也使得工程建设单位更加重视审计工作,不断提升审计在工程成本管理中的地位。

审计单位的独立性和审计意见的有效性以及审计工作的法治化都决定了财务审计在工程成本管理中占有举足轻重的地位。

(二)财务审计在工程成本管理中的作用

任何的工程项目最终追求的始终是能够为国家或者社会带来的经济效益,而工程项目中的财务审计可以通过其对整个工程在造价、投资、过程以及结算方面的有着控制的监督作用,能够有效反映出项目的社会和经济效益,对工程各阶段的成本管理有着重要的作用。具体可以从工程的前期、实施过程以及竣工等各个阶段以及整个工程成本管理中得到体现。

1.在工程项目前期

在工程项目的施工准备阶段,财务审计人员根据国家对于建设和审计方面相关法律法规和工程相关规定和规范,结合项目所提供的工程设计资料和相关合同进行工程预算审计。对工程进行预算审计是工程前期准备工作中的重要一环,通过预算审计可以将工程造价控制在能够满足设计需要的概预算范围内。同时通过审计可以针对不同的阶段的

工程资金投入制定相应的计划,可以很大程度上减少不合理预算、无计划资金投入带来的资金浪费和可能出现的资金周转问题,从而实现节约成本和提高资金的使用效益的目的。

2. 在工程项目实施阶段

在工程项目的施工阶段,工程项目的实际资金投入和使用以及预算计划实施情况等可以通过动态的财务审计进行有效的监控。同时工程的具体实施不可能与计划完全相符,在过程当中,可能会出现由于突发情况、设计变更、项目负责人要求等原因而出现工程变更,随之带来的就是在投资预算以及成本变动。财务审计可以将这些变更情况进行记录和核实,一方面可以作为最终决算审计的真实有效的财务依据;另一方面也可以对当下的工程进度、资金投入和成本调整重新实施监督和控制。可以看出,财务审计在施工过程当中实施动态的监督控制,可以及时有效地应对工程变更带来的成本变化,从而加大了对工程成本管理的力度和及时性以及有效性。而在没有变更的情况下,也能够有效监督预算实施情况,避免不必要的成本增加。

3. 在工程项目竣工决算阶段

工程项目的竣工决算就是对整个工程的经济效益的反映,主要是将工程前期的概算和预算与施工过程当中实际的资金使用进行对比分析,以确定工程的最终造价和实际成本效益。竣工决算阶段的财务审计,就是工程竣工后的图纸、变更材料以及在工程合同单价外的单价和施工材料的价格动态变化等各方面的审核,以保证其真实性。准确性和有效性,避免出现成本误差,保证工程项目的成本效益,有效提高整个工程成本管理水平。

4. 对整个工程的成本管理

项目工程一般具有较大的时间跨度,过程漫长、多方参与,其中涉及资金的环节和部分也非常多,在项目工程中往往很容易滋生腐败现象。通过有效的财务审计一方面可以起到监督和震慑的作用,使得很多企图投机的人员打消念头;另一方面,一旦出现腐败情况,通过财务审计可以很快发现,并采取相应的责任追究和账款追回,以此可以有效避免或减少由于违规违法行为造成的资金损失和成本亏损。同时,财务审计不仅能够进行财务成本方面的监督控制,对于工程管理中一些由于不合理的管理行为以及成本管理中的一些失误,也可以及时发现问题并进行建议反馈,使错误能够及时纠正,从而一方面避免了由于管理失误而带来的成本增加或者资产损失问题;另一方面也可以优化工程成本管理,提升其管理效率。

三、加强工程项目财务审计成本管理作用的建议

通过对财务审计在工程成本管理中的地位和作用进行分析,可以发现财务审计对降低工程成本支出,提升工程成本效益有着重要意义。因此,对进一步加强财务审计在工程成本管理中的作用,提出了以下几点建议。

(一)做好工程前期审计工作

在整个项目的开初,审计人员就要提前做好准备,在招投标阶段就对招标文件等进行严格的审查,尽可能地确保招标文件符合标准和规范,避免招标文件出现不合理之处,给后期带来成本预算或者核算困难;同时对于标底工作也不能忽视,要保证标底价格的合理性和准确性。在项目准备阶段对过程的招投标过程加强审计,一方面可以有效降低可能出现的工程造价成本风险;另一方面也可以有效控制,甚至大幅降低整个工程的造价。

(二)制定切实可行的财务审计计划和方案

正如上文所说,项目工程的具体实施和实践过程不可能完全与计划保持一致,其中难免遇到各种突发或者其他情况。因此,财务审计人员在制定财务审计计划和方案时,一方面要结合工程建设的实际情况,制定符合要求和能够实现财务审计目标的、具有针对性的计划和方案;另一方面,财务审计人员要根据需要,进行动态的跟踪审计,并随时做出方案调整,确保审计人员的监督指导工作能够具备及时性和有效性,使审计工作能够顺利开展,充分发挥其对工程成本管理工作的有效作用。[①]

(三)建立高效的信息化的财务审计体系

对审计工作进行信息化建设,可以有效提升财务审计工作的质量,提升其准确性。财务审计人员作为在工程项目中的中立成员,必须保证做到公平和公正,在违背保密原则的情况下,将财务审计的工程审计结果公布到相关人员建立和所在的信息平台上,各个工程相关部门都可以进行查看,能够最大程度上做好工程项目和成本管理的监督。同时,也能够随时核实财务审计是否准确,避免审计出现失误,能够大幅度地提升财务审计的质量和水平,也更能够对成本耗费和管理进行有效监督。

(四)加强和提升审计工作人员的专业素质

就当前的实际情况而言,当前的在项目工程的财务审计工作成效并不是十分理想,其中一个主要的原因就是负责工程审计工作的人员的专业水平不够高,有些还带有以往审

---

① 邓春贵,刘洋洋,李德祥.财务管理与审计核算[M].北京:经济日报出版社,2019.

计模式中的态度,很多流于形式,没有真正发挥其作用。因此要加强财务审计在对工程成本管理水平的有效提升,就需要进一步加强和提升当下工程项目财务审计人员的素质和水平,一方面可以针对审计人员制定相关的制度和规定,并根据财务审计工作的实际效果来对其进行绩效评价,以严格其工作态度;另一方面,要加强财务审计人员的专业知识培训,针对工程项目方面的知识也要进行学习和培训,熟悉工程财务审计的具体工作。另外,还要使其充分认识财务审计本身以及其对工程成本的有效管理和控制的实际作用,能够根据多方的需求来通过财务审计来实现工程成本管理的目标。

第四节 财务决算审计中风险导向审计和资金平衡分析方法的应用

一、风险导向审计在财务决算审计领域的应用

风险导向审计是指通过审计风险模型展开的审计工作,其主要目的是从财务管理战略层面来规避重大风险,适用于财务审计的整个流程,同时,"传统风险导向审计"的实践机制本身就是源于企业组织财务报告存在的重大风险缺陷,这意味着这一工作的理论是建立在内部控制基础上的,即"审计风险"不可忽视企业组织内部的风险因素,包括企业经营范围、工作人员品质、主要业务性质等,但忽视了外部环境;随着市场经济体制的不断完善,风险导向审计不能仅局限于理论研究,更应该落实到具体审计对象、过程中去,从而提升财务决算审计的质量。

（一）风险导向审计概述

"风险导向审计"模式的出现与现代社会审计环境剧变存在密切关系,全球经济一体化、互联网经济崛起、信息技术等对传统企业经营产生了颠覆性影响,也不断地导致企业组织形式、经营模式、会计准则等发生嬗变,企业之间的单一联系,逐渐被市场主体多元化打破,由此产生的业务和财务合作变得更加复杂,客观上,可能产生的财务风险概率增加,如财务报告舞弊现象。

同时,"风险导向审计"在广义上包括"传统"和"现代"两个定义范畴,其特征区别在于:①前者注重审计测试,而后者注重风险评估;②风险评估从直接类型转变为间接类型;③后者更加重视对信息的加工处理,实现以分析性复核为中心的态势;④风险评估模式逐渐由零散走向结构化,从统一标准化迈个性针对化。

结合一般企业组织的特点,在进行财务决算的过程中,通常会把范围限定为基础建设业务、货币资金业务、收入核算业务、项目研发业务、物资采购与支付业务、物流与仓储业

务、其他投资业务等七个方面。相应地,确定风险的层级主要有三类,分别包括错报风险、特殊风险和过程风险,每一种风险对应的风险要素不同,因此风险导向审计本身就是一个针对性概念,事先必须了解不同风险类型的容纳体系,以及不同风险因素的权重大小。

(二)风险导向审计在财务决算审计领域的价值

1.满足内部审计转型需求、降低企业组织审计风险

基于现代企业组织内部的审计提出从"账目审计"向"风险审计"的转变诉求,结合风险评估的成果,可以集中力量实现重大风险制定审计的工作规划,以及确定相关审计内容实施的要点;同时,由于风险导向审计本身是围绕着预期目标展开的,那么以此为依据圈定的审计范围也更加能够突出企业业务特征,在分析风险成因、影响、规避措施等方面体现出针对性。

2.符合财务决算过程中高风险特征的规避需求

客观上,财务决算审计离不开大量数据报表的审查工作,而立足企业经营状况而言,审计者必须对企业组织全年的经营情况有详细地了解,由此就产生了时间和效率的矛盾。由于财务决算审计往往发生在年底或项目结束后的一个短周期内,为了达成任务,就只能采取审计抽样的方法,因此财务决算审计本身就具有很高的风险;结合风险导向审计的特征,可以将审计集中到重点项目或财务活动上,从而实现高风险的可控性。比如说,审计人员重点关注某一个周期内的财务情况,或较为容易出现风险的业务环节。

3.有效提高财务决算审计效率

实践中为了提升效率,就要做到有选择性地审计,尽可能挑选审计价值高的项目(即高风险项目),突出重点内容和要素。

(三)风险导向审计在财务决算审计领域的应用策略

1.审计目标

审计是一种评价,"财务决算审计"则是对会计财务报表合法性、合理性的一种意见提交,明确审计目标是一个前提条件,也是风险导向审计挖掘重点的依据。具体的判断内容包括会计报表的余额是否合理,是否包括了全部经济业务金额,是否存在遗漏或隐瞒等。

2.风险识别

财务决算审计风险能否识别,很大程度上依赖对被审计项目整体情况的了解,如被审计单位的属性,这是最重要的一个定性要求。如果没有对被审计单位的性质进行确认,那

么以查阅方式来了解以往审计报告、资料的做法也就没有意义，它并不能实现该单位在当前社会形态下的因素结合，如经济制度、政策法规等。

3. 风险评估

在完成"风险识别"之后，可按照财务决算风险发生的可能性、发生后的影响程度等进行风险评估，其中，风险发生的可能性判断依赖风险存在证据的多少，风险影响的判断则涉及财务报表的合法性、合理性，需要通过量化对比的方式实现。

4. 审计重点

很显然，在审计人员获得了风险评估的结果之后，也就相当于获得了财务决算审计的重点内容，以此为依据进行确认，有利于设计针对性地解决措施，排除小概率风险，满足审计重点得以突出的需求。

5. 审计规划

财务决算审计工作的规划主要包括了实施流程、资源分配、人员协调、部门配合等，特别在人员和资源上，考虑到审计组织往往是临时建立的，实际工作中存在一定的隔阂和不足，这需要在审计规划中提前准备。

积极开展风险导向审计工作是现代化企业组织内部审计的发展趋势，它不仅有利于提高审计效率和质量，同时也强化了企业组织的财务安全，有效降低审计自身的风险概率。

二、资金平衡分析方法在财务审计中的应用

通过账实核对确定货币资金余额，通过逐笔核对确定资金来源的实际金额，借助资金运动的平衡关系，可以推导出资金运用的实际金额，从而确定账务记载的完整性情况，发现应记账而不记账的严重舞弊行为。运用资金平衡分析进行财务审计，一方面能够提高工作效率，更重要的是能够保证审计程序的充分性和适当性，保证审计效果。

（一）在财务审计中引入资金平衡分析的必要性

1. 兼顾财务信息的真实性与完整性，审计程序中要重视逆查法的运用

真实性与完整性构成财务信息质量的两个方面，二者相辅相成，不可偏废，在审计工作中，对这两方面都要给予足够的重视，都要采取充分的审计程序。要审计账务记载的真实性，采用的方法是顺查法，根据账簿记录追查记账凭证再到原始凭证；要审计账务记载的完整性，就要把以上顺序颠倒过来，根据原始凭证追查记账凭证和账簿记录，即采用逆

查法。逆查法可以帮助审计人员发现应该记账而未记账的事项,发现账务记载中故意隐瞒的部分,而这些恰恰是审计的重点所在。

2.逆查法的重点是对银行对账单的逐笔核对

逆查法要根据原始凭证追查记账凭证和账簿记录,这里的原始凭证既包括合同、发票、审批单等,更重要的是银行对账单。对账单是开户银行提供的外部凭证,完整地记载了被审计单位资金收支的全部情况,审计中不仅要核对某一时点的余额,更要核对审计期内的全部发生额。如果只核对时点余额,可能无法发现期初将资金转出使用期末结账前再转回的挪用行为,这种行为严重违反财经纪律,是审计的重中之重。对银行对账单的发生额与银行存款日记账及费用分户账进行逐笔核对,确定所有资金收支已经全部及时入账,才能实现财务信息完整性的审计目标。[①]

3.运用资金平衡公式可以保证审计程序的充分性

以财务信息的可靠性和完整性为审计目标,审计人员必须全面核对银行对账单的余额和发生额。这时会面临这样一个问题,核对全部发生额的工作量太大,审计时间不够,而资金平衡分析方法能够解决这个难题。这一方法借助资金运动的动态平衡关系,通过对期初期末资金余额的账实核对,以及对资金来源情况的详细审计,分析推导出资金运用的完整性情况,再根据金额和性质标准,抽样选取部分支出项目进行检查,就可以实现审计目标。实际工作中资金来源业务其实很少,每年超不过三四十笔,与现在很多审计人员花费大量时间去详细审计资金运用业务的方法相比较,运用资金平衡分析进行财务审计,一方面能够提高工作效率,更重要的是能够保证审计程序的充分性和适当性,保证审计效果。

(二)资金平衡分析的具体应用

资金平衡分析是基于资金运动平衡公式的审计分析方法,资金运动平衡公式是指,期初货币资金,加上审计期内资金来源,减去审计期内资金运用,等于期末货币资金。其中期初、期末货币资金是时点变量,其余额通过账实核对很容易可以确定,比较复杂的是资金来源和资金运用这两个反映发生额的时期变量,具体到人民银行来说,资金来源包括预算拨款和其他收入,资金运用包括人员经费、公用经费、项目支出等各项费用支出。资金平衡公式包含四个变量,审计过程中如果确定了其中三个,很容易就能推导出第四个。以资金平衡公式为线索开展财务审计,主要思路包括下面四个步骤。

---

① 杜丽丽,张红,王春霞.新时期财务会计与审计[M].北京:线装书局,2024.

1.确定期初期末货币资金

就是现金和银行存款的余额,审计方法是账实核对,即监盘库存现金,核对银行存款日记账与银行对账单余额。

2.确定资金来源的实际数额

方法是逐笔核对银行存款日记账与银行对账单的借方发生额。由于人民银行实行收支两条线的财务预算管理制度,其经营收入及资产收益应全部上缴国库,能够用于各级行自身支出的资金来源只包括预算拨款及上级行和地方政府拨入的补助经费两部分。通过对银行存款借方发生额的逐笔核对,剔除不能用于自身支出的部分,就能够确定资金来源的实际数额。

3.计算资金运用的实际数额

确定账务记载的完整性情况。用期初货币资金余额,加上审计期内的资金来源,减去期末货币资金余额,计算出审计期内资金运用的实际数额。将资金来源和资金运用的实际数额与收入分户账和费用分户账进行核对,看是不是所有收支都已经记账,如果有未记账的情况,则要进一步查明原因,查明是不是存在舞弊行为。

4.对资金运用进行审计,根据金额和性质标准,抽样选取部分业务进行检查

根据金额标准,达到重要性水平的支出要核对付款记录与发票合同,以确定这些支出是否真实有效,是否履行了规定的审批程序。根据性质标准,对部分支出科目,如固定资产购建类支出、货币发行费、安全防卫费等,要重点关注资金用途是否符合规定的开支范围。近几年由于人民银行财务紧张形势日益加剧,将货币发行费、安全防卫费科目用于发放工资或公共经费支出的现象开始在部分地区出现,审计中要予以关注。

(三)运用资金平衡分析需要注意的问题

资金平衡分析为财务审计提供了一种简单有效的操作思路,将账实核对、详细检查与抽样审计的方法结合起来,以达到确认财务信息的真实性与完整性的审计目标。在实际应用过程中,需要注意以下四个问题。

1."资金平衡"是"账务记载没有问题"的必要条件而不是充分条件

也就是说,如果"账务记载没有问题",那么资金运动肯定是平衡的;如果资金运动不平衡,那么账务记载肯定有问题。但是反过来就不一定成立,不能说如果资金平衡,那么账务记载一定没有问题,也有可能公式的左右两边都发生了相同金额的错误或者遗漏,或

者也可能公式的某一边发生了相同金额的一加一减。因此更要强调四个步骤中的第二步工作,强调对资金来源要逐笔核对。

2.零星现金收入也构成资金来源的一个部分

一般情况下的财务资金表现为现金和银行存款两种形态,随着公务卡结算制度的推行,人民银行财务工作中的现金业务越来越少,只有资产处置零星收入可能涉及现金来源。如果存在这种情形,审计人员一方面要把收入金额与相关合同协议进行核对以确定其真实性,另一方面要核对收款收据的连续编号以确定账务记载的完整性。根据财务制度规定,资产处置收入应作为财务收入并入人民银行大账,这种零星现金收入最后还是存入银行,年度中间作为暂收款项处理,年末作为财务收入逐级上划,形成银行存款的来源。

3.暂收款项和暂付款项应分别作为资金来源和资金运用处理

除了预算资金外,实际工作中还存在各种暂收暂付款项,暂收款项增加或者暂付款项减少,是一种资金来源,可以理解为能运用的资金增加了;暂收款项减少或者暂付款项增加,是一种资金运用,也就是能运用的资金减少了。暂收暂付款项虽然数额不大,但是资金性质特殊,制度规定比较零散,日常管理容易出问题,审计中要给予特别重视。暂收款项除业务处理过程中的代收代扣款项外,主要是上级行拨入的业务补助经费如支付系统运维费、外汇专项经费、征信业务补贴费等,以及地方财政拨入的补助经费,这些款项在收入时已经规定了明确的用途。而暂付款项则主要是备用金和存出的保证金等,由于公务卡结算的推广,这类款项一般很少发生。对于暂收暂付款项,主要应该关注用途与来源的对应情况,关注每一笔收到的款项是否都用于规定的用途。

4.运用计算机辅助审计技术可以提高资金平衡分析的效率

开始阶段,可以先借助 EXCEL 等软件,对业务数据进行简单的筛选、计算等处理,更进一步,内审部门与科技部门、业务部门积极联系协调,逐步在业务管理系统中增加审计功能模块。例如,在财务综合管理系统中,建立预算管理、采购管理、费用管理、固定资产管理、审计管理等模块,审计管理模块可以实时访问分账户、银行存款日记账和银行存款对账单数据,并建立相关分析比对模型,使资金平衡分析可以借助镶嵌在业务管理系统中的审计模块通过网络完成,实现实时地跟踪与检查,及时发现可能存在的风险隐患,充分发挥财务审计的建设性作用。

第五节 财务审计的整合延伸应用

一、财务审计与绩效审计的整合延伸

审计工作的开展成效将直接对我国的经济发展产生影响,在这一工作的实际开展过程中,财务审计与绩效审计都是常见的审计办法之一。对于我国而言,大部分审计单位都会采用财务审计为主、绩效审计为辅的方案来完成这一工作。

财务审计与绩效审计是并存的,财务审计在审计活动中占据主要的地位。加强绩效审计,使财务审计与绩效审计互相分离,互相独立。目前,财务审计与绩效审计独立之间的整合只是一种过渡的表现,审计人员需要在二者进行整合的过程中,找出绩效审计的有效方法和经验。

(一)财务审计与绩效审计的比较

财务审计是一种传统意义上的审计类型,财务审计是对财政的收支活动还有报告的审查,然后对财务收支报告和活动的真实性、公允性、合法性以及正确性进行评价的监督活动。

绩效审计则是审计人员通过使用现代技术方法,对部门活动和功能就目前的效果性、经济性以及效率性进行客观的、系统的独立评价,并提出改善的意见,以此来提高政府的工作效率和为政府有关决策方面的工作提供信息来源的过程。

通过分析比较财务审计与绩效审计的概念可以看出,两种审计的原理都是收集被审计单位的相关经济活动和财务财政上的收支,与规定的标准进行比较,评价出与相关规定符合度,并将结果传达至相关单位的过程。但是绩效审计与财务审计不同的是,绩效审计注重评价审计方面的效率性和经济性,而财务审计更关注审计项目的合法性和真实性。由此可见,财务审计是绩效审计的基础,只有在真实合法的基础上,才有意义去评价经济性和效率性,将二者进行结合审计的话,可以更加全面地评价出被审计项目的经济活动情况。

(二)财务审计与绩效审计的差异

第一,财务审计与绩效审计在产生和发展背景上的差异主要表现为:私有制的产生、财产所有者和财产经营者的分离,导致人们迫切想要了解资金公共支出的流向;绩效审计产生的背景是随着我国社会经济的发展,广大公民的民主和法律意识不断加强由关注支出的合法性逐渐转变到关注支出的经济效益性。

第二,财务审计与绩效审计在审计目的的差异主要表现为:财务审计侧重于审计项目的合法性、真实性和公允性;绩效审计更侧重于审计项目的效益性、效率性和效果性。

第三,财务审计与绩效审计在审计职能上的差异主要表现为:财务审计检查、评价已成事实的财务收支活动,行使防护权、监督权和鉴证权;绩效审计主要关心的是未来经济活动的发展效益,主要职能为创新性和建设性。

第四,财务审计与绩效审计在审计技术和方法上的差异主要表现为:财务审计的审计方法一般有审阅法、查询法、复算法、核对法、函证法、调节法和盘点法,专门技术方法包括抽样审计方法、计算机审计方法和内部控制测评方法;绩效审计的审计方法有调查法、分析法、采访法和统计法。

第五,财务审计与绩效审计在审计程序上的差别主要表现为:财务审计的程序为准备—实施—报告;绩效审计在财务审计的基础上,更加注重后续审计这一过程。

第六,财务审计与绩效审计在审计主体上的差异为:财务审计只要求审计主体掌握会计和审计的专业知识技能;绩效审计对审计主体的知识面要求更为广泛,特别是经济活动分析的能力。

第七,财务审计与绩效审计在审计标准上的差异为:财务审计的审计标准为国家法律法规和会计准则;绩效审计的审计标准为有关法律法规、公认管理实务和相关规章制度。

第八,财务审计与绩效审计在时间导向上的差异表现为:财务审计注重历史经济活动;绩效审计更看重未来的经济活动。

第九,财务审计与绩效审计在审计对象上的差异为:财务审计对象是被审计单位的财务收支活动及相关会计资料;绩效审计对象是政府及其公营项目的效益或社会效益。

(三)财务审计与绩效审计的整合方法

1.绩效审计法

绩效审计的难度远远高于传统的财务审计,关键是如何准确地评估被审计机构和被审计项目的社会效益。要熟悉、了解被审计机构的业务、经营活动情况以及机构的各种业务指标和工作。只有比较准确地计算出被审计机构和被审计项目的社会效益如何,才能估计其社会影响,最后才能对症下药,提出有建设性的建议。进行绩效审计时,也要贯彻会计的重要性原则,抓住被审计机构最重要的经营活动状况与其有关制度和控制计划进行比较分析,看其是否达到了预期效果。[①]

---

① 侯文兰,陆静.财务管理与审计创新[M].长春:吉林出版集团股份有限公司,2019.

2.整合范围法

在我国,财务审计的范围要远远超出绩效审计的范围。一般而言,如果经济活动涉及投入产出,那么就可以对其进行绩效审计。绩效审计的侧重点是公众比较关注的一些领域,如专项资金审计、公共支出审计和财政预算的支出审计,对这些方面开展审计活动,能够为国家节约一部分资金,同时也可以提高被审计单位的经济效益。

3.整合实施法

在将财务审计与绩效审计进行整合应用时,要合理地选择审计项目。对公共工程项目、公共预算的支出项目和公共投资项目进行审计时,要将绩效审计需求考虑在内,这样就可以大大地提高资金的使用效率。在制订审计计划时,要对绩效审计进行中长期计划。使绩效审计有步骤、有计划地进行,同时,在编制计划时,要有重点、有针对性,并且合理地安排人力资源,避免将任务重复安排。

此外,还要保存好审计资料。在制定审计准则时,应将审计准则分为绩效审计准则和财务审计准则,然后制定各自的报告准则、作业准则和审计内容,对部门实行绩效审计,建立科学系统的绩效审计体系。在审计程序上,如果单纯地实施绩效审计,那么就要充分收集以往财务审计中的审计证据;如果财务审计与绩效审计同时进行,那么除了要收集财务资料以外,还要搜集各种调查表、决策信息和各种制度规定。在审计方法和技术方面,绩效审计可以沿用财务审计的一些方法,如分析、计算、观察和审阅,对于具体的问题,审计人员应该做具体的分析。在审计人员方面,应加强对绩效审计人员的培训,使绩效审计人员的知识更加全面。

绩效审计以及财务审计是相互依存的,在审计活动当中,财务审计占据着主要的地位。因此,必须不断地加大在绩效审计上的研究力度,以及相关规范的制度,从而使财务审计与绩效审计可以互相独立、互相分离。

二、财务审计与社会监督的整合延伸

(一)财务审计在社会中的定位

财务审计是审计机关对国有企业的资产、负债的真实性、准确性、合法性进行严格的审计监督,其监督过程遵守《中华人民共和国审计法》[16]与其实施条例,此外,还需遵守国家企业财务审计准则所规定的程序进行合法监督,由此对企业的会计报表信息做出真实、客观的评价,并由此形成审计报告。财务审计的审计目的是使企业财务部门遵守规定,依法办事,防止贪污受贿等违规问题的出现,为建设廉政社会而创造机会,加大宏观调控力度。

(二)财务审计目标与注意事项

1. 财务审计目标

第一,准确性:对报表项目通过分析、汇总,准确地列入会计报表中。

第二,完整性:保障会计账簿内容里记录了在会计程序中发生的一切事情,并且在会计报表中完整列入,防止某些记录的错误与遗漏甚至对审计部门的有意隐瞒等情况的出现。

第三,真实性:在财务账簿中的记录都具有真实性,确认在会计期间真实发生过,与账户记录相同,保证没有虚报资产与虚无的收入和支出现象发生。

第四,公允性:在会计数据的处理过程中,必须保证前后所使用的数据一致,在各项目间与会计报表间所使用的相关财务数字保持一致。

2. 财务审计注意事项

审计内容包括资产负债审计内容、损益表审计内容、现金流量表审计内容、合并报表审计内容四部分。审计人员需要遵循以下注意事项:检查在资产负债表中是否采用制度所提到的格式进行编制,比较本期资产负债表的每项数字,保障是否与前几期的数字有明显的变动,若无变动,即为过关;核对项目与总账的科目数字是否相符,对本期的余额与发生进行核对计算,保障计算结果无误,且数据真实可靠。若检查其中某一项有较大出入,需对项目进行重点检查,追查原始凭证等。损益表内容中,需注意损益表的项目填写是否正确,是否有漏填或填写错误的情况,其次对损益表间的数字关系进行核对,保障前后期数字保持一致,保障损益表与其他报表的关系,尤其是与损益表有关的产品销售成本、销售税金等。核对成本、收入、支出等数字的准确性,所得税的计算结果检查,遵守扣除金额标准等。现金流量表审计内容指对现金等价物的确定,各种活动中现金的流动量是否合理,汇率变动对流量的影响。合并报表审计内容是首先对合并报表范围进行监督,其次检查企业内部的经济往来状况。

(三)财务审计在社会监督中的途径

第一,加大审核与监督人员用人力度。大力建设财务管理、监督人员队伍,需要制定完善的用人制度,现在虽然初级审计师不缺乏,但中级或高级审计师却比较短缺,对于企业财务而言,初级审计师远远不够,要想合理完善监督过程,必须配备足够的管理人员。明确用人要求,在每次的用人审核过程中,不仅对其专业知识技能进行审核,还需要观察其实践能力。财务监督操作与理论密不可分,尤其是在财务账目的审核、现金流动等方面,需要足够的实践能力,要在既能保障时间的条件下,又保障审核质量。在人事调配过程中,根据不同人员的擅长方向不同,安排其合适的岗位,各司其职,相互配合,只有这样才能保障财务系统的有序进行,防止资产浪费。

第二,建立健全人员审核、培训制度。要提高管理人员的整体素质水平,审核、培训制度必不可少。培训制度包括对专业知识培训、创新能力培训、管理意识培训等。要想加强人员的实践能力,必须提高其思想教育,如个人理财观念、诚信理念;从负责人员着手,进行教育的强化,在培训过程中,可采取某些趣味性方式进行开展,如个人评比、实地培训、团体小组合作等。这些方式不但可以有效对专业知识进行培训,还可以架起同事及下级与上级间的沟通桥梁。

第三,进一步完善财务监督体系。为了加大企业的财务监督力度,建立健全财务与监督机制,需保障人员岗位的合理性,明确财务工作中每个岗位的负责人员,落实到个人,保障发生纰漏时能够准确找到负责人员进行有效改正,可防止推卸责任的现象出现。在加强内部审计工作制度中,要规范财务审批程序,国有资产的审核制度进行强化,尤其是对于资产的使用情况进行监管,不定时进行盘查,提高工作人员的警觉性,防止违法乱纪的行为出现。同时加大社会与媒体的监督力度,配合企业内部完成审查程序。

三、财务审计与成本控制的整合延伸

企业是以盈利为目的的,所以利益的最大化是企业的目标,那么适当地减少不必要的成本对企业的发展是很重要的。当今社会市场竞争越来越激烈,企业有效地控制成本并追求利益的最大化也是企业发展的重要途径之一。成本控制与企业财务审计之间应该形成正向的关联性,这二者应该是一种互利共赢的关系,一荣俱荣,一损俱损。所以,要采取有效的措施将财务审计与成本控制联合起来,提高企业的经济效益,增强企业自身在市场中的竞争力。[①]

在企业中,财务审计是财务管理的一部分,是对企业的财务账目、经营状况进行审核。而成本控制是企业对生产、运营等成本进行控制,这二者看起来似乎联系不大,但其实在企业的运转中,财务审计与成本控制具有很强的内在关联性,二者的工作内容不同,但是归根结底,它们的目标都指向企业资本,努力实现企业利益最大化。

(一)财务审计与成本控制的整合发展

财务审计可以有效地为企业资金提供一个有效的保护屏障,投资就会有风险,投资必

---

① 黄珂,左秀娟,李珏莹.财务管理与互联网金融审计研究[M].北京:中国商业出版社,2023.

然会有付出和收益,通过审计活动进行合理的预算,再对资金的流量和流向实行监控,通过这样一个过程,使付出与收益达到一个相对平衡的状态。从而可以在功能范围内为成本控制提供合理化的建议,提高公司的效益。

时代在高速发展,可是许多企业依然采取的是传统的成本控制方式,例如责任成本法、定额成本法等。传统的成本控制方式的重点在于产品的制造过程,而对于销售这个过程中的资金投入并不太关注。这种方式已经渐渐地落后了,因为销售渠道多样化,人们的消费方式观念的变化,消费方式种类的多样化,让销售中投入的资金也在不停地增加。在成本控制过程中所采集到的信息不全面导致成本控制的效果不佳,利用不合理的成本控制方式会制约企业的发展。许多企业虽然制定了成本核算制度,但是只是形同虚设,没有真正地规范管理,因缺乏管理,成本归集方法也不合理,使产品的核算数据不规范,没有准确的成本控制数据,使资金的利用效率较低。

现在社会发展日新月异,企业的发展与国家的市场政策紧密相关,市场上的竞争压力也越来越大,行情也在持续变化中,财务审计可以帮助企业做出正确的决定,所以,企业的审计就显得格外重要。

(二)财务审计与成本控制的整合方式

第一,财务管理下进行有效的成本控制。财务部门是企业的重要部门,几乎每一个企业都会给财务部门大量的人力、物力以及财力的支持,定期进行审计工作,可以有效保证财务部门的正常运转,从而推动企业的发展。财务审计与成本控制没有直接明显的联系,是通过财务管理紧密地结合在一起的。有的企业在成本预算时将之与财务部门分离,要摒弃这种旧的模式,应该将二者紧密结合,在对资本进行明确的预算时,财务部门可以安排专门的人员对成本控制的资本预算进行审计,不仅能使成本预算相对科学,也有利于财务部门日后的具体工作。

第二,采用绩效管理和岗位责任制的新模式。财务审计与成本预算虽然在理论上是企业的两个不同分支,但是在实际工作中,有很多工作内容是紧密联系的,所以要明确岗位责任制,任务要有效地分配到个人,员工之间也需要进行有效的交流与沟通,这就能有效地避免工作重复,浪费人力、物力、财力上的资源。将审计工作和成本控制的相关工作具体分配到个人后,明确责任制,进行绩效管理。工作人员在明确工作目标后,为提高个人业绩,将会提高工作人员的积极性和工作效率。

四、财务审计与区块链技术的整合延伸

会计是一个信息系统,它以价值的形式记录经济活动的重要信息。传统会计信息被

分割成各个小的企业信息系统,在互联网时代,各个企业会计系统汇成大信息系统,由于数据区块链的出现,使人们可以对世界上所有的交易进行实时的记录、查看和监控,可以在多方面提高财务处理的质量和效率。同时,计算机审计也由于区块链安全追踪机制,而进入互联网审计时代。

(一)区块链技术对财务的影响

1. 对价格和利率的影响

基于商品或劳务交易,其支付手段更多表现数字化、虚拟化,网上商品信息传播公开、透明、无边界与死角。传统商品经济条件下信息不对称没有了,商品价格更透明了。财务管理中运用的价格、利率等分析因素不同以前,边际贡献、成本习性也不同。

2. 对财务关系的影响

财务关系是企业资金运动过程中所表现的企业与企业经济关系,区块链运用现代分布数据库技术、现代密码学技术将企业与企业以及企业内部各部门联系起来,通过大协作,从而形成比以往更复杂的财务关系。

企业之间的资金运动不再需要以货币为媒介,传统企业支付是以货币进行,而现代企业支付是电子货币,财务关系表现为大数据之间的关系,也可以说是区块链关系,这种关系减少了不少地方关系。

3. 对财务工作效率的影响

(1)直接投资与融资更方便。传统财务中,筹资成本高,需要中间人参与,如银行等。区块链技术产生后,互联网金融得到很大发展,在互联网初期,网上支付主要通过银行这个第三方进行。现在,区块链能够实现新形式的点对点融资,人们可通过互联网,下载一个区块链网络的客户端,这样就能实现交易结算、投资理财、企业资金融通等服务,并且使交易结算、投资、融资的时间缩短,能及时反馈投资红利的记录与支付效率,使这些环节更加透明、安全。

(2)提高交易磋商的效率。传统商务磋商通过人员现场交流沟通,对商品的交易价格、交易时间、交货方式等进行磋商,最后形成书面合同,而在互联网背景下,由于区块链技术能够保证网上沟通的真实、安全有效,通过网上实时视频磋商,网络传送合同,通过区块链技术验证合同的有效性,提高了财务业务的执行效率。

4. 对财务成本的影响

(1)减少交易环节,节省交易成本。由于区块链技术的使用,电子商务交易能实现点对点交易结算,交易数据能同 ERP 财务软件协同工作,能实现电子商务交易数据和财务数据及时更新,资金转移支付不需通过银行等中介,解决双向付费问题,尤其在跨境等业务中,可以少付许多佣金和手续费用。

(2)降低了信息获取成本。互联网出现后,人们运用网络从事商务活动,开创商业新模式。商家通过网络很容易获得商品信息,通过区块链技术,在大量网络数据中,运用区块链跟踪网络节点,可以监控独立的微商业务活动,找到投资商,完成企业重组计划,也可通过区块链技术为企业资金找到出路,获得更多投资收益。可见,区块链能够降低财务信息获取成本。

(3)降低了信用维护成本。无数企业间的财务数据在网络上运行,需要大量维护成本,如何减少协调成本和建立信任的成本成为关键。区块链技术通过建立不基于中心的信用追踪机制,使人们能通过区块链网络检查企业交易记录、声誉得分以及其他社会经济因素可信性,交易方能够通过在线数据库查询企业的财务数据,以此来验证任意对手的身份,从而降低了信用维护成本。

(4)降低财务工作的工序作业成本。企业财务核算与监督有许多工序,每一工序都要花费一定成本。要做好企业财务工作,保证财务信息的真实性,必须运用区块链技术,由于其无中心性,能减少财务作业的工序数量,节省每一工序的时间,在安全、透明环境下,保证各项财务工作优质高效完成,从而总体上节约工序成本。

(二)区块链技术对审计的影响

1. 对审计理论体系的影响

(1)审计证据变化。区块链技术的出现使传统的审计证据发生改变。审计证据包括会计业务文档,如会计凭证。由于区块链技术出现,企业间的交易在网上进行,相互间的经济运行证据变成非纸质数据,审计对证据核对变成由两个区块间通过数据链路实现数据跟踪。

(2)审计程序发生变化。传统审计程序从确定审计目标开始,通过制订计划、执行审计到发表审计意见结束。互联网审计要求采用白箱法和黑箱法,对计算机程序进行审计,以检验其运行的可靠性;在执行审计阶段主要通过逆查法,从报表数据通过区块链技术跟踪到会计凭证,实现数据客观性、准确性审计。

2. 对审计实践的影响

(1)提高审计工作效率,降低审计成本。计算机审计比传统手工审计效率高,区块链技术产生后,为计算机审计的客观性、完整性、永久性和不可更改性提供保证,保证审计具体目标实现。区块链技术产生后,人们利用互联网大数据实施审计工作,提高审计效率,解决传统审计证据不能及时证实,不能满足公众对审计证据真实、准确的要求的问题,在传统审计下,需通过专门的审计人员,运用询问法对公司相关的会计信息发询证函进行函证,从而需要很长时间才能证实,无论是审计时效性还是审计耗费上,都不节约。而计算机审计,尤其是区块链技术产生后,审计进入网络大数据时代,分布式数据技术能实现各区块间数据共享追踪,区块链技术保证这种共享的安全性,其安全维护成本低廉。由于区块链没有管理数据中心,具有不可逆性和时间邮戳功能,审计人员和治理层、行业监管机构可以通过区块链及时追踪公司账套数据,从而保证审计结论的正确性。计算机自动汇总计算,保证审计工作底稿等汇总数据快速高效。

(2)改变审计重要性认定。审计重要性是审计学中的重要概念,传统审计工作通过在审计计划中确定审计重要性指标作为评价依据,审计人员通过对财务报表数据进行计算,确定各项财务指标,计算重要性比率和金额,通过手工审计发现会计业务中的错报,评价错报金额是否超过重要性金额,从而决定是否进一步审计程序。而在计算机审计条件下,审计工作可实现以账项为基础详细审计,很少需要以重要性判断为基础的分析性审计技术。[①]

(3)改变内部控制的内容与方法。传统审计由于更多采用以制度为基础审计,更多运用概率统计技术进行抽样审计,从而解决审计效率与效益相矛盾的问题。区块链技术产生后,人们运用计算机审计,审计的效率与效果都得以提高。虽然区块链技术能够提高计算机审计安全性,但计算机审计风险仍存在,传统内部控制在计算机审计下仍然有必要,但其内容发生变化,人们更重视计算机及网络安全维护,重视计算机操作人员岗位职责及岗位分工管理与监督。内部控制评估方法也更多从事后调查评估内部控制环境,到过程中运用视频监控设备进行实时监控。

第六节　财务审计与财务管理的融合应用

一、财务审计在科研事业单位财务管理中的融合应用

(一)建立经费内审机构

对科研经费,各科研事业单位需根据本单位的实际情况制定相应经费管理制度,明确

---

① 李盛贤.高校财务管理与审计实务研究[M].哈尔滨:哈尔滨地图出版社,2023.

经费支出标准,确定审批权限,对科研人员进行法治教育,对弄虚作假、乱支滥用人员严格惩罚。这样,各科研事业单位科研人员的科研经费申请才有章可循,才能对科研经费进行有效管理。

加强科研经费财务管理能力,各科研事业单位还需建立经费内审机构。内审机构对本单位的高层直接负责,独立行使审计职能,需对单位科研经费的使用全程把关。内审人员需要向本单位的负责人定期汇报审计的状况,最大限度降低违规行为发生的概率。内审机构人员需定岗定员,责任落实到个人,严格遵守审计机制,避免审计风险。审计部门还需设立举报热线,审计部门一旦接到举报,需及时成立审查小组,派专人对案件调查处理,并将调查结果及时反馈给相关人员,这样才能最大限度避免科研经费浪费。

(二)增强绩效审计意识

当前很多会计师事务所在科研课题审计报告验收时不负责任,因此,科研事业单位科研项目验收审计不能完全依赖会计师事务所,而是靠本单位内审人员用自身专业技能,对科研经费严格把关,将经费的真实状况反映给领导;对单位重大科研课题,需参与到会计师事务所审计验收工作中,监督鉴定质量,对经费审计报告不断完善。

绩效审计同领导科学决策及资金合理使用直接相关,要做好对科研经费的创新管理,必须增强单位人员的绩效审计意识,创建"绩效优先"的评价机制。具体应做到以下方面。

第一,项目立项阶段需强化预算绩效目标,对科研经费预算不但要从项目可行性进行评价,还要对绩效目标进行细化及量化,确保经费预算科学合理。

第二,项目执行阶段需注重经济效益的统一,确保项目正常运行情况下,优先考虑项目投资是否经济,对投资规模进行监控。条件允许下,需重视项目合理性,如果项目没有明显经济效益,需重视项目社会效益。

第三,项目完成阶段需制定并完善财务的支出约束机制,对绩效进行强化追踪,将审计结果同年度考核有机结合,从实践中不断增强人员的绩效审计意识,从而在单位内部形成绩效审计管理的全面文化氛围,不断提高单位科研经费的配置及使用绩效。

(三)增强内审人员素质

内审人员素质的高低同审计效果及审计质量直接相关,要提高科研经费管理水平,企业单位需做到以下方面。

第一,对内审人员进行科学合理配置,确保内审人员既拥有财务、审计能力,又熟悉计算机应用。

第二,在审计过程中还要不断挖掘内审人员的工作潜力,对内审人员进行严格岗位培训,确保内审队伍稳定有序。

第三,企业单位还要同社会审计组织、审计机关保持密切联系,要同这些组织机关就审计方法、审计经验进行交流,促进单位审计能力及审计质量的提高。

第四,强化各个科研业务部门间的联系交流,让科研部门了解彼此的工作流程,在工作中互相监督,借此增进各部门对内审部门的支持及理解。

总而言之,各科研事业单位只有正视科研经费管理中存在的问题,并根据这些问题制定针对性改进措施,才能提高单位的科研创新能力与财务管理能力。

二、审计结果在企业财务管理中的融合应用

审计工作在我国现代企业的实际生产过程中占据重要的地位,它能够根据审计结果对我国现有企业的发展状况以及财务管理工作进行审查,监督相关业务的开展,对实际的生产经营以及操作流程具有核查与督促的作用。在国际化、市场化浪潮不断提高的当代中国经济发展模式下,企业作为事业的一个法人代表,是现代社会经济发展的一个最基础单位。做好审计工作,充分发挥审计结果的作用,把企业的财务管理与会计核算二者同审计结果相互连接在一起,探究企业发展中存在的问题,这对于企业的发展具有深远的意义。

(一)审计结果在企业财务管理中的作用

审计结果是在细致分析、认真总结的基础上得来的,其本身自带详实性、科学性,建立在对各种数据完整分析的基础之上的审计结果又具有整体性以及概括性。企业的审计结果可以帮助企业管理者对企业的各项指标进行系统化的分析,对于企业的决策而言,不仅能提高决策的效率,同时也能够帮助决策者把握全局,帮助企业决策更加合理化。审计结果使得财务方面的收支情况更加明了化,这对于整个企业的财务管理作用不可小觑。面向整个企业制度的管理,翔实的审计结果可以清楚地看到企业发展中所占据的优势地位以及存在的问题,这对于企业的革新是具有重要意义的。

企业对财务管理工作开展审计工作,能够提高整个企业的财务管理水平,提高工作效率。财务管理工作因其自身与经济直接挂钩,对于企业的利益得失有直接作用。审计工作的开展把财务管理阳光化、数据管理清晰化、会计核算明了化,如此一来,企业的整体账目清算以及利润运营透明化,从中也能够减少整个企业操作流程中存在的不当行为,也有助于企业的纳税与管理。

(二)审计结果促进企业财务管理的方法

第一,应加大对审计结果的执行力度。审计结果作为一个分析数据,能够体现企业的整体操作水平,增强企业审计结果的执行力度,对企业的财务管理与会计核算工作进行细

化,提高整个工作的准确性,充分发挥审计结果的优化作用。分清楚各部门之间的利益关系,强调企业的整体价值与企业内部的综合效能,提高审计结果的真实性与可靠性,为后期审计结果的功用提供基础保证。

第二,构建审计结果的应用制度。企业应该增强对整个审计结果的重视,促使整个企业的运营发展模式以及制度建设向国际、国内先进企业靠拢。此外,企业应该认识到审计结果对整个企业的财务管理以及会计审核的价值与功用,建立并完善相关审计结果应用制度,用制度来规范整个企业财务方面的管理,提高工作效率,敢于革新。审计结果应用制度加强审计结果的真实性与可靠性,提高审计工作水平,能够完善企业内部的结构管理。

第三,需要强化对审计结果的监督管理。审计结果需要对实际的应用过程产生有价值的影响,先要保证审计结果数据的实用性;再就是要在整个应用过程中加强管理与监督,对企业的财务管理与会计核算进行适度的干预与监督,加强企业内部的建设,增强企业内部决策的公开度与透明度,应用一定的考核制度规范刺激审计工作人员的工作热情与工作态度,强化对企业审计工作的监督与管理,尽量减少无序化的混乱操作,对于提高企业的财务管理以及整个的会计核算水平有很强的促进作用。

审计工作对现代企业的正常高效运营能够提供一定的保障。应用审计结果促进财务管理与会计核算,加强企业财务运营的公开性与透明度,以提高公司的整体运营效率;加强对审计结果的执行力,形成系统化、严密化的审计结果应用制度;加强对审计结果的执行与监督,能够促进财务管理与会计核算工作的有效开展。

第七章　财务管理与互联网金融审计的信息化发展

第一节　信息技术对财务管理的影响

近年来,随着信息技术的发展,作为企业管理核心的财务管理受到了一定影响,这些影响主要集中体现在两个方面。一方面,信息技术的发展使财务管理面临的环境发生了变化,市场竞争也越加激烈,知识逐渐成为企业最有力的竞争因素,企业管理面临的需求、需要解决的问题、解决问题的条件和方法都随之发生变化,在这样的深刻变革下,企业财务管理的模式也相应地发生了变化,随之而来的就是企业财务管理内容、范围和方法的变化。另一方面,信息技术的飞速发展为企业财务管理提供了更广阔的平台,随着信息技术的发展和成熟,财务管理面临的问题可以有更好地解决途径,企业可以选择的财务管理手段也更为多样化。[①]

一、信息技术对企业财务管理实务的影响

企业财务管理实务涉及企业如何运用财务管理的理论框架,以完成财务决策和财务控制的整体流程。信息技术对公司的财务管理实践产生的影响主要集中在财务控制策略、财务决策流程以及财务管理的具体内容上。

（一）对财务控制手段的影响

伴随着信息技术的不断进步,企业的财务管理控制程序有能力与业务处理程序进行整合,从而达到财务管理的实时监控目的。

（二）对财务决策过程的影响

1. 信息收集活动发生的变化

随着信息技术的不断进步,信息收集的过程已经不仅仅局限于收集决策所需的各种信息和数据,而是会经历风险评估、约束条件评估和信息获取这三个阶段。在进行风险评

---

① 董俊岭.新经济环境背景下企业财务会计理论与管理研究[M].北京:中国原子能出版社,2019.

估时,我们需要对决策的目标和实现这些目标所面临的风险做出合适的评估。约束条件评估的目的在于明确各种外部环境因素对实现该决策目标的限制,以及为了达成这一目标,可以利用哪些资源。通过信息获取,我们可以避免手动整理数据的步骤,利用信息化平台,我们可以大规模地获取必要的信息,并依赖数据仓库技术,直接获得对决策有帮助的有价值信息。

2.设计活动发生的变化

传统设计活动主要涉及设计、规划以及分析可能会实施的各种方案。在数字化的背景下,这一流程实质上是基于工具软件或财务管理信息系统来构建决策模型的。

3.抉择活动发生的变化

抉择活动指的是在众多备选方案中,根据特定的标准挑选出最适合的方案,并将其付诸实践。在信息化的背景下,这一流程能够实现最大限度地优化。借助计算机的强大计算功能,我们能够模拟方案的实施状况,进而达到最佳决策,极大地增强了决策的科学性。

4.审查活动发生的变化

在审查过程中,我们需要对决策进行深入评估,持续地识别出存在的问题并对其进行修正。在数字化的背景下,这一流程的实施被提前到了决策的执行阶段,即在整个决策执行的过程中,同时对执行的情况进行了持续的追踪、记录和反馈。

(三)对财务管理内容的影响

对于单个企业来说,其财务管理的核心活动主要集中在三大领域:筹集资金、进行投资以及盈利活动。因此,这也构成了企业财务管理的核心部分。尽管信息技术持续进步,但它依然是企业财务管理的核心部分,与此同时,信息技术也为财务管理提供了更多的内容,这主要体现在三个关键领域。

首先,信息技术极大地加强了企业与各利益相关方、银行、税务机构以及金融市场的信息交流。因此,财务管理的领域也从仅限于企业扩展到了更广泛的利益相关群体,包括但不限于税收管理和银行结算管理,这些都已经成为财务管理活动中不可或缺的一部分。

其次,随着信息技术的进步,新的管理策略也应运而生,例如集团企业的全面预算管理、集中的资金管理以及价值链企业的物流管理等。

在信息技术的助力下,现代企业已经构建了一个涵盖多家企业的价值链条。当企业进行筹资、投资和收益的决策时,它已经不仅仅是一个独立的决策单位,而是在价值链中的一个整体决策环节。因此,相关的决策将更多地聚焦于价值链的整体最优化。

二、信息技术对企业财务管理基础的影响

(一)信息技术对财务管理职能的影响

随着信息技术的不断进步和完善,财务管理的核心职责也得到了加强,包括财务决策和财务监控功能。财务决策的核心职责在于,在充分权衡企业所处的环境和所追求的目标之后,运用科学的方法来确定最符合企业需求的财务目标。在公司的财务管理过程中,筹集资金、投资以及收益的分配构成了财务决策的三大核心环节。随着信息技术的进步,财务决策的背景也发生了变化,这导致企业在做财务决策时面临更多的复杂性和更高的风险。在数字化的背景下,企业在做各种决策时都需要依赖信息技术的辅助,这样决策过程才能从直观逐步变为逻辑。财务控制指的是在执行决策的过程中,通过对比、评估和深入分析,对执行情况进行监控,并在必要时做出相应的调整。伴随着信息技术的持续进步,公司的财务管理功能得到了进一步的加强;控制的范围已经得到了显著的拓展,能够涵盖企业的每一个方面;控制策略也可以通过信息技术平台来实施。此外,随着信息化的推进,财务控制从事后管理逐步转变为事前和事中的管理方式。

信息技术不只是加强了财务管理的核心功能,它还带来了其他衍生功能,尤其是财务管理中的协调和交流功能。在当前的信息化背景下,企业可能会做出涉及多个部门和领域的决策,因此,在财务决策上必须进行相应的调整,以更好地满足企业的生产和经营需求。举例来说,当企业在制定其生产计划时,必须充分考虑到自身的财务状况,并确保这两方面能够有效地协同工作。换句话说,随着各个部门之间的横向联系日益紧密,我们必须找到合适的方法来确保部门间和各个业务流程之间的有效协同和交流,这样财务管理才能更好地履行其职责。

(二)信息技术对财务管理的对象的影响

财务管理主要关注的是资金及其流动情况。资金流动的开始和结束都与现金有关,而其他资产则是现金在流转过程中的转换方式,因此,财务管理主要关注的是现金及其流动情况。在信息化的背景下,财务管理的核心对象并未经历根本性的转变,其受到的影响主要集中在以下两个关键领域。

1.现金流转高速运行

在当前的信息化背景下,企业的现金及其相关资产流转速度明显提升,所面对的风险也随之增大,因此,确保企业现金资产的安全性和合理分配变得尤为关键。

2.现金概念的扩展

在信息化的大背景下,网络银行,尤其是电子货币的涌现,极大地拓宽了现金这一概念的范围。另外,随着网络无形资产和虚拟资产的涌现,现金的转换方式也得到了扩展。

(三)信息技术对企业财务管理目标的影响

在企业的财务管理中,最具代表性的目标涵盖了追求利润的最大化、每股盈利的最大化、股东权益的最大化以及企业价值的最大化。在当前的信息化背景下,将企业价值的最大化作为财务管理的核心目标是一个不可避免的决策。企业之所以存在,是因为它是众多利益相关者之间契约关系的综合体现,而企业追求的核心目标是持续生存、不断发展和实现盈利。在信息技术的催化作用下,电子商务逐渐得到普及,使得价值链中的各个参与方之间的联系变得越来越紧密。实际上,企业是多个价值链中的关键节点。仅仅追求单一企业的最大利润或股东权益的最大化,并不能真正提高整个价值链的价值,相反,这可能会对企业的长远发展和盈利产生不良影响。只有当我们明确了追求企业价值最大化的财务管理目标时,我们才能确保企业所有相关的利益方都能从中受益。

三、信息技术对企业财务管理工具的影响

在传统企业的财务管理模式中,大多数工作都是手工完成的,这导致财务管理的质量和效率都相对较低。随着信息技术的进步,财务管理的手段和工具得到了极大的丰富,同时也推动了财务管理在企业中的广泛应用。信息技术对公司的财务管理工具产生的影响主要集中在三个核心领域。

(一)网络技术提供了更好的解决方案

网络技术不只是丰富了财务管理的领域,同时也为财务管理带来了创新的工具。那些传统方法难以达到的集中和实时控制,都可以通过网络技术来完成。应用分布式计算技术为财务决策过程带来了创新的解决策略。

(二)数据仓库技术提高了决策效率和准确性

数据仓库的普遍使用已经对传统决策方式产生了深远的影响。数据仓库被定义为一个以决策为核心,整合了众多据源,并包含现有和过去数据的数据库系统。应用数据仓库的技术手段能够有力地辅助财务决策过程,从而提升决策的效率与准确度。

(三)计算机技术提高了数据处理能力

随着计算机技术的广泛运用,财务管理过程中的数据处理效率得到了显著提升。借助计算机技术,我们能够协助用户执行更为复杂的计算任务,并处理大量的数据。随着众

多计算机软件的涌现,用户可以更加便捷地完成数据的分析、计算、统计以及辅助决策等多项任务。

四、信息技术对企业财务管理方法的影响

(一)简单决策模型向复杂决策模型的转变

由于传统的财务预测、决策、控制和分析方法受到手工计算的制约,因此只能依赖于简单的数学计算手段。在数字化的背景下,财务管理领域引入了更多前沿的技术和方法,例如运筹学、多元统计学、计量经济学,甚至图论和人工智能等方法也得到了广泛的采纳和应用。

(二)定性分析向定量分析和定性分析相结合转变

在数字化的背景下,数据库管理系统得到了广泛的构建,尤其是相关业务处理信息系统的完善,这为财务管理的量化分析提供了丰富的基本数据。此外,通过使用专门的软件工具,我们能够毫不费力地完成各种统计和计算任务,这使得定量分析不再是仅限于专业人士的工作,分析手段也逐步转向了定量与定性分析的综合应用。

(三)偶然性决策向财务管理系统化的转变

系统论是一门专注于研究客观现实系统普遍存在的基本特性、基本原理和运行规律的科学领域。系统论的核心理念是从全局角度出发,探讨系统与系统、系统与其组成部分,以及系统与其环境之间的普适性联系。在系统论的框架内,系统被视为一个核心的观念。

财务管理不仅是一种辅助决策的系统,而且企业财务管理方法是指企业在财务管理过程中所采用的各种业务手段,目前主要包括财务预测方法、财务决策方法、财务分析方法和财务控制方法等。在一个相当长的时期内,财务管理往往没有从一个系统化的角度进行深入的分析和规划,而是更多地关注于某一特定指标的获取或独立决策模型的实施。传统的财务管理方式主要针对独立的财务管理流程,它缺少一个完整的体系,主要需要应对的是短期和偶发的决策挑战。在当前的信息化背景下,我们需要从系统的角度来看待和处理财务决策和财务控制问题。这意味着在做任何决策时,我们不应只关注单一的最优选择,而应更深入地思考整个系统的最优解;在财务控制中,除了对特定的业务处理环节进行管理外,还需要根据系统控制的标准,从整体系统目标的角度出发,逐级进行分解,并深入考虑控制的影响范围和深度。

第二节 财务信息化与企业财务管理

财务管理在公司内部成长过程中扮演着至关重要的角色。鉴于当前信息技术的快速进展,我们应当将其与公司的财务管理策略相融合,以提升财务信息化的程度,增强财务管理的效能和品质,从而推动公司的全面进步。

一、财务信息化对企业财务管理的影响

(一)促进了企业各部门的协调性

财务信息化的发展对企业的财务管理有着重大的影响,信息传递和处理的即时性,能够有效促进企业内部各部门业务的相互协调,从而实现财务业务的普遍性。在网络技术已经融入生活的现代化社会,在企业内部的财务管理和经营发展中财务信息化已经成为必不可少的一部分,它将企业内部的业务流程和财务信息结合到了一起,并使二者之间相互协调。财务信息化在一定程度上提高了企业管理的质量水平,但是在进行应用的过程当中,也使企业内部的控制重点有了相应的改变,内部控制重点的改变提升了企业的内控风险,从而对企业内部的财务风险管理产生了影响。[1]

(二)提高了企业内部网络计算能力与分析能力

财务信息化对公司的财务管理产生的影响不仅体现在它能够增强各个部门之间的业务协同,而且在总体上也提高了公司内部的网络计算和分析能力。伴随着经济和科技市场的持续壮大,我们也逐步步入了网络化的时代,在这个不断刷新的时代,网络技术对我们的日常生活和生产活动产生了深远的影响。在企业财务信息化管理中,一个核心功能是利用网络技术来计算和分析数据,这也构成了在当前财务信息化环境下,企业财务管理能够进一步提升的基础条件。利用网络信息技术,我们对公司内部的静态数据进行了持续的动态分析,这不仅满足了当前经济市场的需求,同时也为公司的经济增长提供了推动力。

(三)实现了企业内部对数据信息的集中化管理

在企业经营管理中,集中式的数据信息管理是至关重要的一环。在财务信息化的大背景下,企业需要提供全面的数据信息管理服务,并在互联网平台上统一在线管理数据信息。通过科学的手段收集和处理各个部门的财务数据,有助于推动企业内部资金规划朝

---

[1] 张书玲,肖顺松,冯燕梁. 现代财务管理与审计[M]. 天津:天津科学技术出版社,2021.

着健康和合理的方向发展。在当前的财务信息化背景下,大多数公司的内部财务信息主要依赖于网络技术来完成,这大大提高了企业财务的在线管理能力。但同时,我们也需要关注管理团队的专业能力,并对他们进行更为深入的培训。

二、财务信息化在企业财务管理中的发展与要求

(一)完善企业财务管理内部控制

当我们采用科学和合理的手段来加强公司内部的财务管理和提高公司的经济状况时,这也会导致公司内部控制的相应调整。因此,在努力提升公司内部财务信息化的过程中,对内部控制机制的完善也是不可或缺的。当企业在其发展过程中努力提升财务信息化的建设质量时,也需要对企业的内部控制机制进行适当的改革,以增强其内部控制的有效性。此外,我们还需深化对企业财务风险的认识和理解,确立正确的风险观点,并对这些观点进行精确的评价。

(二)增强管理人员的管理意识

如果企业希望通过财务信息化手段来提升财务管理的质量和水平,那么企业管理层人员必须具备先进的财务管理观念,这将是推动管理风格创新的关键因素。在公司的运营和管理中,管理层的观点和意识在某种程度上塑造了公司的经济增长方向,并对公司的未来走向产生了深远的影响。因此,企业管理层需要接受新思维和科技理念的教育,并对相关操作人员进行全面系统的培训,以便让他们深刻认识到财务信息化在企业财务管理中的关键作用。

(三)提升员工的专业水平

在当前财务信息化的大背景之下,对于那些负责企业财务管理的员工,他们的期望和要求也在逐步提高。在招聘财务管理人员的过程中,企业应优先考虑优秀人才,不能因为缺乏足够的人力资源而降低招聘标准,必须具备专业知识和资格证书,以从根本上提高企业财务管理工作的整体质量。在正式录用员工后,我们应定期为他们提供专业知识的培训,以增强他们的整体素质和技能,进而推动企业财务管理向财务信息化方向发展。

(四)拓展企业财务管理内容

通常,企业的财务管理目标与经济市场的发展是一致的。在企业财务信息化不断发展的背景下,无形资产的积累变得越来越重要,其中包括的人力、物力资源也变得越来越重要。在我们的发展过程中,除了关注个人或企业的经济利益外,还应重视与其他利益相关方的利益关系。

总的来说,随着社会经济的持续进步,财务信息化的进展对公司的财务管理产生了深远的影响,并对公司未来的经济增长起到了正面的促进效果。对于企业财务管理的进步而言,这不只是一个考验,更是一个机会。我们需要最大化财务信息化的潜能,勇敢面对这些挑战,以促进企业财务管理的持续进步。

第三节 财务管理信息系统的建设

一、信息系统简介

信息系统是由计算机硬件、网络和通信设备、计算机软件、信息资源、信息用户和规章制度组成的以处理信息流为目的的人机一体化系统。它是一个由人、计算机及其他外围设备等组成的能进行信息的收集、传递、存储、加工、维护和使用的系统。

信息系统也是一门新兴的综合性学科,是计算机科学、管理科学、行为科学、系统科学等学科相互渗透的产物。应用于企业后,其主要任务是最大限度地利用现代计算机及网络通信技术加强企业的信息管理,通过对企业拥有的人力、物力、财力、设备、技术等资源的调查与了解,及时获取准确的数据,加工处理并编制成各种信息资料及时提供给管理人员,以便他们进行正确的决策,不断提高企业的管理水平和经济效益。企业信息系统的构建已成为企业进行技术改造及提高企业管理水平的重要手段。

二、财务管理信息系统的基本概念

(一)财务管理信息系统的定义

按照管理信息系统的划分方式,可以将传统的信息系统分为事务处理系统、管理信息系统、决策支持系统和人工智能/专家系统四个层次。

事务处理系统负责完成企业活动中基本事件的信息记录和存储,管理信息系统负责完成信息的整理、合并和简单的分析,决策支持系统负责面向企业高层提供辅助决策的相关信息,而人工智能/专家系统则根据所掌握的信息及时做出反馈并进行管理和控制。完整的财务管理信息化实际上实现了决策支持系统和人工智能/专家系统在财务管理方面的有机集成。不仅要求根据管理信息系统提供的数据生成辅助决策的信息,更要求通过系统控制实现对财务的管理和控制过程的集成。

当前理论界并没有对财务管理信息系统的定义形成一个统一的认识和说法。从系统论的角度出发,财务管理信息系统的定义应该包括财务管理信息系统的功能、财务管理信息系统的构成要素和财务管理信息系统的目标。

第一,财务管理信息系统的功能可以概括为财务决策和财务控制两个方面,它们是现代财务管理活动最基本的职能,其他的职能都可以理解为是这两个职能的派生。

第二,财务管理信息系统的构成要素包括信息技术、数据、模型、方法、决策者和决策环境。

第三,财务管理信息系统的目标服从于企业财务管理的目标,即企业价值最大化。但财务管理信息系统对企业价值最大化这一目标的支持是通过决策支持来体现的,因此,可以将财务管理信息系统的目标定位于支持实现企业价值最大化的决策活动。与传统的信息系统不同的是,财务管理信息系统的终极目标不是单纯地提供信息,而是支持决策活动和控制过程。

按照以上分析,可以将财务管理信息系统定义为基于信息技术和管理控制环境,以支持实现企业价值最大化的财务决策活动为目标,由决策者主导,获取决策所需数据,应用数学方法构建决策模型,完成财务决策过程,将决策转化为财务控制,并对业务活动加以控制的管理信息系统。

在很长一段时间里,人们并未认识到财务管理信息系统的应用意义,也曾提出了"理财电算化""会计电算化"等概念,即利用工具软件建立财务管理分析模型。"理财电算化"的概念还容易产生误解,会让人以为财务管理的信息化过程仅仅代表计算机在财务管理中的应用。财务管理信息系统概念的提出有助于厘清这些容易混淆的概念,从而按照系统论的思想构建财务管理信息系统。而且,随着信息化水平的逐渐提高,建立系统化的财务管理信息系统的条件也已经成熟。

(二)财务管理信息系统的特点

从财务管理信息系统的定义可以看出,财务管理信息系统的特点主要表现在以下几个方面。

1.开放性和灵活性

为了适应多变的决策环境和企业不同的财务管理模式,财务管理信息系统必须具有高度的开放性和灵活性。具体表现在:一是财务管理信息系统应支持异构网络、支持不同的数据库管理系统;二是允许用户自定义决策过程和控制流程,实现企业财务管理的流程重组和构建;三是具有较强的可扩展性和可维护性,支持动态财务管理过程。

2.决策者主导性

在层级较低的信息系统中,如事务处理系统中,信息系统可以实现高度的自动化处理。但在财务管理信息系统中,由于其面向企业管理层服务,决策活动中不可避免地存在大量的分析、比较和智能化的处理过程,因此,决策者将是财务管理信息系统的主导。同时,财务管理信息系统是以用户需求为驱动的,必须将信息系统的主导权交给信息需求者。

3.动态性

财务管理活动受到财务管理环境的影响,而管理环境是不断发展变化的。企业战略的不同决定着企业财务决策策略和控制策略存在着较大的差异,比如,市场领导者和市场追随者会选择不同的企业战略,进而影响企业财务管理决策策略和控制策略。因此,财务管理信息系统并没有标准化的流程,各企业间可参照性较弱,这也就决定了财务管理信息系统是一个动态性较强的系统,必须随着企业的成长与财务管理环境的变化不断发展和完善。

4.与其他管理信息系统联系紧密

财务管理信息系统是企业信息化系统中的重要组成部分,且与其他管理信息系统联系紧密。首先,财务决策所需的基础数据,如近期数据和历史数据均来自相关的信息系统,财务管理信息系统必须实现和其他业务信息系统的集成或数据共享;其次,财务控制的执行依靠各业务处理子系统来完成,必须有足够的能力保证财务计划、指标、预算和各项控制措施"嵌入"信息系统,并最终发挥实际的控制作用。

(三)财务管理信息系统运行的基本流程

财务管理信息系统运行的基本流程包括财务管理决策环境分析、财务管理决策制定、财务管理决策实施和财务管理控制评价。它们基于共同的企业环境和信息技术环境,相互联系且形成基本的财务管理信息系统运行模式。

1.财务管理决策环境分析

财务管理决策环境分析环节主要完成财务管理决策风险评估,确定决策目标,并明确财务管理决策所面临的约束条件,识别达到决策目的的关键步骤。这一环节是财务管理决策的准备环节。在信息化环境下,借助信息技术平台可以获得相应的信息,并把这些信息引入决策过程。

2.财务管理决策制定

财务管理决策制定环节完成决策模型的构建过程,通过决策模型调用模型计算方法,获取决策所需的数据,然后在众多的方案中,通过模型比较分析确定最佳的解决方案,并根据方案生成计划、指标和控制标准。

3.财务管理决策实施

财务管理决策实施环节主要是编制预算与实际配置资源,随时记录决策执行过程,包括执行进度、预算执行情况、资源消耗情况,并随时进行反馈和比较。

4.财务管理控制评价

在财务管理控制评价环节,若评价结果与预期控制指标有偏差,则应分析该偏差产生的原因。若属于系统误差,则要考虑执行计划编制是否有误;若不属于系统误差,则需要调整具体的执行过程;若进一步判断属于决策失误,则需要重新进行决策;若决策正确,而执行仍然存在偏差,则需要对决策环境重新评估。

在实际的财务管理信息系统中,第三环节和第四环节往往集成于具体的业务处理系统中,财务管理信息系统具备和业务处理系统的数据接口或共享的集成化控制平台,从而保证了财务管理信息系统职能的发挥。

三、按体系构建网络财务管理信息系统

(一)网络财务的实施

1.网络财务的实施途径

(1)网络财务软件。网络财务软件是指基于网络计算技术,以整合实现电子商务为目标,能够提供互联网环境下的财务管理模式、财会工作方式及其各项功能的财务管理软件系统。

(2)网上理财服务。网上理财服务是指具备数据安全保密机制,以专营网站方式在网上提供的专业理财服务。网上理财服务的具体体现的是网上自助式软件的应用,它是活动服务主页(Active Sever Page,ASP)的一种重要服务方式。

2.网络财务的实施方案

首先,根据企业自身的实际情况进行需求分析,确定到底要利用网络财务管理信息系统完成哪些工作。其次,根据企业需求进行网络方案设计。目前常用的高速网络技术有快速以太网、FDDI分布式光纤数据接口、ATM异步传输模式、千兆位以太网。网络财务还是一个新兴的领域,其实现没有固定的模式,因此,要依据企业的不同情况"量体裁衣"。

(二)网络财务安全

只有保证网络系统的安全才能以此为基础促进网络财务的不断发展和完善。网络财务使原来的单一会计电算化系统变成一个开放的系统,而会计业务的特点又要求其中的许多数据对外保密,因此,安全就成为备受用户关注的问题。由于财务涉及资金和企业机密等,任何一点漏洞都可能导致大量资金流失,应对其传递手段和储存工具严格要求,要从技术和法律上为它创造一个安全的环境,抵抗来自系统内外的各种干扰和威胁。例如,在技术上加强对网上输入、输出和传输信息的合法性、正确性控制,在企业内部网与外部公共网之间建立防火墙,并对外部访问实行多层认证;在网络系统中积极采用反病毒技术;在系统的运行与维护过程中高度重视计算机病毒的防范,以及采取相应的技术手段与措施;及时做好备份工作。其中,备份是防止网络财务系统发生意外事故最基本、最有效的手段,包括硬件备份、系统备份、财务软件系统备份和数据备份四个层次。发展适合网络财务的新技术是网络财务发展的基础。

另外,从立法角度来看,为了保证网络财务安全应该建立健全电子商务法律法规,规范网上交易、支付、核算行为,并制定网络财务准则。此外,还必须有第三方对安全进行确认,即建立网络安全审计制度,由专家对安全性做出相应评价。

(三)网络财务管理信息系统

1. 网络财务管理信息系统的发展

随着科学技术的进步,会计数据处理技术不断发展变化,经历了从手工处理到机械处理,再到计算机处理的发展过程,财务管理信息系统也随之经历了从手工财务管理信息系统到机械化财务管理信息系统,再到电算化财务管理信息系统的发展过程。

电算化财务管理信息系统可以在很大程度上提高会计效率。具体来说,电算化财务管理信息系统是指以计算机为主的当代电子信息处理技术为基础,充分利用电子计算机能快速、准确地处理数据的特性,用计算机代替手工进行会计数据处理,并部分代替人脑运用财务信息进行分析、预测和决策等的财务管理信息系统。

20 世纪 70 年代末,我国财会工作者将计算机应用于会计工作,并由此提出了"会计电算化"这一具有中国特色的会计术语,其实质就是电算化财务管理信息系统。需要指出的是,当时的电算化财务管理信息系统仅仅是将人、纸质凭证、算盘等构成手工财务管理信息系统的要素改变成了人、磁介质数据、计算机等,仅仅是用计算机代替了人脑的计算、储存,并没有突破财务部门内部的范围,并未实现与其他部门及企业的连接,还是一种封闭式的工作方式,"信息孤岛"问题较为突出。从 20 世纪 90 年代开始,一方面,计算机技术从单机逐渐向局域网及互联网方向发展;另一方面,企业已不再满足于电算化核算,而是希望进一步实现财务控制、管理和决策支持的计算机化,网络财务管理信息系统也就应运而生了。

随着网络的不断发展,电算化财务管理信息系统也得到了一定发展,并以此为基础形成了网络财务管理信息系统。网络财务管理信息系统是基于电子商务背景,以网络计算技术为依托,集成先进管理思想和理念,以人为主导,充分利用计算机硬件、软件、网络基础设施和设备,进行经济业务数据的收集、传输、加工、存储、更新和维护,全面实现各项会计核算及财务管理职能的计算机系统。一方面,网络财务管理信息系统对外可安全、高效、便捷地实现电子货币支付、电子转账计算和与之相关的财务业务电子化,对内可有效地实施网络财务监控和管理系统。另一方面,网络财务管理信息系统是一个可对物流、资金流和信息流进行集成化管理的大型应用软件系统。

2.网络财务管理信息系统的构成要素

网络财务管理信息系统是一个人机系统,它不但需要硬件设备和软件的支持,还需要人按照一定的规程对数据进行各种操作。网络财务管理信息系统的构成要素与电算化财务系统相同,包括数据、硬件和软件、规程及人员,只是在具体内容上更为丰富。具体内容有如下几点。

(1)数据。网络财务管理信息系统的数据来自企业内部和外部的多个渠道,主要包括:外部环境数据,如宏观经济数据、消费者偏好数据等;外部交易数据,即企业与其他企业或个人发生的经济业务,如采购业务和销售业务所产生的数据;内部业务数据,如发放工资、产成品入库等数据;会计核算数据,如往来业务核算、成本核算、期间费用核算等数据。

(2)硬件和软件。网络财务管理信息系统主要由服务器、工作站、移动终端及其他办公设备通过网络通信设备联网组成,这些设备就是系统硬件。而网络财务管理信息系统的硬件要发挥作用,必须有一套与硬件设备匹配的软件支持。网络财务管理信息系统的软件包括系统软件和应用软件。系统软件是指管理、监控和维护计算机资源的软件,包括操作系统软件、通信软件、数据库管理软件和系统实用软件等。应用软件是指为了解决用户的实际问题而设计的软件,如通用网络财务管理信息软件和专用网络财务管理信息软件。

(3)规程。网络财务管理信息系统的规程包括两大类:一类是政府的法令、条例等;另一类是维持系统正常运转所需的各项规章制度,如岗位责任制度、操作管理制度、软硬件维护制度、安全保密制度等。

(4)人员。网络财务管理信息系统的核心人员包括两类：一类是系统开发人员，包括系统分析员、系统设计员、系统编程和测试人员等；另一类是系统的使用人员，包括系统管理员、系统维护人员及系统操作人员等。除此之外，向系统提供信息的各种人员，如供应商、客户、政府主管部门人员及分析师等也是网络财务管理信息系统不可缺少的运行要素。

3. 网络财务管理信息系统的主要特点

(1)强大的远程处理能力。网络财务软件从设计到开发应用都定位在网络环境的基础上，使得跨地区、跨国界的财务核算、审计、管理和贸易成为可能。同时，网络化管理将使企业的各种财务信息得到快速、便捷的反映，最终实现财务信息的动态实时处理和财务的集中式管理，以及便捷的远程报账、远程报表查看、远程查询和审计。

(2)高效率的集中式管理。互联网的出现，使集中式管理成为可能。

(3)与现代信息技术的高度融合。网络财务管理信息系统按信息处理的要求，充分利用现代信息技术，对企业的会计工作流程、方式和方法进行了重新构建，以适应企业瞬息万变的管理要求。

(4)高度实时化的动态核算系统。传统会计是一个静态的、事后反映型的核算系统，而网络财务的发展将改变这一历史，网络财务管理信息系统变传统的事后静态核算为高度实时化的动态核算。

(5)与业务管理系统的高度协同。网络财务管理信息系统包括与企业内部的协同、与供应链的协同、与社会相关部门的协同。

4. 网络财务管理信息系统使用者的需求

在网络环境下，信息使用者对财务信息提出了新的需求。网络财务管理信息系统应能满足信息使用者的以下需求。

(1)信息可定制性。系统可以根据信息使用者的要求，从不同的角度提供个性化的财务信息。

(2)信息实时性。系统能根据信息使用者的要求实时披露财务信息。

(3)信息共享性。通过网络获取财务信息，可使得财务信息的再利用更加方便，可提高信息利用效率，减少信息不对称性。

(4)信息多样性。系统在内容上应能提供使用者想知道的财务的和非财务的、定量的和定性的信息；在计量属性上，应从单一的历史成本计量属性到历史成本、现行成本、可变现净值等多重计量属性并存；在列表形式上，应从单一信息媒体到文、图、音、像等多种信息媒体并存。

(四)网络财务报告

1.网络财务报告的内涵及层次

网络财务报告的内涵处于动态变化状态，会随着环境变化和技术发展而不断变动。在现有技术条件下，网络财务报告是指企业通过网络披露企业各项经营业务与财务信息，并将反映企业各种生产经营活动和事项的财务报告存储在可供使用者随时查阅的数据库中，供使用者查询企业的财务状况、经营成果、现金流量及其他重要事项。

网络财务报告可分为以下三个层次。

(1)按需定制的财务报告。这是网络财务报告的高级阶段，是指以披露通用的财务报告为基准，进一步披露企业经过编码的经济事项源数据。可根据用户的选择自动定制用户所需的财务报告。随着可扩展商业报告语言分类体系构建完毕，该类报告经过测试并广泛投入使用，定制报告模式也成为现实。

(2)实时财务报告。实时财务报告是指整个会计循环通过网络自动完成，从原始数据的录入数据处理，再到生成财务报告，都通过联网的计算机来完成。在这一阶段，用户可随时获得实时报告信息。

(3)在线财务报告。在线财务报告是指企业在国际互联网上设置网站，向信息使用者提供定期更新的财务报告。

2.网络财务报告的新模式 XBRL

可扩展财务报告语言(EXtensible Business Reporting Language，XBRL)是一种基于可扩展标记语言(EXtensible Markup Language，XML)框架，专门为企业编制和发布网络财务报告而服务的计算机语言。有了 XBRL 就能够实现按需定制的目标，也能整合财务信息供应链上各方的利益。微软是第一家以 XBRL 格式进行财务报告的高科技公司。使用者可以使用 XBRL 在线数据库进行数据分析。目前，我国深圳证券交易所和上海证券交易所已使用 XBRL 格式进行财务报告的编制。在两大证券交易所网站上，信息使用者都可以直接获取多样化的财务报告，可以进行财务指标分析、数据查询、财务信息分析，从而满足使用者多样化的需求，对其进行正确决策起到很大的帮助作用。

基于 XBRL 的网络财务报告具有以下几个显著特点。

(1)可以允许使用者跨系统平台传递和分析信息，降低信息重新输入的次数。

(2)以标准化的标记来描述和识别每个财务信息项目，即为每个财务项目定义标记

(Tags),使财务报告的编报标准趋向统一。

(3)无须改变现存的会计规则,也无须企业额外披露超出现有会计规则要求的信息,只是改进了编制、分析与发布企业报告信息的流程。

(4)可以编制、发送各种不同格式的财务信息,交换与分析财务报表中所含的信息。

3. XBRL 网络财务报告的信息披露

按照财务信息披露的规则,XBRL 科学分解财务报告的内容,使其成为不同的数据元,再根据信息技术规则给数据元赋予唯一的数据标记,从而形成了标准化规范。以这种语言为基础,通过对网络财务报告信息的标准化处理,可以将网络财务报告中不能自动读取的信息转换为一种可以自动读取的信息,大大方便了对信息的批量需求和批量利用。

XBRL 网络财务报告的信息披露包括以下几个层次。

(1)第一层次是对传统会计报表内容进行披露,包括资产负债表、损益表、现金流量表及其附注。

(2)第二层次是对传统会计报表以外的财务报告进行披露。如设立专用报告专区,针对不同的使用者或使用者集团进行披露。考虑到不同类型使用者之间的信息差别,应有选择地和重点地针对特定使用者披露特殊信息,提供内容(或时间)上有差别的报告。

(3)第三层次是对一些在传统会计报表基础上扩展出来的信息进行披露。如对在企业的生存与发展中占举足轻重地位的智力资源信息或类似的知识资本进行披露;对不符合传统会计要素定义与确认的标准,且不具有实物形态的衍生金融工具信息进行披露。

(4)第四层次是对一些非财务信息进行披露。非财务信息是指诸如企业背景、企业关联方信息、企业主要股东、企业债权人及企业管理人员配备的信息。为了增加企业信息的透明度、增加受托责任与诚信度,还要对具体的企业信息进行披露,如战略、计划、风险管理、薪酬政策等信息。

(5)第五层次是对以多媒体技术在企业网站上提供股东大会、董事会或其他重要会议的现场纪实的录像或录音等信息的披露。在网站上进行多层次信息的披露,除了应提供当年的信息数据外,为了满足信息使用者的需要,还可以提供历史的数据,其内容也以多层次的信息模式为依据。

运用 XBRL 可以有效地提高信息披露的透明度,解决信息不对称的情况,同时还可以在很大程度上提高财务报告信息处理的效率和能力。它的应用必将会给我国财务报告的披露带来历史性的变革,成为企业财务报告的发展趋势。

(五)网络财务成本控制

网络财务软件可全面归集成本数据,具有成本分析、成本核算、成本预测的功能,可以很大程度上满足会计核算的事前预测、事后核算分析的需要,还可以分别从总账、工资、固定资产、成本系统中取得各种成本费用数据。

成本管理模块可以从存货核算、工资管理、固定资产管理和总账中自动提取成本数据。每个成本的期间数据都会同步自动产生。在成本计划方面,可以编制全面的成本计划,待成本核算工作结束后,针对此计划的成本差异分析结果就会自动产生。在成本预测及分析方面,可以做出部门成本预测和产品成本预测。

(六)网络审计

随着信息技术的不断发展,财务信息存储的电子化、网络化,财会组织部门的扁平化、内部控制形式的变化等使得对审计线索、审计技术、审计方法、审计手段、审计标准,以及对审计人员的知识结构、技能的要求发生了重大的变化。网络审计将成为在网络财务环境下进行审计工作的必然趋势。网络审计面对的企业内部环境是集成化的信息系统,它的合理性、有效性、安全程度直接影响到审计工作的质量和效率,如硬件设备的稳定性、兼容性,软件本身质量的高低及对企业实际情况的适应性等。而这些又受技术和人为的诸多因素影响,即审计环境中的不确定因素增加了,从而增加了审计的风险。

利用网络通信系统,建立网络化的审计机制,可实现账簿文件的在线式随机审计,即管理层或审计机构可以通过网上授权,提取被审计单位的会计信息,审计经营单位财务数据的真实性和有效性。这种机制对各经营单位产生了严格的制约作用,可更加有效地防范经营单位弄虚作假、推迟做账等。实现联机方式下的在线式的随机审计,可加大监管力度,减少审计过程中人为因素的干扰,而且审计的时点可由审计人员随机决定,无须事先通知被审计单位,这大大降低了监管成本。网络审计目前还只是起步阶段,对许多问题尚无很好的解决办法,如财务数据结构的不统一等,但网络审计是未来的发展方向,这是不容置疑的。

第四节　互联网金融审计

金融监管的目标在于:提升金融效率,保护消费者,维护金融稳定。对于互联网金融风险的监管,应从监管规则、监管模式、监管技术、监管法律依据、监管范围、诚信体系建设等方面进行相应的明确和细化,形成立体化、动态化和常态化监管。

在面对以跨业和跨界、技术创新速度快和变化快等为主要特点的互联网金融和复杂多变的审计环境时,如何对互联网金融风险进行科学监管和审计,是确保金融安全、金融秩序和防范系统性金融风险的重要课题。①

一、互联网金融审计实施的必要性和可行性

(一)新常态下金融审计的定位与职能演进及重点工作内容

1. 金融审计的定位与职能演进

金融构成了现代经济的中心和生命线,而金融的安全性则是国家经济安全的关键所在;审计部门根据法律强化对金融的审计工作,确保金融市场的稳定和安全,保障经济和金融活动的有序进行,这对于维护国家的经济和社会稳定起到了至关重要的作用。金融审计不仅是金融监管的关键工具,而且在预防互联网金融风险和确保互联网金融持续健康发展方面,具有不可替代的重要性。金融审计的功能展现了其独特的制度和时代属性。

金融审计是一系列由审计主体根据相关法律和制度进行的活动,目的是对金融企业的资产、负债、损益以及金融机构的财务收支情况进行监督、评价和鉴证。审计的主要目标是规范管理、提高效益和预防风险,从而推动构建一个安全、高效和稳健的金融运行机制,促使金融监管机构依法履行其职责。

金融审计在推动金融市场秩序的整顿和规范、完善金融法律法规以及预防和缓解金融风险等多个方面起到了至关重要的作用,其在维护金融安全方面的重要性日益凸显。从一个客观的角度看,金融审计在国家治理体系中能够占据至关重要的位置,其中一个关键因素是金融审计肩负着打击和处理经济和金融违法、违规行为以及反腐败和预防腐败的金融安全责任。

在金融审计的安全阶段,审计的核心目标已经转变为"确保金融的安全性、推进金融的改革以及促进金融的持续发展"。依赖于信息技术和网络审计,我们加强了对金融机构和金融业务的常规审计,增强了对跨市场、跨行业和跨地区金融风险的监控,并持续地寻找和识别金融犯罪的关键线索。

在金融审计方面,主要可以分为三个不同的级别:政府金融审计、民间金融(或外部金融)审计以及内部金融审计。政府金融审计不仅具有明确的主题性和独特的强制性,除了对政府审计范围内的传统金融机构进行审计外,还负责对金融监管机构和行业协会进行再监管,从而从宏观角度全面识别和预防金融风险;民间或外部的金融审计主要是由具有专业知识的审计机构对各种金融实体和互联网公司进行的,这些审计具有专业性和周期

---

① 梁力军.互联网金融审计:新科技—新金融—新审计[M].北京:北京理工大学出版社,2017.

性,覆盖的审计对象和业务范围相当广泛;内部金融审计是金融机构和互联网企业的内部审计部门或机构,根据金融法律、会计标准和审计规定,对其金融业务进行内控性和合规性的审计和监督。

在金融审计领域,主要涵盖了商业银行的审计、政策性银行的审计、政策性保险机构的审计、证券公司的审计、保险公司的审计以及其他金融实体的审计,共计六个主要类别。

2.金融审计的重点工作内容

金融审计作为国家审计功能扩展体系的一个重要组成部分,主要针对金融行业和金融机构进行监督。其核心目标是维护国家的金融安全和推动金融的稳健发展。通过严格和有效的审计监督手段和程序,金融审计能够及时地发现、预防、化解和控制金融风险。金融审计,作为金融监管的核心组成部分,充当着确保国家经济和金融体系健康、稳定运作的"保护机制"。

(二)实施互联网金融审计的必要性分析

1.防范金融风险和维护金融安全的需要

互联网金融主要被应用在互联网支付、大数据分析的数据信息处理以及金融资源的配置上,而信息技术则是互联网金融的核心支柱。互联网金融的一个显著特点是大数据分析、云计算和搜索引擎技术在金融领域的广泛应用。然而,互联网技术的内在复杂性和不确定性可能会与金融产品、服务和平台的金融风险产生非线性的叠加效应,这意味着互联网技术在金融风险中起到了放大和催化的角色。此外,尽管金融信息和金融交易通过移动网络和社交媒体为大众带来了方便和信息,但同时也可能导致信息外泄、网络安全问题、黑客侵入和金融欺诈等潜在的安全风险。

互联网金融在本质上依然是金融领域,其核心区别在于互联网和其创新技术被广泛应用于金融行业。然而,这种应用可能会模糊金融体系内部的边界和界限,对原有的金融体系和功能的结构和路径进行重新构建、改造,甚至可能导致其破坏,从而实现对金融服务、金融产品、金融营销等模式和内部流程、路径的重组。由于互联网金融风险具有高度的复杂性,这迫使互联网金融审计机构必须运用更加先进的审计技术和方法,以有效地预防和识别系统性风险的潜在影响,从而确保金融体系的安全性。

值得强调的是,互联网金融能够生成大量的过程数据、行为数据和特征数据。尽管这些数据可以为金融监管机构和金融机构提供重要的风险管理和审计决策参考,但互联网金融本身并没有金融风险的预防和预警功能。

2.维护互联网金融持续健康发展的需要

在政府和社会大众的大力支持与激励之下,互联网金融经历了飞速的成长。它在推动金融的改革与转型、提高金融服务的效率,以及在发展普惠金融、解决中小企业的融资问题和拓宽公众投资途径等领域,都发挥了极为重要的推动作用。

为了预警和预防互联网金融可能导致的系统性金融风险,确保国家的金融安全,并满足金融监管的需求,建立一个互联网金融审计体系显得尤为关键和有价值。

(三)实施互联网金融审计的可行性分析

随着金融审计环境的持续演变,金融审计将在审计的组织与执行、定位与功能、方法与流程、模型与技术,以及审计信息化的进展等多个方面进行科学的调整和发展。这将有助于实现金融的"免疫系统"功能,并为互联网金融审计的实施奠定坚实的基础。

1.金融审计功能的再定位和深入演进

现代审计的核心职能在于对被委托的经济责任的执行过程进行审计经济管理;现代审计的核心职能是,通过执行特定的审计服务,来实现对受托经济责任执行过程中的具体控制目标。

在未来,金融审计不仅将继续致力于发现和查处金融领域的违法和违纪案件线索,而且将在国家治理中起到越来越重要的作用。其发展趋势将是加强对宏观经济政策和金融监管政策制度的实施和执行情况的绩效审计和跟踪审计,而不仅仅是作为一种经济管理和政治工具。通过进行绩效审计,我们深度揭示了金融机构在执行国家货币信贷政策、区域发展、节能减排、惠农支持和中小企业发展支持等宏观调控措施时所面临的关键问题和政策风险。这将有助于金融机构更有效地执行和实施国家的宏观调控政策,确保政策措施能够真正落到实处。

此外,强化消费者权益的保护措施,以确保金融体系和社会的稳健运行,构成了金融审计功能未来发展的关键方向。为了优化金融服务并提高金融效率,保护消费者权益成了一个不可或缺的选择。金融审计机构有责任创建消费者投诉数据库和典型案例数据库,利用大数据技术对提供金融服务的金融机构和非金融机构进行全面的金融消费质量分析,以便及时识别审计风险和违法、违规的线索,监控相关机构的金融政策执行情况,并确保金融消费服务的质量承诺得到有效保障。

2.金融审计与金融监管之间的协同关系定位

金融体系是由多个部分组成的,包括金融机构体系(如中国人民银行、各种商业银行、政策性银行、保险公司、证券公司、投资银行和基金组织等现代金融企业)、金融市场体系(如货币市场和资本市场)、金融监管体系("一行三会"分业监管体系)、金融调控体系(宏观调控和微观调机制)以及金融环境体系。金融审计,作为国家的政治和治理工具的核心部分,肩负着确保国家金融稳定和经济秩序的关键任务,也就是所谓的"免疫系统"功能;尽管如此,金融审计在地位上是独立且超脱的,同时也肩负着金融监管的重任。在目前的金融监管组织架构里,金融审计的角色尚未被明确界定,也就是说,尽管金融审计肩负着金融监管的责任,但它并没有被纳入金融监管的组织结构和理论框架中。

在未来,我们应该进一步明确金融审计与金融监管之间的关系定位,将金融审计纳入金融监管组织体系,与金融监管形成协同关系,加强金融安全和金融秩序方面的合作,同时加强金融数据和信息的共享和利用,从而形成职责清晰、层次分明的金融监管关系和新型金融监管体制。

此外,为了满足审计信息化和大数据的需求,审计机关计划进一步建立与金融监管机构之间的金融风险数据和信息共享机制、数据采集协调机制。他们将采用"总体分析、发现疑点、分散核查、系统研究"的新型审计模式,依赖数据分析和信息化技术,加强对跨市场、跨行业、跨地域的大额金融交易和资金流向的审计和监督,及时发现和预警金融系统性风险、经营性风险和重大违法违规问题,以维护国家金融安全和金融秩序的稳定。

3. 金融审计信息化水平和网络审计程度的提升

金融审计的信息化不仅是金融审计未来的发展趋势,也标志着审计行业的一个重要里程碑,同时还代表了审计技术和手段的一次深远变革。

在数字化和互联网的时代背景下,政府审计、内部审计以及外部审计都致力于实现审计工作的高度数字化。不管是审计对象管理模式的变迁,还是审计行业对新技术应用的内在驱动,这些因素共同决定了信息化将是审计行业发展的必经之路。经过长时间在金融审计领域的经验沉淀,政府的金融审计已经初步达到了高度的信息化水平,这包括了审计方法的信息化以及审计内容的信息化。

审计署高度重视审计信息化的建设,并通过广泛应用相关的信息化软件,悄无声息地改变了审计人员的工作习惯和思维模式,从而改变了审计工作的执行方式和审计的组织结构。关于审计信息化的进展,请参考附录I。

审计信息化建设水平的显著提高主要集中在五个关键领域:首先是"现场审计实施系统"——即 AO 系统的广泛应用,这为审计人员提供了多种审计操作模式,并成功开发和推广了移动端应用,从而极大地提高了审计项目的沟通、跟进和指挥效能;其次,通过使用审计项目组织管理交互软件和 AO 系统,审计机关能够直接指导审计项目组进行审计工作,从而实现了审计指挥的扁平化管理;第三点是,支持移动办公和移动作业模式的安全客户端系统的应用,使得审计工作能够克服层级、空间和地域的限制;第四点是,通过联网审计系统的运用,审计部门现在能够"亚实时"地获取审计对象的会计核算和其他经营管理信息,从而能够及时识别并及时纠正可能存在的违法或违纪行为;第五点是利用数据中心审计分析系统,采用基于审计数据中心共享数据的分析审计方式,将传统审计目标的财务报表整合到更广泛的数据范围内,从而将审计的功能和作用从查账扩展到数据分析。

4.金融审计人员的专业性和职业角色的发展与转变

金融审计机构及其工作人员需要对数据和信息分析技术有更深入地了解,这也对他们的计算机技能和专业水平提出了更高的标准。

随着云计算和大数据技术在金融审计领域的广泛应用,"总体分析,发现疑点,分散核查,系统研究"这一创新审计模式正在逐渐取代传统的以经营业务、财务报表和会计账簿为主要审计目标和焦点的审计方式。新的审计模式将更多地采用经营数据、关联性非经营数据、环境数据和社交网络数据作为审计对象,并从这些数据中寻找审计的线索和证据,以得出更为准确的验证结果。

在传统的审计方法中,金融审计人员被期望以会计为其核心的专业基石,但在大数据的背景下,他们在网络技术的掌握和数据分析技术的应用上,面临着更为严格的专业标准。在未来,金融审计专业人士将逐渐转变为金融数据审计师和数据分析师。这些审计师将运用大数据和信息技术来验证审计对象和对象的内部大数据以及外部关联大数据的真实性和可靠性。他们将使用大数据分析工具、分析模式和预测工具,根据审计规则对数据结果进行计算、处理和解析,最终得出数据审计的结论。

在未来,网络审计和非现场审计将成为金融数据审计人员的主要工作方式,他们在企业的内部审计、外部审计以及政府审计中的角色将变得越来越关键。

二、互联网金融审计内涵与特征

根据互联网金融的研究成果和审计理论,我们可以理解互联网金融审计的真正含义。这种审计是由独立的专业机构或审计人员所委托或授权,对互联网金融机构(即被审计的对象或单位)在特定周期内进行的互联网金融业务、产品和服务活动进行持续、动态的审查、监督、评估和鉴证,以确保经济活动的关联性、金融活动的合法性、合规性、真实性、公允性和效益性。

互联网金融审计与传统的金融审计有所不同,它的核心特点涵盖了大数据的属性、信息流的属性、动态的持续性以及自动化的特点,以下是详细描述。

（一）互联网金融审计的大数据特性

在互联网行业中,大数据是指互联网公司在其日常的运营和交易活动中产生和积累的用户网络行为数据、过程数据以及其他相关的网络数据。

大数据是互联网金融的关键资源,而云计算则是其核心技术。实际上,互联网金融是建立在大数据和云计算之上的一种创新金融策略。互联网金融实际上是金融行业与互联网技术的完美融合。它以互联网技术和平台为核心,不仅实现了电子商务、金融服务、金融服务、金融产品和第三方支付等多个领域的跨领域连接,而且还全方位地涵盖了传统的网络支付、在线银行、网络保险和网络证券等多种业务。互联网金融平台有能力不受时间、地点和操作模式的束缚,随时为用户提供一站式的互联网金融服务。

在互联网金融审计过程中,审计对象的行为数据、过程数据和特征数据,财务数据将主要用于验证互联网金融审计的结果和发现审计线索,而不是作为主要的依据和审计的切入点。

与传统金融审计相比,互联网金融审计的覆盖范围将更为广泛,不仅涵盖传统的财务数据,还包括非财务信息、大量的结构化和非结构化数据（例如图形、网页信息等）、关联信息（如行业信息、税收信息、征信信息等）。在进行互联网金融审计时,除了对数据信息的审查之外,还会对数据的载体、质量和系统进行全面审查,以确保数据来源的真实性和准确性,进而提高审计工作的整体质量。

（二）互联网金融审计的信息流特性

随着互联网金融的兴起和发展,传统的金融行业在经营管理、产品推广、业务流程以及金融服务等方面都经历了深刻的变革和挑战。针对互联网金融的资金流、业务流、物流和信息流,互联网金融审计将进行深入的系统性审查。

基于对金融审计环境变迁的深入分析,结合互联网金融的独特性、互联网金融体系的高度复杂性,以及对互联网金融审计的必要性和实施可能性的探讨,我们可以明确地看出,对互联网金融进行审计是充满了巨大的挑战和困难的。互联网金融审计融合了时代和金融创新的特质,同时也展现了大数据和互联网的独特性质。

（三）互联网金融审计的动态持续特性

传统的金融审计主要是一个从计划阶段到审计报告完成的现场审计流程,在这一过程中,由于各种人为因素、信息供应因素和时间限制等因素,审计活动可能会出现停滞和反复,这不仅延误了审计进度,还消耗了大量的审计资源。互联网金融审计的实施需要采用一种连续和自动化的方法,以实现非现场的连续性审计。这种方法不仅能大幅度减少审计所需的时间,还能确保审计资源得到有效的分配和使用,从而以最少的审计资源实现更高的审计绩效。

互联网金融审计与传统金融审计有所不同,它更倾向对互联网金融中的信息流、资金流、商流和物流(四流)进行全面的、动态的、持续的追踪。从技术手段和执行流程来看,互联网金融审计是一种高频的实时和动态审计方式,这与传统金融审计的层级发起性和计划任务性有所不同。在互联网金融审计中,实时性的重视更为突出。互联网金融审计的核心目标是对互联网金融在交易及其发生后的短时间内的"四流"数据进行持续的监控。通过审计的预警标准和判断指标,审计能够实时识别数据中的异常情况,进而判断整个交易流程是否存在问题。互联网金融更像是一种预先进行的审计,而不是事后的验证。它主要是通过对交易流程和数据信息的过程进行规律性的分析,建立审计规则,从而进行实时、动态的审计,有效地提高审计的自动化程度和准确性。

互联网金融审计具有更高的针对性,它能够根据审计计划和审计重点,在设定审计实施规则和审计预警规则的条件下,根据审计发起人的要求,及时对相关数据信息进行审计,从而将有限的审计资源集中在重点审计项目和审计事项上,提高审计资源的使用效率和工作效率。

(四)互联网金融审计的自动化特性

互联网金融审计的核心是对交易的数据和流程进行即时的观察,或者在交易发生后的短时期内进行跟踪,这是一个高度自动化的流程。传统的金融审计主要是基于纸质财务报告的数据和结果作为审计的起始点,这导致了手工审计的比例相对较高。互联网金融审计主要依赖于大数据分析和信息技术分析等现代互联网工具,以实现审计流程的电子化和系统化,这不仅能显著提高审计的效率,还能减少审计过程中人为和主观因素的影响。

随着自动化水平的不断提高,互联网金融审计的精确度也随之增强。审计方法不再局限于传统的抽样审计,而是更多地关注"四流"中的各种因素,如网络关系、交易路径和交易数据的全样本量,以实现快速和实时的审计。这种方法能迅速发现审计中的偏差和疑点,从而相应地提高了审计结果的准确性。在互联网金融审计的过程中,我们将采用计算机网络信息技术来自动整合和分析内部数据源和审计所需的外部数据,这样可以避免过分依赖审计对象提供的单方面数据,从而实现全局性的审计,大大降低审计风险。

三、互联网金融审计要素构成

(一)互联网金融审计要素的内涵与类型

以风险为导向的互联网金融审计体系主要涵盖了以下几个方面:互联网金融审计的内涵和审计要素,审计的方法和程序,审计的对象和内容,审计的线索和证据,审计的技术和模型,审计评估的报告和成果,审计数据的维度和分类,以及审计风险和预防措施等。

审计要素构成了审计活动的基础组成部分,主要涵盖了风险因素、环境因素、行动因素、职能因素以及结果因素。互联网金融审计要素与传统的金融审计要素有所不同,它主要由职能要素(审计职能)、数据要素(审计数据的种类和范围)、证据要素(审计证据)、过程要素(审计路径和审计程序)以及结果要素(审计报告和成果)组成。

(二)互联网金融审计方式与审计程序

审计署建议,审计工作应该经历三个主要的转变:从仅限于事后审计转向事后审计与事中审计的融合,从单一的静态审计模式转向静态审计与动态审计的结合,以及从单一的现场审计模式转向现场审计与远程审计的有机结合。

利用大数据分析进行的金融审计,将从传统的"现场与非现场"审计模式转变为互联网金融的"信息化与智能化"模式,这将极大地提高互联网金融审计的效率和能力,使得审计结果更具全局性和证明力。

1. 互联网金融审计方式的变化与发展趋势

在审计方法上,传统的金融审计主要是按照审计计划的安排和部署,主要采用现场审计的方式,对审计对象的财务收支、经营报告和成果进行审计。审计的主要问题包括审计时效的滞后性、审计范围的有限性和审计实施的阶段性;审计流程主要侧重于"结果导向",而不是"过程导向型"或"风险导向型"。

大数据和云计算技术在互联网金融审计中的运用,为互联网金融审计提供了一个机会,能够对审计对象的整个经营流程、资金和物流的实时流动,以及经营环境的变化等方面进行持续和动态的审计。持续审计实际上是现代信息科技与审计实践相融合和有机交融的结果。对于那些高度依赖信息技术和网络的金融公司(如银行、证券和保险),进行持续的审计不仅与其行业特性相契合,还能确保审计工作达到最佳效果。

2. 互联网金融审计程序的变化与发展趋势

在传统的金融审计流程中,审计的主要步骤包括收集资料和数据信息(如经营管理数据、内部控制系统信息、财务数据和相关的文字记录）、制定审计方案、实地部署、对内部控制系统进行测试和评估、对财务报告和反映的经济行为进行测试、搜集审计证据、进行评估整理、编写审计报告以及后续的跟踪工作等。该程序的各个环节节点数量众多，导致程序的路径和执行周期都相对较长。

在未来，互联网金融审计将主要采用远程和网络化的审计手段，这将有助于优化传统审计流程，缩减审计途径，并提高互联网金融审计的工作效率。

(三)互联网金融审计客体与审计内容

伴随着互联网和互联网金融的迅速崛起，金融行业的参与者不再仅仅局限于传统的金融实体，而是转向了互联网公司、第三方理财机构以及其他非金融相关的企业或团体。由于金融参与者的多样性、相互关联的复杂性和网络化特点，一个金融实体可能会被置于多个不同的金融网络、供应链、资金链和信息链之中。在执行互联网金融审计的过程中，我们需要对审计对象之间的复杂联系网络进行详细的整理和分析；与此同时，互联网金融审计的目标将不仅仅局限于传统的金融机构，而是将扩展到从事和经营金融业务的金融参与者。

随着互联网金融审计对象的演变，其审计内容也会相应地进行调整。实施互联网金融审计的范围将不仅局限于审计对象自身的财务收支和经营状况，而是将扩展到审计对象的资金流、物流、业务流等信息流和数据流的整个过程，以及与审计对象紧密相关的其他运营和管理的全过程等。与传统的金融审计方法相比，未来的互联网金融审计将能更全面、更动态、更及时地掌握审计对象的全貌，从而更准确地发现问题，更好地发挥审计监督的作用。

此外，受到互联网金融去中心化和脱媒化的影响，金融机构在传统金融体系中通过传统物理渠道的功能逐步被互联网平台渠道削弱和边缘化。互联网平台作为一种新型的中介机构，成为消费者和金融机构之间的信息传递路径和渠道。在执行互联网金融审计的过程中，我们需要重新定义金融审计的边界，并确保互联网金融平台被纳入审计的考虑范围内。

在对互联网金融平台系统进行审计时，我们应该加强对网络行为和网络运营安全的审查。网络行为审计主要是对经营活动以及与之密切相关的网络文件的传输状况、网络信息的交流频次、网络流量的使用模式、网络交易的错误率等方面进行深入的网络行为流程和路径的审查和分析，这有助于了解网络用户和网络用户在互联网金融平台上形成的信息交流和业务运营模式。网络运营安全审计主要涉及对互联网金融平台在系统功能使用、安全防护措施、异常故障、网络黑客攻击以及网络使用权限记录等方面进行全面的审计和分析,目的是找出该平台存在的系统安全漏洞,并据此更有效地预防潜在的系统风险。

(四)互联网金融审计线索与审计证据

在执行互联网金融审计的过程中,我们不应仅仅局限于获取审计对象所提供的经营和财务、非财务信息,而应该积极地扩大互联网金融审计数据的应用范围,以便更好地获取审计的线索和证据。

随着大数据在互联网金融审计领域的广泛应用,审计人员可以摆脱传统的凭证式审计和电子账套财务信息的束缚。他们可以深入审计对象的计算机信息系统底层数据库中,获取更多、更全面的内部数据(包括财务数据和非财务数据)和实用的动态信息。然后,他们可以对底层数据进行分类、加工和处理分析,从而获得全局性、多维度和多视角的大量、多种类型的有用信息。这批信息不仅涵盖了传统的财务数据,还包括了非财务信息、自主组合的新型财务信息,以及财务数据和非财务数据的混合式信息。在传统的财务记录中,这些信息类型是难以简单获得的。

在收集互联网金融审计的信息和数据时,我们不仅需要关注金融对象所处的经济、金融、产业和行业环境,以及供应链的外部数据、社会评价和关联信息等,还需要在必要时收集和分析金融对象中关键人员的社交、资金流动、行为特征和征信数据等相关信息。从互联网金融审计的角度出发,我们将采用大数据分析的方法,将微观层面的大数据与宏观层面的因素相结合,以实施更为主动的审计策略。

在未来,互联网金融审计不仅会集中于微观层次的监控和检查,还会从更广泛的宏观视角进行深入的分析;互联网金融审计的角色变得更为主动和积极,不再仅仅局限于事后的审查,而是更注重事前和事中的预防措施。

金融数据分析构成了互联网金融审计的核心内容。在执行互联网金融审计的过程中,风险导向审计应作为理论基础,迅速应用大数据分析工具,从大量复杂的数据集中准确地识别审计风险的关键线索。这样做有助于更加合理地分配审计资源,并制定相应的执行计划,从而逐步改变传统金融审计模式中的被动审计方式。以大数据技术为核心的非实时金融数据审计方式,预计将是未来互联网金融审计的主要趋势。

(五)互联网金融审计技术与审计模型

在面对大量的数据和日益复杂化的审计场景时,传统的审计技术和方法,如数据抽样、控制测试、实质性测试和穿行测试等,已经不能满足当前的需求。

随着互联网技术和大数据技术在互联网金融审计领域的广泛应用,审计技术和审计模型需要进行相应的改进,以形成适应大数据环境的互联网金融审计技术和审计模型。

1.互联网金融审计技术的发展

在探讨抽样技术的适应性时,传统的审计方法主要依赖于"部分"样本的模式和特性来描述"总体"的模式,但这种方法可能会掩盖或掩盖审计中的"偏见性"和"通过样本来推断总体"的潜在风险;同时,在对审计对象的财务状况进行评估时,主要依赖于准确的经营成果数据作为分析基础,通过因果关系的推导来寻找审计的线索,而不是仅仅依赖企业的过程数据和动态数据。在当前的大数据背景下,由于存在大量的非结构化金融数据,传统的审计方法在效率和全面性上已经不能满足现代金融审计的需求。

在进行互联网金融审计时,审计组织和审计人员需要针对审计对象的动态经营数据(如资金流、财资流、信息流等)以及非经营数据和关联性数据,充分运用大数据的计算和分析技术。在未来,互联网金融审计计划采用云数据库技术,以实现全程和动态的在线审计,也就是所谓的"云审计"。

2.基于大数据的全局性审计技术引入

大数据与云计算技术将为审计专业人士在审计方法和思维方式上带来翻天覆地的变革。在大数据的背景下,我们收集了关于审计对象的动态经营、非经营和关联性数据。利用数据分析、统计方法和社交网络模型,我们构建了一个以审计客户为中心的经营、资金和物流网络的社交网络图谱。通过关联性和网络路径的分析,我们能够迅速地定位到异常和风险节点,进而揭示隐藏在大量数据背后的关键信息。

引入基于大数据的全局性审计技术后,可以有效地避免抽样技术带来的审计风险,并且能够全面掌握审计对象的经营信息和非经营信息,从而更有利于发现审计线索和审计证据。

在未来,基于数据关联性分析和网络路径分析的验证将成为互联网金融审计的显著特点。

3.审计模型的设计和应用

大数据不仅为互联网金融审计带来了新的机会,同时也带来了巨大的挑战。互联网金融审计中大数据的深度和广度应用,将对互联网金融审计的品质和效果产生直接的影响,同时也会对审计风险的控制水平产生深远的影响。

在大数据的背景下,互联网金融审计模型也将经历一系列的变革和调整。其核心目标是利用云计算、统计工具和参数配置等技术,对已收集的审计数据进行全面的计算、数据挖掘和数据提取。这样,我们可以从多个角度追踪和验证审计对象的资金、物流和业务等信息流动路径和规律,从而找到审计的关键线索,并为审计提供有力的证据。

(六)互联网金融审计评估报告与成果

在传统的审计过程中,审计报告的格式通常比较固定,其内容主要是基于审计对象的经营状况、财务结果的描述验证流程以及审计结果的意见,这种报告属于静态的评估类型。在大数据的背景下,审计的范围和内容都会经历深度和广度的调整。除了常规的审计报告,审计成果还会涵盖基于大数据获得的数据验证结果、审计对象的风险提示和弱点、经过审计模型优化的最佳产业网络或资金流、物流路径等建议,以帮助审计对象更有效地利用审计报告。新的审计报告将更全面地展示审计对象的整体状况和动态变化,同时也能更好地体现互联网金融审计的重要性和价值。

应用基于全局视角的审计技术后,审计人员将能更便捷地收集和分析与审计对象及其相关的各种数据。利用大数据和云计算技术,通过审计模型对这些数据进行深入的计算和分析,审计人员能够总结和识别审计客户在信息流、资金流、业务流和物流等多个方面的内在规律、网络路径和总体特性。这将为审计对象和其关联机构(或个人)提供更加详尽和综合的数据证明和关联证明,进而促使审计对象更有效地进行整改,正确执行相关的政策和制度,以及准确地改进其经营流程和管理的薄弱环节。

此外,审计报告的数据会被电子化和格式化地存储在信息系统里,这使得审计人员能够持续地追踪和关注这些审计报告数据;如果被审计的对象已经对其经营和管理进行了调整,那么这些调整后的结果将会自动与审计报告进行关联和反馈,从而允许审计人员能够实时地查阅相关的审计结果。另外,审计人员可以根据之前审计报告的特性,在对审计对象进行持续审计时,更加关注重点,这样可以进一步提高审计的效率并突出审计的重点。

(七)互联网金融审计数据维度与分类

在互联网金融审计中,数据被视为核心要素,它的审计从金融大数据开始,并在数据结束时结束。互联网金融审计数据指的是在对审计对象(无论是单一还是多个)进行审计操作过程中,能够揭示审计迹象、确认审计证据并给出审计结论的金融信息。金融数据不仅涵盖了审计对象自身的管理信息和数据、业务和经营数据、财务资金数据和物资物流数据,还包括了与之密切相关的司法数据、行业数据、工商数据、税务数据和社会关系数据等;在执行互联网金融审计的过程中,所需的金融数据的宽度和深度将依据审计对象的商业活动,以及与之密切相关的社交网络和供应链网络来确定。电子媒介是互联网金融审计数据的主要存储方式。

当我们以数据的特性和属性为分类依据时,数据可以被细分为结构化数据、半结构化数据以及非结构化数据;当我们以业务特性和属性为分类依据时,数据可以被细分为资金流数据、物流数据、业务流数据、信息流数据以及关系流数据。

面对大量的半结构化和非结构化金融大数据,互联网金融审计需要利用云计算、信息处理、数据挖掘和处理技术等工具对这些大数据进行迅速的处理和分析。这样可以准确地识别风险线索,制定科学的审计计划,合理分配审计资源,实施主动性和持续性的金融审计,确保互联网金融体系的整体安全和持续健康发展。

四、互联网金融审计环境要素构建

审计的环境是一个不断变化的历史进程,它既有空间上的特点,也有时间上的特点。审计环境的各种因素及其演变,都将对审计的目标设定、审计流程的执行、审计的技术与方法应用、审计的质量与风险评估以及审计业务的方向指引产生深远的影响和指导作用。因此,在执行金融审计以及互联网金融审计的过程中,审计环境的各种因素和审计环境的持续变化都需要被充分地考量。

审计环境实际上是内部和外部各种因素的综合,这些因素影响着审计的产生、存在和进展,并与审计活动有着密切的联系,它在本质上构成了审计能够持续存在和发展的基础空间和生态系统。

随着金融体制改革逐渐深化,以及互联网和大数据时代的兴起,诸如国家和公司的政治治理、审计的法律和制度保障、科技的进步和创新、社会和信用环境,以及审计体系和组织内部等多个内外环境因素都在经历各种程度的复杂变化。这些复杂的变化将直接或间接地影响金融审计的功能定位、审计的范围、审计的方向、审计的技术和方法,以及审计理论的发展等多个方面。

鉴于互联网金融审计的环境变得越来越复杂,再加上风险因素的多样性和不确定性,互联网金融作为金融创新的产物,其系统性金融风险的可能性正在逐渐增加。由于现有的审计资源无法全面满足金融审计的各项需求,在面对日益增长的审计目标和任务,以及复杂的金融业务和大量数据的情况下,可能会出现审计未能及时进行或审计数据处理过于复杂,从而未能及时发现重大的违法或违纪行为,这进一步增加了互联网金融审计的风险。

(一)总体经济环境与金融环境方面

经济环境描述的是一个国家在特定时间段内生产力的发展状况。金融审计被视为国家在经济发展管理和控制中的关键指导工具。根据审计环境的理论,金融审计是经济发展到特定阶段的必然结果,其内涵和功能会随着经济环境的变化而改变,具有明显的时间性特点。

金融环境描述的是一个国家在特定的金融结构和体系中,对其经济活动产生影响的各种因素的集合。在更广泛的意义上,金融生态环境是指与金融行业的生存和发展紧密相关的各种社会和自然因素的综合体现,它构成了金融行业持续生存和成长的外部支撑;从狭隘的角度看,金融生态环境是指在微观层面上的金融环境,这包括了法律制度、社会信用体系、中介服务体系等多个要素,这构成了金融业发展的内在基础。

伴随着科技的不断进步和社会的持续发展,以及互联网和大数据时代的到来,经济市场化的程度也在逐步提升。在这样的背景下,金融环境和金融体制正处于一个金融变革的关键时期,金融创新和国际金融趋势也变得越来越明显。随着互联网金融的诞生及其持续的演变,传统的金融结构和模式都经历了深刻的转型。金融环境正在经历深远的变革,这为金融审计的执行带来了极大的考验。

(二)科技发展与科技创新环境方面

随着技术的持续进步和其在金融行业的广泛应用,金融审计面对的网络和大数据环境变得更为复杂,这也带来了在技术掌握、应用和人员技能上的新挑战。

如今,计算机技术、信息技术和通信技术在各个行业中都得到了广泛的应用。相较于其他领域,金融行业在计算机技术、网络连接和科技应用方面表现得尤为出色。当代的金融公司已经演变成一个具备网络和高科技属性的知识密集型复杂结构,它们的金融业务、金融产品以及金融服务都高度依赖于网络和电子技术,因此对数据的需求和标准也变得更为迫切。

为了全方位地实施网络化审计和智能化的云审计,我们还需在硬件、软件和设备的投资,以及人员能力的提高上持续加强努力。目前的金融审计模型需要适应大数据环境的演变,采用互联网和大数据的思维方式进行建模,以实现对大数据的快速提取、调整计算和准确分析,从而使金融审计工作能够实现信息化智能审计和云审计,全面改善金融审计体系,提高金融审计的工作效率。

(三)社会环境和社会信用环境方面

社会环境主要涵盖了科技发展水平、社会的传统文化、公民的道德修养、宗教信仰,以及公众对审计行业的看法、对审计结果的公正性和可信度的认知等方面。信用环境是在信用制度的保护下,通过信用主体的信用行为实施,并在一定的信用关系条件下形成的信用规范和信用约束。信用关系在现代社会中是一种非常普遍的经济联系,它包含了行为主体的守约遵规、信守约定的道德意识和道德规范,这体现了行为主体的自觉、主动履行承诺或遵守约定的道德品质。

(四)审计体系与组织内部环境方面

审计组织的内部环境主要涵盖了审计管理的架构、内部审计的规章制度、审计绩效的评估体系、审计资源的分配机制、审计的保障机制以及审计的协同工作机制,同时还包括了审计信息技术的水平、审计人员的专业素养和审计能力,以及审计文化等多个方面。

审计组织所处的内部环境构成了其执行审计任务的中心和基石。审计组织和审计人员的审计效率以及审计成果受到内部环境好坏的直接影响和限制。审计机构应当重视其内部环境的各种影响要素,以审计文化和科学的奖励机制为导向,以提高人员的专业素质和能力,以及运用先进的技术手段为基础,以实现审计绩效为最终目标,持续优化和完善相关制度和保障机制,从而构建一个健全的审计组织结构。

第五节　互联网金融审计信息系统的构建

一、互联网金融审计信息系统构建思路

(一)构建互联网金融审计信息系统的必要性

在当前的互联网金融环境中,传统的金融机构所提供的金融服务种类会逐渐增多,这也使得其业务的复杂性逐渐上升。与此同时,更多的非金融机构开始涉足互联网金融领域,与传统金融机构共同构建了一个全新的金融生态系统。新兴的互联网金融生态主要集中在信息流、商流、物流以及资金流这几个方面。与此同时,互联网金融的组织结构和业务领域呈现出跨界、交叉和复杂的特点。考虑到互联网金融审计的特点,如大数据、信息流、动态持续性和自动化等,传统的金融审计方法,主要基于审计对象的属性类型来进行审计实施,可能无法满足互联网金融审计的实际需求。

对于审计机构和审计人员来说,建立一个融合了互联网和大数据特性的互联网金融审计信息系统是至关重要的。

(二)构建互联网金融审计信息系统的重要作用

1. 完善金融监管体系、实施动态持续金融风险监管的需要

互联网金融在新的金融生态中占据了核心位置,其影响力逐渐增强。另外,由于传统金融风险与互联网风险之间存在非线性的重叠,这导致互联网金融风险成为一种具有更大影响力和不确定性的新型金融风险,这种风险被归类为系统性金融风险。因此,将互联网金融风险整合到金融监管体系中并执行金融风险预警机制,是为了更好地发挥金融审

计的综合优势,并增强其在宏观层面的作用。

高效的金融监管应当确保对金融体系进行持续、动态、预警和连续的管理,以维护金融体系的稳定性。构建互联网金融审计信息系统构成了对新兴金融审计目标进行持续、动态审计和监控的核心基础。通过建立如金融审计数据库、审计线索与审计路径模型库、审计案例数据库、审计法规数据库、审计方法和技术库以及审计预警规则库等多个数据库,我们能够对"四流"进行持续的动态监控。这不仅可以为审计对象提供互联网金融风险的实时预警和动态跟踪,还能增强金融审计的科学性和实效性。

2.打通金融数据路径、实现全局性金融监管的需要

通过建立一个互联网金融审计信息系统,我们可以进一步集中金融审计数据,消除机构和业务属性的障碍,从而创建一个跨机构、跨行业、跨地区的"金融审计大数据中心";为了促进新金融生态体系在金融业务系统与风险管理系统接口上的标准化和规范化,我们需要打破目前各自为政的系统属性和数据属性的障碍。此外,通过采用标准化的互联网金融审计系统,我们实现了以"四流"为核心的新型金融审计方式,这有助于及时识别并迅速预警系统性的金融风险。

通过构建互联网金融审计信息系统,我们可以最大限度地利用金融审计的综合功能,对金融行业进行全面的监督,从而更好地增强金融审计在国家经济和金融领域的宏观保护作用。

3.构建互联网金融审计信息系统的基础条件

通过推动审计的计算机信息化以及一系列的工程和专项活动,不仅加速了审计信息化硬件基础设施的整体建设,还显著优化了计算机审计和联网审计的软件和网络环境,从而有效地提升了审计人员在计算机应用和审计专业素质方面的水平。从宏观角度看,随着审计信息技术和网络技术的持续进步,我们已经为互联网金融审计信息系统的建设和应用奠定了稳固的基石,并为其在审计信息化建设中的融入提供了有力的支持。

二、互联网金融审计信息系统及其设计

(一)互联网金融审计信息系统的内涵

互联网金融审计信息系统是一个集成化的人机系统,它利用计算机硬件、软件和网络通信设备,实时、动态、全面地收集、处理和分析金融大数据(包括直接类数据、间接类数据),为金融审计人员持续提供互联网金融审计的大数据服务功能(包括大数据计算、大数据分析、大数据展示等)、信息服务功能(审计案例、审计路径、审计线索、审计证据、审计问

题等信息的查找与借鉴)和审计实施功能(智能导航与定位、自动审计、审计台账和审计报告自动生成等)。互联网金融审计信息系统是由金融审计员、通信网络、互联网金融审计大数据平台和互联网金融审计应用系统共同构成的。

(二)互联网金融审计信息系统的主要功能

互联网金融审计信息系统是一个综合性的系统,从大数据的特性、系统组成和应用特点来看,它是数据处理系统、管理信息系统、决策支持系统、专家系统的综合体。这一系统的显著特性涵盖了大数据服务的自动化、信息服务的智能化以及审计操作的导向性。

互联网金融审计信息系统主要利用计算机技术和网络通信技术,通过互联网的方式来收集和获取被审计单位的财务数据、业务数据和管理数据等,同时还能获取与金融审计紧密相关的公安、司法、税务、行业数据,从而构建金融大数据信息库。当审计用户通过审计终端(PC或移动端)发起审计信息、审计数据、审计线索或审计问题、审计法规等查询时,金融大数据信息库将为审计用户提供自动化、快捷的服务。

此外,在互联网金融审计信息系统中,我们将采用语义分析、相似度计算和数据挖掘等技术,将各种审计信息和成果转化为审计专家的经验和模型(包括审计案例、审计法规、审计方法、审计规则、审计问题、审计线索和审计路径等),从而为审计用户提供审计专业人员的审计经验支持。

以审计问题的查询作为示例。当审计用户端启动审计问题查询功能时,互联网金融审计信息系统将运用语义分析技术和相似度计算方法,自动将发起的审计问题与近似审计案例库中的审计问题信息数据进行匹配和案例映射,从而提供和展示具有高关联度的审计案例和关联审计问题。此外,系统还能查询到与审计问题相关的审计法规条款。

(三)互联网金融审计信息系统的设计原则

互联网金融审计信息系统的设计原则应满足以下几点。

1.技术的领先性和稳定性要求

互联网金融审计信息系统的构建应当依托于国内外尖端的技术框架。在实施和运营该信息系统后的一段时间里,我们必须确保其技术和系统的前沿性和先进性,同时也要保证信息系统的稳定运行,以实现低故障率的连续运行,这样才能充分满足未来互联网金融审计业务的持续增长和审计业务范围的不断拓展的需求。

2.系统的开放性与扩展性要求

互联网金融审计信息系统需要实现与多个外部数据系统、内部各种业务系统以及数据库的互相调用和信息共享。因此,该系统应当在确保安全性的基础上,能够兼容多种不同的计算机硬件设备,以及各种系统软件和应用软件。

考虑到未来审计用户的持续增长和业务访问的急速上升,互联网金融审计信息系统应当制定详细的扩容计划并进行紧急响应。另外,在系统容量逐渐扩大的情况下,应当具备自动分配充足资源以适应急剧变动的功能。因此,在设计和实施互联网金融审计信息系统时,应确保能够根据用户的具体需求,灵活地调整资源的分配和使用。

3. 系统的标准化与可集成性要求

在互联网金融审计信息系统中,所使用的软件平台和技术必须符合计算机行业普遍接受的国际或行业规范。另外,互联网金融审计信息系统应当通过特定的标准和接口方式,整合和调用其内部子系统和外部系统的数据库及功能,以实现系统间和系统内部的有效连接和资源共享,确保整个业务流程能够高效运行。

4. 系统的可管理性和高效性要求

互联网金融审计信息系统在部署时,必须满足可管理性的标准。这意味着我们应该采用标准化、规范化和兼容性强的技术和产品,以增强系统的稳定性,并减少其使用、部署、运营和维护的成本。在信息系统的可靠性监测领域,我们主要采用网络远程监测,并辅以现场监测,以此来提高监测和管理的效率。此外,为了提高信息系统的运行效率,互联网金融审计信息系统需要在服务器配置、操作效率、响应迅速性、数据库架构设计以及算法设计等多个方面进行全面的优化配置。

5. 系统的安全性和持续性要求

由于互联网金融审计信息系统涉及大量的金融大数据和多个子数据库,并且与多个外部系统有连接,因此系统的安全性成为该信息系统必须优先考虑的问题。为了全方位增强网络金融审计信息系统的安全性和数据保护,应当运用诸如加密技术、安全认证技术、权限管理技术以及反病毒技术等多种手段。另外,互联网金融审计信息系统在设计时,应深入考虑系统的升级、停机监测等各种因素,并制定持续运行的策略,以防止系统中断导致的审计过程中断和审计数据的丢失或泄漏。

6. 系统的友好性和可操作性要求

在构建互联网金融审计信息系统时,应深入考虑审计用户的使用习惯和操作流程,确保系统的友好性和可操作性,这包括功能界面的友好性、系统结构的友好性和操作流程的友好性。

(四)互联网金融审计信息系统的总体架构设计

在前面的分析基础上,我们结合了金融审计的实际操作和信息管理系统的理论,并参考了相关学者的研究成果。遵循"源数据+基础数据库—数据应用和审计功能应用—数据应用展示"的三层逻辑结构,我们成功地构建了一个互联网金融审计信息系统的整体框架。

互联网金融审计信息系统的整体框架设计分为三个层次,以下是详细的描述。

1.第一层级:金融审计大数据信息层

这个级别涵盖了金融审计源的数据部分、缓冲的数据部分以及金融大数据的信息库部分。

源数据层的主要任务是从外部收集各种类型的金融大数据,这包括但不限于金融数据、工商信息、税务数据、社会保障数据、司法信息、投资关系数据、审计系统数据以及与外部相关的数据等。

缓冲数据层采用数据转移和加载工具,对金融源数据进行清理、处理和预处理,从而生成缓冲数据。

金融大数据信息库对缓冲数据进行了整合、分类和规律性的总结,从而构建了金融审计专家的经验库和互联网金融审计信息库,为审计应用系统和功能调用提供了基础数据。

2.第二层级:互联网金融审计应用系统层

这个级别涵盖了互联网金融审计管理系统和审计分析服务器的层次。

互联网金融审计信息系统的管理架构主要由以下六个子系统组成:风险预警管理、审计数据管理、审计模型管理、审计分析实施、审计抽样实施以及审计报告管理。

风险预警管理系统是一个为审计用户或系统提供的子系统,它利用互联网金融审计规则来对审计对象的业务信息流、资金流、商流和物流进行规则和路径的判断,并对异常数据、异常路径、异常信息进行预警。

审计数据管理系统作为一个子系统,为审计用户提供了对审计专家的经验库和互联网金融审计信息库中相关数据的逻辑分类、储存和追踪功能,从而为审计线索和证据的识别和确认提供了必要的数据支撑。

审计模型管理系统作为一个子系统,为审计用户提供了对各种审计业务所创建的审计模型和方法的修正、储存和管理功能。

审计分析实施系统是一个为审计用户提供发起审计业务的子系统,它包含了账表分析和数据分析的功能。

审计抽样实施系统作为一个子系统,为审计用户提供了包括审计业务抽样管理、抽样指导、实地审核以及评估指导在内的多项功能。

审计报告管理系统作为一个子系统,为审计用户提供了一系列功能,包括编写审计日志、确认审计证据、撰写审计底稿、生成审计报告以及建立审计台账。

审计分析服务器作为互联网金融审计信息系统的核心中间层,其主要职责是执行业务逻辑,并在整个系统中充当审计用户与底层数据库之间的连接桥梁和中间数据传输功能。当审计用户通过审计应用系统提出业务请求时,审计分析服务器会接收并分析这些请求,然后将这些请求提交到后端的金融大数据库,并将该数据库的处理结果和响应反馈给审计用户端。

3. 第三层级:互联网金融审计信息报告应用层

该审计层级主要聚焦于互联网金融审计的执行流程,对金融大数据信息进行深入分析,并自动生成或手动生成各种类型的审计报告。这些报告涵盖了审计实施、项目管理、审计风险预警、持续监控、异常数据追踪、审计线索追踪以及审计问题分析等多个方面。审计信息报告的成果展示了金融大数据与审计流程之间的紧密融合,它既是审计活动的终结点,也标志着新审计活动的开始。

(五)互联网金融信息系统的其他设计

1. 信息系统的网络与安全设计

在设计过程中,我们需要关注以下两个核心问题。

首先,互联网金融审计信息系统的构建应当基于国家审计工程的内部网络平台,确保审计用户端与被审计对象端能够顺利连接,从而保障互联网金融大数据和审计数据的安全传输。

其次,我们建议在金融大数据信息库和审计分析服务器之间加入一个金融数据库的透明网关,这样可以方便地与国家审计信息中心的数据库服务器共享和交换基础数据。

2. 信息系统的数据视图设计

互联网金融既包括金融机构也包括非金融机构,它涵盖了各种不同的金融业务领域,而这些金融机构的业务流程也各不相同。在设计互联网金融审计信息系统的架构时,我们不仅需要对数据库结构的接口标准和统一规范进行审计,还需要深入考虑各种金融机构和不同金融业务的数据库原型逻辑。因此,我们可以考虑使用数据视图的设计策略,将审计对象的原始数据库完整地复制到金融大数据信息库中,从而创建一个基于审计对象数据库和数据流的视图,并建立字段之间的映射关系,这将有助于更好地分析数据库和数据。

参考文献

[1]安玉琴,孙秀杰,宋丽萍.财务管理模式与会计审计工作实践[M].北京:中国纺织出版社,2023.

[2]鲍秀芝,王进,杜磊.财务管理与审计统计分析研究[M].长春:吉林科学技术出版社,2022.

[3]陈媛.财务审计与会计管理研究[M].延吉:延边大学出版社,2020.

[4]崔彬.财务管理与审计创新研究[M].北京:中国原子能出版社,2020.

[5]崔改,姜小花,刘玉松.企业财务管理与内部审计研究[M].北京:中国商业出版社,2022.

[6]邓春贵,刘洋洋,李德祥.财务管理与审计核算[M].北京:经济日报出版社,2019.

[7]董智.新时代财务管理与审计[M].北京:经济日报出版社,2020.

[8]胡云慧,史彬芳,王浩.财务会计与审计管理[M].长春:吉林科学技术出版社,2020.

[9]黄珂,左秀娟,李珏莹.财务管理与互联网金融审计研究[M].北京:中国商业出版社,2023.

[10]李茜,陈晓荣,李玲玲.财务信息化管理与审计学研究[M].北京:中国商业出版社,2021.

[11]李盛贤.高校财务管理与审计实务研究[M].哈尔滨:哈尔滨地图出版社,2023.

[12]刘浩博.财务管理与审计创新[M].西安:西北工业大学出版社,2020.

[13]刘媛,姜剑,胡琳.企业财务管理与内部审计研究[M].郑州:黄河水利出版社,2019.

[14]马晓辉,罗荣华,张威.现代施工企业财务管理与审计实务[M].武汉:华中科技大学出版社,2022.

[15]牛胜芹,冯茜,温凤英.现代财务管理与审计研究[M].北京:中国商业出版社,2023.

[16]石孟旭.财务会计审计与旅游企业管理[M].长春:吉林出版集团股份有限公司,2020.

[17]宋大龙.新形势下高校财务管理与审计监督[M].长春:吉林人民出版社,2021.

[18]唐德菊,夏志娜,李颖.大数据财务管理与审计信息化研究[M].长春:吉林出版集团股份有限公司,2020.

[19]王健,莫宁.事业单位财务会计与审计管理研究[M].哈尔滨:哈尔滨出版社,2023.

[20]王雁滨,苏巧,陈晓丽.财务管理智能化与内部审计[M].汕头:汕头大学出版社,2021.

[21]辛妍.新时期高校财务管理与审计[M].北京:新华出版社,2022.

[22]杨毅.财务管理与审计创新[M].长春:吉林教育出版社,2020.

[23]余红叶,张坚,叶淞文.财务管理与审计[M].长春:吉林人民出版社,2019.

[24]张杰琪.财务会计与审计管理[M].长春:吉林出版集团股份有限公司,2023.

[25]张丽,赵建华,李国栋.财务会计与审计管理[M].北京:经济日报出版社,2019.

[26]张书玲,肖顺松.现代财务管理与审计[M].天津:天津科学技术出版社,2021.

[27]张新美.财务会计与资产审计管理研究[M].沈阳:辽宁大学出版社,2019.

[28]张志勇.财务管理创新与现代内部审计研究[M].哈尔滨:东北林业大学出版社,2019.

[29]赵娟.财务会计与资产审计管理研究[M].长春:吉林出版集团股份有限公司,2020.

[30]周浩,吴秋霞,祁麟.财务管理与审计学习[M].长春:吉林人民出版社,2019.